Mittag/Schade · Die amerikanische Kaltwelle

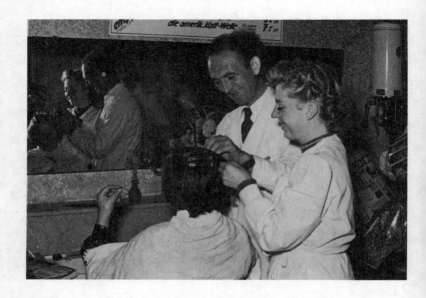

KARL LÜHNING · SALON INTERNATIONAL, 1947

    Mein Chef war ein ziemlicher Hallodri, der hatte so 'ne Art Höhenflug und nannte seinen Laden »Salon International«. Unsere Kundschaft bestand hauptsächlich aus Arbeiterfrauen, wir waren ja mitten im Arbeiterviertel. Da war nicht viel von international, hörte sich aber gut an. Unsere Kunden wollten vor allem 'ne Frisur, die lange hielt, denn die konnten nicht oft zum Friseur rennen, war ja auch viel Geld.

    Also, damit das Geschäft auch was Internationales hergab, hatte unser Chef große Werbeplakate angebracht: Französische Kaltwelle, britische Kaltwelle und vor allem *amerikanische Kaltwelle*. Am billigsten war die deutsche Kaltwelle, aber die wollte kaum einer haben, obwohl doch sowieso alles aus einer Flasche war.

Detlef R. Mittag
Detlef Schade

Die amerikanische Kaltwelle

Geschichten vom Überleben
in der Nachkriegszeit

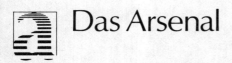
Das Arsenal

CIP-Kurztitelaufnahme der Deutschen Bibliothek:
Mittag, Detlef R.:
Die amerikanische Kaltwelle : Geschichten vom Überleben in d.
Nachkriegszeit 1945–1950 / Detlef R. Mittag ; Detlef Schade. –
1.–3. Tsd. – Berlin : Das Arsenal, 1983.
 ISBN 3-921810-61-2
 NE: *Schade, Detlef:*

Alle Rechte vorbehalten. © by Das Arsenal, 1983
Satz und Druck: Druckerei Hellmich KG, Berlin 41
Umschlag: skip – G. Langkafel, Berlin
ISBN 3-921810-61-2

Das Arsenal. Verlag für Kultur und Politik GmbH
Tegeler Weg 5 · D–1000 Berlin 10

In den letzten Jahren hat, wer wollte, etliches über die Nazi-Zeit erfahren können. Im Fernsehen, in Zeitschriften und vielen Büchern wurde ausführlich über Ursachen und Geschichte des Faschismus berichtet. Auch über die Goldenen Fünfziger Jahre können wir uns ausgiebig informieren, jene sagenhafte Zeit, in der sich unsere aus der Gefangenschaft zurückgekehrten Väter die Ärmel hochkrempelten und das Wirtschaftswunder machten. (Als ob es nichts anderes zu tun gab).

Aber wie war das eigentlich gleich danach, **als der Krieg zu Ende war,** als es darum ging, den nächsten Tag zu überleben? Ereignisse und Ursachen, darüber haben wir genug gelesen, sehen und hören können, aber was ist mit den unmittelbaren Folgen für die normalen Menschen?

Wie haben sie diese Zeit überlebt, welche Hoffnungen haben sie angetrieben, gab es konkrete Utopien eines anderen, friedlichen Zusammenlebens? Was bedeuteten Hunger, Flucht oder Gefangenschaft? Wie wurden die neuen Herren empfangen, die sich an Stelle der alten etablierten?

Darüber berichtet unser Buch. Wir haben Lebenszeichen aus der Nachkriegszeit zusammengetragen, Freunde und Verwandte, Nachbarn und Kollegen haben uns von ihrer Geschichte berichtet. Gemeinsam mit uns projizierten sie noch einmal Bilder aus jener Zeit zwischen Schutt und Asche.

Die ersten Gesprächspartner lernten wir im »Anti-Kriegs-Museum« in Berlin-Kreuzberg kennen. Dort trafen wir Menschen, die den zweiten Weltkrieg und die Zeit danach erlebt haben und die heute ihre Erfahrungen an eine Generation weitergeben, die möglicherweise zwischen zwei Kriegen lebt.

Etliche Monate sind wir unterwegs gewesen und haben Spuren gesammelt. Nicht alle können wir in diesem Buch wiedergeben, auch fehlt die Möglichkeit, Gestik, Mimik oder Tonlage der Erzähler, die uns oft sehr beeindruckten, ins geschriebene Wort zu übertragen.

Schwierig wurde es für uns, als es darum ging, eine angemessene Darstellungsform für das Gesagte zu finden. Den Abdruck der Gespräche in ihrer vollen Länge oder im »Originalton« und eine Aufteilung nach von außen bestimmten chronologischen Gesichtspunkten fanden wir wenig sinnvoll. Wir haben deshalb viele der zunächst mit Tonband aufgenommenen Gespräche nicht nur »redigiert« und gekürzt, sondern nach**erzählt.** Das »Dokumentarische« hat sich so zugunsten des »Mythologischen« verringert, ohne indes an »Authentizität« einzubüßen. Ebenso haben wir die Gesprächs- oder »Interview-Situation« formal eliminiert, nicht, weil wir selbst nicht in Erscheinung treten wollten, sondern ebenfalls wegen der Lesbarkeit.

Spannend wurde es, als wir mit Schere und Klebstoff daran gingen, die einzelnen Gesprächstexte auseinanderzunehmen und sie unter den Themenschwerpunkten neu zu ordnen, die sich im Verlauf der Gespräche als die immer wieder wichtigsten herausstellten. Durch dieses Montieren an Naht- und Berührungsstellen wurden plötzlich Parallelen, aber auch Unterschiede viel deutlicher. Hier zeigt sich, daß die erzählte Geschichte zwar auf Erlebnissen einzelner beruht, aber wieviel Gemeinsames in ihnen steckt.

Alle Gespräche verschmelzen so zu einem kollektiven Erinnern an jene Zeit, in der es darum ging, »mit dem Frieden fertig zu werden«.

Wir wollen keine nostalgische Rückschau halten, nicht Anekdoten aus schlimmen Zeiten wiedergeben. Uns geht es darum, den Teil der Geschichte darzustellen, über den viel zu wenig berichtet wird, die subjektiv erlebte Wirklichkeit. Wir haben uns nicht auf die große Politik eingelassen, uns beschäftigen nicht die Waffenstillstandsabkommen, die lauten Proklamationen, die formale Gründung neuer Staaten. Es geht uns darum zu zeigen, wie das **Alltagsleben** der Zeit war, genauer: wie diese sechzehn Menschen es – das eigene und das der anderen – wahrnahmen und wie sie sich heute daran erinnern.

Es ist natürlich kein Zufall, daß von unseren sechzehn Gesprächspartnern elf in Berlin leben und ihre Erlebnisse im Nachkriegs-Berlin besonders viel Raum einnehmen. Aber anders als in den zwölf Jahren zuvor, als dem Entkommen aus Jagdszenen in Niederbayern und dem Klettern ums Überleben in den Großstadtschluchten unterschiedliche (Alltags-)Erfahrungen zu Grunde lagen, auf die unterschiedlich reagiert werden mußte, gleichen sich Alltag und Überlebenstechniken der Nachkriegszeit auf dem Land und in der Großstadt stark an. Dazu trug natürlich auch bei, daß die große Völkerwanderung bei Kriegsende die Menschen durcheinander wirbelte. Flucht, Gefangenschaft und Heimkehr trieben sie quer durchs Land.

Und, übrigens: unsere Gesprächspartner leben heute alle **im Westen,** in West-Berlin oder in der Bundesrepublik. Für die Zeit, von der sie erzählen, ist dies zunächst unerheblich, für die Erinnerung nach dreißig Jahren nicht. Die nachfolgende Geschichte ist ja gewissermaßen ein Flußbett, durch das die Erinnerung strömt; vielleicht erinnert man sich in **Ost**-Berlin, in Leipzig oder im damaligen Chemnitz und heutigen Karl-Marx-Stadt anders.

UNSERE GESPRÄCHSPARTNER

Maria Briesen, bei Kriegsende 22 Jahre alt, Arbeit im Kindergarten, jetzt Verkäuferin. Verwitwet, lebt in Hannover
Micha Evers, bei Kriegsende 19 Jahre alt und Bauzeichnerin, jetzt pädagogische Mitarbeiterin an einer Gesamtschule. Verheiratet, lebt in Berlin
Hans Kunter, bei Kriegsende 23 Jahre alt und Soldat, Beruf Schlosser, jetzt Rentner. Verwitwet, lebt in Hannover
Hanna Lehmann, bei Kriegsende 14 Jahre alt und Schülerin, jetzt Hausfrau, verheiratet mit
Jochen Lehmann, bei Kriegsende 19 Jahre alt und freiwilliger Soldat, jetzt Schulpfarrer in Berlin
Karl Lühning, bei Kriegsende 35 Jahre alt und Soldat, Beruf Friseur, jetzt Rentner. Verheiratet, lebt in Berlin. Aktiv im »Deutschen Freidenker-Verband« und im »Anti-Kriegs-Museum«
Anni Mittelstaedt, bei Kriegsende 45 Jahre alt und Hausfrau, von Beruf Wachskerzenverziererin, jetzt Rentnerin. Verwitwet, lebt in Berlin. Vorsitzende des »Vereins Berliner Trümmerfrauen«
Irma Schade, bei Kriegsende 35 Jahre alt und Hausfrau, von Beruf landwirtschaftliche Helferin, jetzt Rentnerin. Verwitwet, lebt in Lühnde bei Hannover. Mutter von
Marlies Schade, bei Kriegsende 15 Jahre alt und Schneiderlehrling, jetzt Arbeiterin. Lebt in Hannover. Verheiratet mit
Karl Schade, bei Kriegsende 24 Jahre alt und Soldat, Beruf Retuscheur, nach dem Krieg Arbeiter, jetzt Rentner.
Christel Schneider, bei Kriegsende 13 Jahre alt, jetzt Lehrerin. Verheiratet, lebt in Berlin. Mitarbeit im »Anti-Kriegs-Museum«
Gerda Szepansky, bei Kriegsende 19 Jahre alt und Verlagsvolontärin, nach dem Krieg Lehrerin, heute Schriftstellerin (»Frauen im Widerstand«), lebt in Berlin. Verheiratet mit
Wolfgang Szepansky, bei Kriegsende 35 Jahre alt und KZ-Häftling, gelernter Maler, nach dem Krieg Lehrer, jetzt Rentner. Aktiv in der »Vereinigung der Verfolgten des Naziregimes« (VVN)
Thea Walter, bei Kriegsende 16 Jahre alt und Schülerin im Kriegsdiensteinsatz, jetzt Religionslehrerin. Verheiratet, lebt in Berlin. Mitarbeit im »Anti-Kriegs-Museum«
Ruth Wergau, bei Kriegsende 19 Jahre alt und Modistin, heute im öffentlichen Dienst. Verwitwet, lebt in Berlin
Johanna Wrede, bei Kriegsende 17 Jahre alt und Schwesternhelferin, Beruf Zahnärztin, jetzt Hausfrau. Verheiratet, lebt in Berlin

1
Ein Krieg geht zu Ende

Am 7. Mai 1945 unterzeichnet ein deutscher Generaloberst namens Jodl im Hauptquartier der siegreichen Amerikaner in Reims, in Gegenwart des Fünf-Sterne-Generals Dwight D. Eisenhower, ein Stück Papier. Das »Deutsche Reich« kapituliert bedingungslos. Ist damit der Zweite Weltkrieg in Europa zu Ende?

Am nächsten Tag, am 8., die gleiche Szene im Hauptquartier der Roten Armee in Berlin-Karlshorst – ist nun der Krieg zu Ende? Ja, für Generaloberst Jodl und Feldmarschall Keitel, für General Eisenhower und Marschall Schukow ist dieser Krieg damit beendet. Ein Federstrich.

Aber wann ist für Wolfgang Szepansky der Krieg zu Ende? Als seine KZ-Bewacher im Wald von Below verschwinden? Wann ist für Ruth Wergau der Krieg zu Ende? Als die ersten Rotarmisten in den Luftschutzkeller stürmen und nach deutschen Soldaten suchen? Oder ist der Krieg erst zu Ende, als Micha Evers nach wochenlangem Fußmarsch im zerstörten Berlin ankommt, im Juni 45?

In diesem Kapitel berichten Menschen von ihrem persönlichen Kriegsende. Mit dem normalen Leben des Kriegs hatten sie sich fast alle irgendwie arrangiert. Jetzt galt diese perverse Normalität nicht mehr – aber das Leben wurde weiterhin rationiert wie die Lebensmittel. Von Zukunft war wenig die Rede. Man überlebte, und streckte sich nach der neuen Decke. Viele saßen in einer Zwickmühle, von Angst vor den heranrückenden Alliierten erfüllt, aber ebenso voller Angst vor den eigenen Leuten, vor fanatisierten Volkssturmmännern und SS-Leuten, die einen noch ganz zum Schluß am nächsten Baum aufhängen konnten, wenn man etwas Unbedachtes sagte oder tat. So glichen die letzten Kriegstage oftmals der Krise einer schweren Krankheit, eine dramatische Zuspitzung konnte innerhalb weniger Stunden über Leben oder Tod entscheiden.

GERDA SZEPANSKY · UMZUG INS VORDERHAUS

Meine Kindheit habe ich in Berlin verlebt. Als der Krieg zu Ende ging, war ich neunzehn. Vater war von Beruf Dachdecker. Mutter war Stickerin, und ich erinnere mich noch gut an die vielen Winter, in denen Vater arbeitslos war und sie durch Heimarbeit unseren Lebensunterhalt sicherte. Ich habe auch viel geholfen.

Ich halte mich für ein typisches Arbeiterkind. Das hat auch mein ganzes Leben geprägt, daß ich aus einer typischen Arbeiterfamilie komme.

Großgeworden bin ich im Südosten Berlins, in der Reichenberger Straße. Später sind wir in den Bezirk Mitte gezogen, in die Köpenikker Straße. Da habe ich auch die Volksschule besucht, ich war eine sehr gute Schülerin. Eine sehr nette Lehrerin hat dann dafür gesorgt, daß ich auf die Höhere Schule gehen konnte.

Nach dem Abitur 44 habe ich in einem kleinen Verlag als Volontärin gearbeitet. Da habe ich so kleine Geschichten über das Alltagsleben verfaßt. Geschichten mit Hunden, alten Leutchen oder kleinen Kindern, nur nichts, was mit unserer Realität zu tun hatte. Diese Geschichten waren damals sehr beliebt, weil sie doch vom Schrecken abgelenkt haben.

Als es dann dem Kriegsende zuging, gab es so ein geflügeltes Wort: *Genießt den Krieg, der Friede wird fürchterlich*. Man hörte überall, daß nun schlimme Dinge auf uns zukommen würden. Diese Angst wurde natürlich bewußt von einigen geschürt, um noch die letzten Kräfte für ihren sogenannten Endsieg zu mobilisieren. Ich habe noch in Erinnerung, wie mir Bekannte sagten: Wer weiß, was uns blüht. Wenn das hier zu Ende ist, dann ist alles zu Ende.

Inzwischen waren ja auch etliche Soldaten von der Ostfront zurückgekommen. Und die erzählten, was da von deutscher Seite aus angerichtet worden war. Da war schon eine große Angst unter der Zivilbevölkerung, sicherlich auch, weil man jetzt die Rache der Sieger fürchtete.

Überhaupt wurde ja versucht, uns ein antisowjetisches Feindbild einzuimpfen. Da hatten wir auch noch ein paar Jahre zuvor diese Ausstellung »Das Sowjetparadies« gesehen. Die hatten die Nazis organisiert, um zu zeigen, unter welch elenden Verhältnissen die Menschen dort leben müssen. Das hat auf uns keinen großen Eindruck gemacht, denn als wir das da sahen, haben wir unter uns nur gesagt: Na, die leben doch auch nicht anders als wir. Die Zimmer, die da ausgestellt waren, da hätten die Möbel auch aus Kreuzberger Wohnungen sein können.

Mit Beginn des Jahres 45 häuften sich die Luftangriffe auf Berlin dann so, daß dieses »Genießt den Krieg...« auch nicht mehr stimmte. Zu Weihnachten wurde noch mal ausnahmsweise Tanz erlaubt. Die meisten Leute ahnten, daß nun der Krieg bald zu Ende sein würde.

Am 3. Februar wurden wir ausgebombt. Da wohnten wir in der Köpenicker Straße im Hinterhaus. Meine Mutter hatte inzwischen solche Angst, bei uns im Haus im Keller zu sitzen, weil nun doch auch viele Leute schon verschüttet worden waren, daß wir beide immer in einen Luftschutzbunker gingen. Immer, wenn im Radio durchgegeben wurde: Starke Verbände im Anflug über Braunschweig, war das für uns das Zeichen, daß Berlin dran war. Da sind wir dann bis zum heutigen Ostbahnhof, der hieß damals Schlesischer Bahnhof, mit unseren Koffern in der Hand gelaufen. Die Arme wurden da immer länger, denn wir mußten zehn Minuten laufen, und das ist mit schweren Koffern eine ganz schön lange Zeit. Wenn wir es schafften, war alles gut. Aber es ist auch vorgekommen, daß wir zu spät dran waren, denn nach dem Alarm wurde der Bunker ziemlich schnell geschlossen. Also für uns hieß das eben, daß wir oft einfach auf Verdacht losgerannt sind. Mein Vater mußte im Keller bleiben, eigentlich wäre ich gern bei ihm gewesen.

Als wir nun am 3. Februar aus dem Bunker rauskamen, brannte das ganze Stadtviertel. Wir haben für den Rückweg über eine Stunde gebraucht, denn überall lagen Trümmer rum, und wir mußten ja auch noch unsere Koffer schleppen. Als wir dann endlich nach Hause kamen, atmeten wir auf, denn das Vorderhaus stand. Wir ließen die Koffer stehen und rannten nach hinten. Da stand zwar auch noch alles, aber das war in einem solchen Zustand, daß wir da nicht mehr wohnen konnten. Das Hinterhaus mußte geräumt werden.

Da zogen wir das erste Mal in unserem Leben in eine Wohnung im Vorderhaus. Wir bezogen die feudale Wohnung eines SS-Mannes, der in Theresienstadt Dienst tat. Der hatte seine Frau und die Kinder aufs Land geschickt, als die heftigen Bombenangriffe auf Berlin anfingen. Jedenfalls haben nun meine Eltern ihre eigenen wenigen Möbel aus dem Hinterhaus vier Treppen runtergeschleppt und in dieser Wohnung aufgebaut. Die Prachtmöbel des SS-Mannes wurden in einem Zimmer zusammengerückt und sorgfältig eingepackt, soweit das möglich war. Die haben sich eine unheimliche Mühe gegeben, bloß nichts von dem Besitz dieses Mannes zu beschädigen, und das im Februar 45, als rundum die ganze Stadt brannte. Wir haben bis April mit unseren eigenen Möbeln in dieser Wohnung gelebt.

Am Tag nach diesem Luftangriff ging ich zur Dessauer Straße, dort war meine Arbeitsstelle. Aber ich fand nur ein riesiges Trümmerfeld vor. Die Straßen waren aufgerissen, und überall lagen Berge von Klamotten. Da bin ich ganz deprimiert wieder nach Hause gezogen. Als ich nach ein paar Tagen wieder hinging, fand ich an einem stehengebliebenen Pfeiler einen Zettel, mit der Nachricht, daß meine Kollegen den Angriff überlebt hatten. Solche Zettel waren damals in der ganzen Stadt zu sehen.

In den Zeitungen waren jetzt auch nur noch wenige lustige Geschichten, wie ich sie immer schreiben mußte, zu finden. Da standen nur noch Sondermeldungen vom siegreichen Rückzug der deutschen Armee.

THEA WALTER · BESONDERS VORSICHTIG

Anfang 45 bekam ich Nachricht aus Berlin, daß meine Mutter mit ihren Augen schwer erkrankt war. Sie mußte operiert werden, und da bin ich beurlaubt worden von diesen Kriegsdiensteinsätzen, zu denen ich seit einiger Zeit war, in Pommern. Ich hab so eine Art Urlaubsschein gekriegt, aber ich habe solche Angst gehabt, daß die mich an der nächsten Ecke wiederholen, daß ich praktisch bei Nacht und Nebel losgezogen bin. Ich weiß gar nicht warum, aber ich dachte: bloß weg. Nach Berlin.

Es ging meiner Mutter sehr schlecht, und deshalb haben wir dann beschlossen, daß ich in Berlin bleibe und nicht mehr zurückfahre. In dieser Zeit mußte Mutter auch an dem zweiten Auge operiert werden. Aber es nutzte nichts, sie wurde blind.

Ich habe versucht, wieder in die Schule zu kommen, aber in Berlin waren alle Schulen geschlossen, da konnte ich also nichts machen. Ich hörte dann aber, daß in Potsdam die Schulen noch offen waren.

Das war die schlimmste Zeit, an die ich mich überhaupt erinnern kann. Meine Mutter lag in Berlin-Buch im Krankenhaus, und ich hatte mich in Potsdam zur Schule angemeldet und wohnte alleine. Es gab damals schon nicht mehr genügend zu essen, und es war auch ein furchtbar kalter Winter. Ich mußte jeden Morgen als erstes heizen. Dann mußte ich bis zum Alexanderplatz fahren, das war eine Viertelstunde Fußweg, eine Viertelstunde Straßenbahnfahrt. Dann kam eine Stunde S-Bahn-Fahrt bis Potsdam und von da aus noch ungefähr eine halbe Stunde Fußweg bis zur Schule.

Später wurde diese Schule als Lazarett belegt. Wir kamen in ein anderes Gebäude, und ich mußte noch weiter durch Potsdam laufen. Ich bin manchmal gar nicht mehr hingekommen, ich bin bis Potsdam gekommen, dann kamen die Angriffe Schlag auf Schlag. In irgendeinen Schutzkeller rein, dann war die Schulzeit auch schon um, und ich bin wieder zurück nach Berlin.

Einmal bin ich auf der S-Bahn-Strecke gewesen, ungefähr in der Gegend von Wannsee, da kam ein Tieffliegerangriff. Der Zug hielt an und die Sirenen gingen. Wir mußten alle raus, in den Wald rein, und haben uns da irgendwo hingeworfen, bis alles vorbei war. Das war gespenstisch. Das hab ich zum Glück nur einmal erlebt, daß man so unter freiem Himmel ist und sich da irgendwo verstecken muß.

Meine Mutter, die mit mir am selben Tag Geburtstag hat, kam an meinem siebzehnten Geburtstag aus dem Krankenhaus raus, konnte aber eben nichts mehr sehen. Wir haben dann immer versucht, bei allem, was wir machten zusammen zu bleiben, weil wir dachten, wenn wir getroffen werden, werden wir zusammen getroffen. Das hat mich natürlich auch ungeheuer behindert, weil ich sie überall mit hin nehmen mußte. Blinde gehen sowieso langsam und tastend, und bei ihr war das noch neu.

HANNA LEHMANN · VATER JUDE

Anfang Februar 45 haben wir in Babelsberg beim Chef meines Vaters gewohnt. Wir waren ausgebombt und wußten nicht wohin. Da hat der uns aufgenommen. Das war nicht nur aus Menschenfreundlichkeit, sondern der dachte sicher auch, daß es besser ist, uns einziehen zu lassen als irgendwelche Fremden, die er sonst hätte nehmen müssen.

Wir mußten uns da auch anmelden. Und als meine Mutter ihren Mädchennamen auf das Formular schrieb, umrandete ein Beamter den Namen Goldstein und schrieb an den Rand: *Vater Jude*. Ich hatte das immer irgendwie verdrängt, aber auf einmal bekam ich Angst, als ich das sah.

Obwohl wir wußten, daß der Krieg bald aus ist, haben wir immer in Angst gelebt. Meine Tante, die auch »Halbjüdin« war, hat sich noch bis zum Einmarsch der Amerikaner in Frankfurt versteckt. Wir haben nur noch auf das Kriegsende gehofft, das bestimmte unser ganzes Leben.

JOHANNA WREDE · EIN STÜCKCHEN WOHNUNG

Der Anfang des Jahres 45 sah so aus: Meine Eltern und meine Schwester lebten, seit 44, in Potsdam, wir waren ausgebombt worden, in Neu-Westend, und mußten umziehen. Wir haben unter wahnsinnigem Glück noch ein Stück Wohnung bekommen. Ich war beim Reichsarbeitsdienst und wurde in einem Lager an der Oder eingesetzt, in Lüdersdorf bei Wriezen. Von dort entließ man mich am 30. Januar vorzeitig.

Ich habe dann als Praktikantin im Krankenhaus in Potsdam angefangen. Am 14. April gab es den großen Angriff auf Potsdam. Von dem wußten wir übrigens schon vorher, es kam nämlich ein junger Mann ins Krankenhaus und sagte: Heute beim Alarm müssen wir alle in den Keller, heute gibt es einen wahnsinnigen Angriff. Man hat angeboten, Potsdam zur offenen Stadt zu erklären, aber das haben die Nazis abgelehnt.

Ich fuhr an diesem Abend mit dem Rad nach Hause. Beim Angriff war ich also zu Hause. Ich hab in Berlin sehr viele Bombenangriffe mitgemacht, aber dieser war schlimmer als alles. Entwarnung gab es hinterher nicht mehr, alles war kaputt.

Ich bin dann hin ins Krankenhaus gelaufen, weil ich sehen wollte, was da passiert war. Meine Schwester lag dort als Patientin mit Scharlach. Der Krankenhausgeistliche kam mir entgegen und sagte: Ihre Schwester lebt, ich habe sie selber aus den Trümmern geholt.

Der ganze Keller lag voll mit Schwerstverletzten, und ich mußte lange suchen, bis ich meine Schwester fand. Sie war am Verbluten. Aber weil die Ärzte mich kannten, konnte ich sie versorgen lassen. Am nächsten Tag wurde das Krankenhaus evakuiert, und wir haben meine Schwester mit nach Hause genommen. Das fanden wir immer noch besser, als daß sie auf einem LKW in so ein Dorfkrankenhaus evakuiert wurde.

Die Front näherte sich nun ziemlich schnell, der Artilleriebeschuß hat uns nach den Bomben gar nicht mehr so aufgeregt. Die letzten Tage vor dem Ende konnten wir aber nicht mehr aus dem Haus. Wir wohnten gegenüber dem Park Sanssouci, der schon von den Russen erobert war. Da haben wir dann nur im Keller gelebt und gehofft, daß es bald zu Ende ist, damit man wieder was zu essen kaufen konnte.

Manche Leute hatten sich ja eingedeckt, aber wir hatten das nicht gekonnt, weil meine Mutter und ich uns um meine schwerkranke Schwester und meine Großmutter kümmern mußten. Also hatten wir gar keine Zeit, um loszulaufen und zu plündern oder so.

Wir haben uns also da im Keller den Kampflärm angehört, und ich bin einmal, leichtsinnig, wie man mit achtzehn nun mal ist, nach oben in die Wohnung gegangen und hab aus dem Fenster nach den Russen geguckt. Das war aber gar nicht so gut, den die schossen sofort in das Fenster rein. Man ist ja in dem Alter so blöd.

THEA WALTER · JETZT TRIFFT ES UNS

Man sagte immer, wenn die Bomben in der Nähe einschlagen, würde man das vorher überhaupt nicht hören. Wenn man ein pfeifendes Geräusch oder so was hört, sind sie weiter weg. Bei uns war es eines Tages anders. Ich hörte regelrecht eine Bombe fallen und dachte, jetzt trifft es uns. Und dann sind wir buchstäblich mit unseren Stühlen hochgegangen in unserem Keller, das kann man gar nicht beschreiben. Irgendwie durch den Luftdruck.

Das erste was ich sagte, war: Wir leben noch. Und dann erfuhren wir, daß gegenüber das Eckhaus getroffen war, auf einen Schlag runtergerissen. Das sah aus wie eine Puppenstube nachher, hinten standen die Wände noch, im dritten Stock ein Klavier, und alles andere fehlte. In unserer Wohnung waren durch den Luftdruck alle Fenster eingedrückt mit den ganzen Rahmen, solche großen dreiteiligen Fenster. Wir liefen nur noch über Glas.

ANNI MITTELSTAEDT · DIE LETZTEN WOCHEN

Die letzten Wochen haben wir im Luftschutzkeller gelebt. Abends ins Bett, schon ging die Sirene los. Deshalb sind wir angezogen ins Bett gegangen, mit dem Koffer daneben.

Zu essen gab es nichts, da mußte man anstehen. Bis kurz bevor die Russen kamen. Da haben dann die Fleischer mit einem Schlag alles verkauft, wir kriegten ein paar Pfund Fleisch auf einmal. Die wollten noch schnell Geld machen, bevor die Russen kamen.

An einem Apriltag kamen sie dann, so nachmittags gegen fünf Uhr. Wir waren im Luftschutzkeller, denn es wurde ja noch bombardiert. Unsere Leute haben damals noch die Häuser beschossen in Neukölln, da sind sogar die russischen Offiziere noch in die Keller geflitzt. In einem Keller hatte ein kleines Kind in einem Babykorb gelegen, und ein Kellerträger war heruntergestürzt und hatte diesen Korb direkt mittendurch geschlagen. Ich ging dann irgendwann mal hoch in meine Wohnung. Ich hatte damals viele Blumen vor meinem Fenster und linste da so durch, als die Russen rechts und links die Straße hochgingen. Die ballerten dabei in alle Schaufenster rein. Die gingen also hoch bis zum Rathaus Neukölln.

Da war die Hitlerjugend noch verschanzt, und unter denen haben sie ein furchtbares Blutbad angerichtet. Die Jungen wurden ja in den letzten Tagen noch rausgeholt an die Front. Mein jüngster Sohn war aber glücklicherweise sehr krank gewesen, der hatte Flecken auf der Lunge, dadurch haben sie ihn nicht geholt.

Später haben dann die Russen ihre Verwundeten bei uns in die Toreinfahrt gelegt. Und da gab es einen jungen russischen Arzt dort, der hat sehr gut Deutsch gesprochen, weil er in Heidelberg studiert hatte. Der hat dann in unserer Drei-Zimmer-Wohnung mit gewohnt, und dadurch waren wir geschützt. Die russische Kommandantur ließ Schilder am Haus anbringen, daß es nicht ohne weiteres betreten werden durfte. Ich hab dann die Verwundeten mitversorgt, ich hatte ja eine Ausbildung als Rot-Kreuz-Helferin.

Meine Tochter war Nachrichtenhelferin gewesen und ist in russische Kriegsgefangenschaft geraten. Die wollte gerade durchgeben, daß die Russen da sind in Neu-Brandenburg, da haben sie schon hinter ihr gestanden. Zuerst haben die sie dann hier nach Berlin geschleift und zu lebenslänglich verurteilt. Später ist das Urteil in fünfzehn Jahre umgewandelt worden. Nach elf Jahren wurde sie dann entlassen.

RUTH WERGAU · DRUNTER UND DRÜBER

Für mich war das Wichtigste am Ende des Krieges, daß endlich Schluß war mit den Bombenangriffen. Wir haben die letzten Tage seit April fast nur noch im Luftschutzkeller verbracht. Das war fürchterlich, immer diese Angst.

Wir wohnten damals in der Görlitzer Straße. Dort standen zum Schluß die Stalinorgeln, und ich kann mich noch genau daran erinnern, wie das andauernd dröhnte und donnerte, das kannst du dir gar nicht vorstellen. Die haben ja noch gekämpft, auf deutscher Seite sind Kinder eingesetzt worden, um den Endsieg noch zu schaffen. Das war natürlich Wahnsinn, der Hitler muß ja ein Verrückter gewesen sein. Bei uns im Südosten Kreuzbergs wurde noch gekämpft bis zum Schluß. Gerade hier im Kiez haben wir noch eine ganze Menge abgekriegt.

Anfang Mai kamen deutsche Soldaten auf dem Rückzug bei uns am Haus vorbei und riefen uns zu, daß der Russe ihnen folgt und daß wir uns aus den Tiefkühlhäusern an der Oberbaumbrücke Lebensmittel holen sollten. So ein junger Landser rief unserem Opa zu: Mensch, macht bloß, daß ihr an die Oberbaumbrücke kommt, die Tiefkühlhäuser sind voll mit allem möglichen Sachen. Holt euch das Zeug, bevor es sich die Russen schnappen!

Na, unser Opa ist mit ein paar Männern losgezogen. Die hatten eine Schubkarre dabei, und dann haben die angeschleppt, die herrlichsten Sachen. Die haben Schmalz und Butter, Margarine und Fleisch in Mengen gebracht. Das wurde dann unter allen Hausbewohnern aufgeteilt. Da war auch ein Sack Mehl dabei und Opa Pechan ist, während ringsrum die Kugeln und Granaten pfiffen, in die Wohnung gegangen und hat für alle Brot gebacken. Das muß so am 5. Mai gewesen sein, denn wir hatten alle ziemlich Schiß, daß die Russen uns die Sachen wieder wegnehmen würden. Aber die hatten ganz andere Sachen im Kopf, die haben sich gar nicht um uns gekümmert, die kämpften ja noch.

Schrecklich war, daß auf deutscher Seite Kinder gekämpft haben. Die hatten sich am Lausitzer Platz hinter der Emmaus-Kirche verschanzt und kamen da massenweise um. Sie wurden erst auch auf dem Platz begraben. Später, so im Juli, hat man dann die Kinder und die anderen Leichen da wieder ausgebuddelt und irgendwo auf einem Friedhof bestattet. Das mußten Nazis machen, die geschnappt worden waren. Wir fanden es so fürchterlich, daß die Leichen ohne Särge unter die Erde kamen, man hat die einfach in Papiertüten gelegt.

In den letzten Kriegstagen ging hier wirklich alles drunter und drüber. Und als ich die ersten Russen sah, hatte ich ziemlichen Schiß. Die kamen zu uns in den Keller, aber haben uns nichts getan, die suchten nur Soldaten. Sie waren sogar richtig freundlich zu unseren Kindern.

Und das Essen war in diesen Tagen für uns wahnsinnig wichtig. In der Skalitzer Straße 96 war ein Bäckerladen, da haben die Leute nach Brot angestanden, während ringsrum gekämpft wurde. Einmal ist da ein Granate explodiert und alle, die da standen, waren tot. Aber man war irgendwie abgebrüht.

THEA WALTER · EIN BERG LEICHEN

Nach dem Angriff war unsere Straße gesperrt, und wir erfuhren, daß viele Leute umgekommen waren. Ich hatte nur einen Gedanken: ob meine Tante noch lebt, ich hatte zwei Häuser weiter eine Tante wohnen, die immer auf mich aufgepaßt hatte, als mein Vater noch lebte und meine Eltern das Geschäft hatten, und später auch, als meine Mutter in einem anderen Laden arbeitete.

Und das werde ich nie vergessen: ich renne also zwei Häuser weiter, in das Haus, in dem ich geboren und aufgewachsen bin, und seh zur linken Seite einen großen Haufen, einen *Berg Leichen* liegen. Ich hatte überhaupt noch nie einen toten Menschen gesehen und hab jetzt einen Satz rückwärts gemacht. Die waren aus dem Keller vom Haus gegenüber geholt worden, und weil man sie nicht auf der Straße liegenlassen wollte, hatte man sie hierher in den Hausflur getan. Ich hab mich da nicht vorbei getraut, ich bin wieder raus, und da das nun ein Eckhaus war, bin ich außen rumgelaufen und in den anderen Eingang rein, damit ich nicht an diesem Leichenberg vorbei mußte.

Da waren auch Leute dabei, die ich kannte. So eine große Luftschutztüre war herausgerissen worden durch den Luftdruck und hatte die erschlagen. Einer, den ich gut kannte, der war nicht im Keller, den hat es draußen erwischt. Von dem hat man nicht das Geringste gefunden. Da gibt es kein Grab und keine Grabstelle. Heute steht an der Stelle so eine kleine Kaufhalle.

MICHA EVERS · HOCHZEIT IN BOMBENSTIMMUNG

Am 21. März 45 habe ich in Potsdam geheiratet. Mein Mann hatte Urlaub bekommen. Und, obwohl uns klar war, daß der Krieg bald zu Ende wäre, hatten wir beschlossen zu heiraten.

Morgens kam Fliegeralarm. Ich hatte mir ein wunderschönes weißes Kleid geborgt, und Calle kam in Uniform, nun mußten wir erst mal in den Luftschutzraum. Zu dieser Zeit wurde Potsdam noch nicht bombardiert, das kam erst drei Wochen später, aber wenn Berlin angegriffen wurde, mußten wir auch immer in die Keller.

Irgendwann war dann Entwarnung, und wir zogen mit unserer kleinen Hochzeitsgesellschaft los. Wir sind zu Fuß durch den Park von Sanssouci gegangen, die Frühlingsblumen blühten, es war fast friedlich. Ich war ja damals noch recht jung und auch ziemlich naiv.

Irgendwie war das auch verrückt. Wir wußten ganz genau, daß wir hier neben der Wirklichkeit ein Stückchen Traumwelt inszenierten. Aber eigentlich wollten wir nur leben. Wir waren ja noch nicht erwachsen, hatten keine eigene Perspektive entwickeln dürfen. All das, was junge Menschen heute erleben und erfahren können, wenn sie sich mit dem, was sie bedrückt, mit ihren Problemen auseinandersetzen, das war für uns unvorstellbar. Wir waren immer nur genommen worden. Wir hatten ja nie gelernt, für uns selbst zu sorgen. Wir waren immer in irgendwelchen Lagern, wo uns alles vorgesetzt wurde. Andererseits wurden wir zu Einsätzen in den Krieg geschickt. Damit wird man nur schwer fertig.

Also, unsere Hochzeit bedeutete so etwas wie Lebenshunger. Eigenständigkeit, der Wunsch oder die Illusion, spielte dabei sicher auch eine große Rolle für mich.

Mir ist auch erst später klar geworden, wie man uns für diesen Krieg erzogen hat. Diese ganze Angst vor Autoritäten. Das hat man uns ja schon beim BDM eingebleut. Wir wurden zum Ja-Sagen und Strammstehen programmiert. Da habe ich noch so in Erinnerung, wie wir jungen Mädchen zur Musterung mußten. Uns stand dann ein typischer, zackiger Militärarzt gegenüber, der hätte aus den Bildern von George Grosz entsprungen sein können: Monokel, Schmerbauch und Befehlston. Der baute sich vor uns auf, und ihm lief so richtig der geile Sabber aus dem Maul. Der Typ hatte für jede von uns eine zotige Bemerkung oder einen Klatsch auf den Po. Und keine von uns hat sich getraut, etwas zu sagen. Wir haben uns das gefallen lassen. Meine Töchter würden sich heute so etwas nicht mehr bieten lassen. Aber wir hatten damals ja keine Ahnung, wie man sich gegen solche Typen wehren könnte, wir hatten nur zu gehorchen, sonst nichts.

Jetzt war ich auf einmal allein. Ich mußte andauernd für mich entscheiden, um überleben zu können. Das war schon schwer.

Aus Jux hab ich dann mal Calles Uniform anprobiert. Micha Evers, 1945

CHRISTEL SCHNEIDER · KARLSBAD

Mein Vater wurde 39 zur Wehrmacht eingezogen. Er war Offizier. 43 zog meine Mutter mit meinem Bruder und mir nach Insterburg in Ostpreußen, wir wollten weg von den Bombenangriffen. Kurz danach wurde unsere Wohnung in Berlin auch ausgebombt. Ende 44 mußten alle Berliner raus aus Insterburg. Wir stiegen in einen Zug, wußten gar nicht, wohin der fuhr, und landeten in Karlsbad.

Seit der Einberufung meines Vaters war meine Mutter ganz auf sich allein gestellt. Darunter hat sie sehr gelitten, und von einem Tag zum andern, schlagartig, kriegte sie ein Rheuma. Sie konnte sich nicht mehr bewegen. Ich mußte sie füttern und anziehen. Das ging wieder weg und kam immer wieder. Sie sprach damals auch immer ganz leise und guckte sich dauernd um, verstellte sich richtig. Sie war ja auch mit allem überhaupt nicht einverstanden, in der Zeit.

In Karlsbad wurde das ganz schlimm mit dem Rheuma. Sie hörte dann von einem Arzt, da wollte sie hin. Ich hab sie zum Zug gebracht, mußte noch ihr Bein so hochheben, damit sie ins Abteil kam, so steif war sie. Und zwei Stunden später, ich hatte am Bahnsteig gewartet, hopst sie aus dem Zug, ist frisch und fröhlich und umarmt mich, ist lustig und lacht. Ich dachte, das gibt es doch nicht, das ist doch nicht meine Mutter. Ich fragte, was der Arzt mit ihr gemacht hatte, ob er ihr eine Spritze gegeben hätte. Ja, sagt sie und lacht, der hat mir eine Spritze gegeben.

Viel später, nach dem Krieg erst, hat sie mir erzählt, was der Arzt tatsächlich mit ihr gemacht hatte: Der hatte sie mit ins Hinterzimmer genommen – und angefangen, auf Hitler zu schimpfen, hat die dollsten Ausdrücke über den Hitler losgelassen. Und sie hat mitgeschimpft und endlich alles rausgespuckt. So, hat sie schließlich gesagt, jetzt ist mir wohler. Und er: Sehen Sie, das ist Ihre Krankheit.

Wenn ich die Verwandlung nicht selbst erlebt hätte, ich würd es nicht glauben.

THEA WALTER · RADIO IM KOHLENKELLER

Zuletzt gingen alle Leute in die Keller, und wir versuchten uns da irgendein Quartier einzurichten. Es gab ja die größeren Schutzräume, in denen wir bisher immer gewesen waren. Nun versuchte aber jeder, in seinem Kohlenkeller so eine kleine, winzige Wohnung für sich zu haben.

Wir hatten einen ganz kleinen Kohlenkeller, ungefähr zwei mal zwei Meter. Auf die Kohlen haben wir Matratzen draufgelegt. Ein Brett, quer, war der Tisch, und an diesem Tisch habe ich auch eine Art Tagebuch geschrieben, an einigen Tagen, zwei, drei Tage lang. Wo ich dann auch schreibe, wer weiß, ob ich das später mal lesen werde. Das ist öfter da vorgekommen, weil mein Gedanke war, wer weiß, ob man das überlebt, wenn man zunächst auch hofft, daß es an einem selbst vorbeigeht.

Im Keller wurde dann vor allem Radio gehört und geredet. Man hatte natürlich auch eine Vorstellung, ungefähr, wie die einzelnen Leute politisch eingestellt waren.

HANNA LEHMANN · BEFREIT, AUF DER GANZEN LINIE

Ich war unter den Nazis als sogenannte Vierteljüdin eingestuft. Mit dem Kriegsende war der große Druck vorbei. Ich hatte das ja mein ganzes Leben bis dahin nicht anders erlebt, als daß meine Eltern immer wieder sagten, niemand darf wissen, wer wir sind, wo wir herkommen. Das war nun erst mal weg. Davon war ich befreit, auf der ganzen Linie. Das war eigentlich das Wichtigste für mich.

Aber das Leben ging ja weiter, und ich war ein junges Mädchen. Wir waren ausgebombt und besaßen praktisch nur das, was wir am Leibe trugen. Wir haben dann Möbel und ein paar Sachen vom Einrichtungsamt bekommen. Das war so eine Behörde, die sammelte Möbel aus zerstörten Häusern und von Nazis und verteilte die. Wir zogen mit einem Berechtigungsschein los und konnten uns ein paar Sachen, die wir dringend brauchten, in so einem riesigen Lager aussuchen. Ein Stück aus dieser Zeit haben wir heute noch in der Wohnung.

Wie meine Eltern es überhaupt schafften, daß wir wieder halbwegs eingerichtet waren, das ist mir heute noch ein Rätsel. Wir haben viel selbst gemacht, und vor allem wurde improvisiert, irgend was gezaubert, vor allem eben Kleidung. Meine Mutter hat mir, als es sehr kalt wurde, aus einer alten Wolldecke einen Wintermantel genäht, den ich noch lange getragen habe.

THEA WALTER · EIN STÜCK AUS DIESER ZEIT

Ich hab mir gar nicht richtig eine Vorstellung gemacht, wie das alles zu Ende gehen würde. Da passierten auch so viele schreckliche Sachen drumherum.

Zum Beispiel hatten wir eine Hausbewohnerin mit einer Tochter von vielleicht zehn, zwölf Jahren. Und da nun immer geredet wurde, das Deutsche Reich braucht viele Kinder, bekam sie nach Jahren plötzlich noch mal drei Kinder in ganz kurzem Abstand. Diese Frau wurde einmal in den Luftschutzkeller getragen, da hatte sie gerade entbunden. Hatte also im Haus entbunden, und nun kam der Angriff und man hat sie runtergetragen. Bei dieser Frau ist kein Kind am Leben geblieben. Ob dieses letzte nun starb, weil es so schnell runter mußte in den Keller, weiß ich nicht. Ein anderes lag im Krankenhaus gerade in diesen Tagen, das ist dort an einer Infektion gestorben. Eins starb hinterher noch, als die vielen Seuchen waren. Von den vier Kindern hat jedenfalls keins überlebt.

Eigentlich war dann im Keller nur wichtig, daß wir ja für einiges sorgen mußten. Wir mußten unbedingt was zu essen haben, und Wasser, darum kreiste eigentlich alles. Es gab ja Geschäfte in der Nähe, die manchmal auch irgendwas geliefert bekamen. Ein Geschäft, vielleicht so zehn Häuser entfernt, hatte zum Beispiel Quark bekommen. Aber da hinzukommen, das ging wirklich nur unter Lebensgefahr. Im Haus war noch ein Mädchen in meinem Alter, wir haben beschlossen, wir wollen da zu diesem Laden hin. Wir mußten nur in die nächste Querstraße, so um eine Ecke herum, aber das ging nur, wenn Ruhe war mit dem Beschuß, wir lagen absolut in der Schußlinie.

GERDA SZEPANSKY · VOM VORDERHAUS NACH TREPTOW

Also im Grunde genommen war es so: Bei uns zumindest, in SO, saßen die Menschen nur noch in Abwartestellung, und da bekam die Redensart *Lieber ein Ende mit Schrecken als ein Schrecken ohne Ende* nun eine echte Bedeutung. Dieses Ende mit Schrecken sah man unaufhaltsam auf sich zukommen. Jeder dachte: nun ist in ein paar Wochen Schluß. Das ersehnte auch durchaus mancher. Ohne Frage war aber fast immer große Angst dabei, je nachdem, wieviel Dreck man so am Stecken hatte. Das spielte schon eine Rolle.

Im April wurde unser Vorderhaus von einer englischen Luftmine getroffen. Die Amerikaner kamen nachts mit Brandbomben, und die Engländer warfen tagsüber die Luftminen ab. Das Vorderhaus wurde also am 26. April auch zu einem Trümmerhaufen, praktisch in letzter Minute. Meine Eltern standen nun vor dem Nichts. Auf einmal waren sie alle ihre Sachen los. Mein Vater hatte als Dachdecker auf dem Bau gearbeitet, und in den Wintermonaten, wenn er

Im Luftschutzkeller

arbeitslos war, saß meine Mutter und stickte, um etwas dazu zu verdienen. Sie hatten mit ihrer Arbeit nichts erworben als ihre Möbel und ein bißchen Hausrat. Sie hatten nichts auf dem Konto, waren nie verreist. So ging es Tausenden von Arbeiterfamilien in Berlin und anderswo in Deutschland, die standen nach solchen Bombenangriffen nur noch mit dem da, was sie auf dem Leib hatten.

Meine Mutter war völlig gebrochen. Sie hat nur geweint. Mein Vater fing an zu graben. Bei so einer Luftmine sackte das Haus in sich zusammen, aber meist brannte nichts, da waren dann Menschen und Habe begraben. Nach einer Woche hatte Vater Bettwäsche und Kissen und noch ein paar andere Sachen wieder rausgeholt. Jeder buddelte an der Stelle, an der er ungefähr seine Sachen vermutete. Wenn man etwas fand, was einem nicht gehörte, dann hat man erst mal gefragt: Guckt mal, sind das eure Schuhe? Da hat man sich viel geholfen.

Vater hat da meistens nur rumgebuddelt, wenn's dunkel war, denn er wollte sich möglichst nicht auf der Straße sehen lassen, um nicht noch in letzter Minute zum Volkssturm geholt zu werden. Ich bin immer mitgegangen und mußte aufpassen. Zu der Zeit hörten wir die Front in der Nähe. Wir sahen kaum noch deutsche Soldaten, es hieß, die hätten sich alle im Regierungsviertel verbarrikadiert.

Wir sind dann zu meinen Großeltern gezogen. Die wohnten in einer kleinen Straße, der Köpenicker Gasse. Die hieß im Volksmund *Ritze*. Das war in der Weimarer Republik eine Hochburg der Arbeiterbewegung. Die haben damals bei einem großen Mieterstreik wie ein Mann gestanden. Und sind auch alle keine Nazis geworden. Da wohnten wir also nun mit meinen Großeltern in deren Kellerwohnung, die uns zugleich als Luftschutzkeller diente, weil es keinen anderen gab da.

Eine Hiobsbotschaft jagte die andere. Da hieß es, viele Leute sind in den Schächten der Nord-Süd-Bahn am Anhalter Bahnhof ertrunken. Die wurden auf Befehl der Nazi-Oberen überflutet. Viele hatten gedacht, dort ist der sicherste Ort Berlins, die sind dann da elend ertrunken. Dann wurden alle Brücken zerstört. Wir wohnten ja gleich an der Spree und haben das alles mitbekommen. Dann kam die Nachricht, daß die Kühlhäuser geplündert werden. Bei uns in der Köpenicker Straße waren riesige Kühlhäuser. Alle sind hingerannt und haben säckeweise Lebensmittel weggeholt. Das war noch, kurz bevor die Russen kamen.

Ein Freund meines Vaters holte sich auch was aus so einem Kühlhaus. Als er nach Hause kam, standen da SS-Männer vor seiner

Haustür: Was, du Schwein plünderst? Weißt du nicht, was mit Plünderern geschieht? Die haben ihn dann mit Knüppeln buchstäblich totgeschlagen. Er verblutete vor seiner Tür. Seine Frau hat alles aus dem Fenster mit ansehen müssen.

Zu der Zeit hörte man schon die Stalinorgeln ganz in der Nähe. Wenn die über uns hinweg ins Regierungsviertel schossen, orgelten die tatsächlich so richtig los. Wir wurden jetzt nicht mehr bombardiert, denn die Russen waren ja schon mitten in der Stadt. Ich habe da auf der Straße viel Elend gesehen. Mir sind auch noch die Uniformen in Erinnerung, die da rumlagen. Die hatten Soldaten auf der Flucht ausgezogen und weggeworfen.

Mein Vater hatte in diesen letzten Tagen ein ordentliches Stück Fleisch aus einem Kühlhaus geholt, und meine Großmutter beschloß, das braten wir jetzt, dann haben wir noch mal eine vernünftige Mahlzeit. Das tat sie dann auch. Als der Braten fertig war und auf den Tisch kommen sollte, hörte ich vor unserem Kellerfenster Schritte. Ich gucke da so raus und erkenne einen Russen, der direkt auf unsere Tür zukommt. Wir Frauen sind gleich rausgerannt, die Männer blieben drinnen sitzen. Und als ich auf der Straße stehe, kommen auch aus den anderen Häusern Frauen gerannt und laufen voller Freude auf die Soldaten zu. Alle riefen: *Der Krieg ist aus, der Krieg ist aus!* Ein kleiner russischer Offizier lachte und sagte: Ja, *Krieg aus, Hitler kaputt, alles gut.* Die Frauen brachten denen auch etwas Brot und Wasser. Da sagte der Offizier: Trink du, iß du von Brot! Erst nach ihnen hat er sich auch davon genommen. Die müssen vorher üble Erfahrungen mit solchen Geschenken von Deutschen gemacht haben.

Dann sagte der noch: Hier jetzt Front. Wir haben das zuerst gar nicht begriffen, aber bald merkten wir, was das zu bedeuten hatte. Denn nun kamen viele Soldaten und verteilten sich auf die Wohnungen. Da mußten wir dann raus aus unserem Keller. Meine Großmutter hat das Fleisch schnell in ein Handtuch eingewickelt und sich unter den Arm geklemmt. Meine Mutter bekam wahnsinnige Angst, als einer der Russen auf meinen Vater zeigte und rief: Du Faschist, du Soldat! Sie warf sich dazwischen und erklärte radebrechend, daß mein Vater kein Soldat und kein Faschist wäre. Jedenfalls, einer von ihnen hat sich Vaters Hände beguckt und dann gesagt: Gut. Du auch gehen.

Wir haben in Panik irgendwas gegriffen und wollten schnell raus. Einer der Soldaten sagte noch: Du, Frau, Brot und Essen mitnehmen. Wir waren froh, daß wir was mitnehmen konnten. Die Soldaten haben ja auch gesehen, wie wir in dem Keller wohnten, und hatten vielleicht sogar Mitleid mit uns.

Nun standen wir auf der Straße. Wir wurden in Richtung Schlesisches Tor geschickt, dahin, wo die Stalinorgeln standen. An denen zogen wir vorbei. Da lagen viele Tote, über die mußten wir in aller Hast drüberwegstolpern. Inzwischen waren wir eine ganze Gruppe von Flüchtenden. Wir sind von der Front weg bis Treptow gezogen, ohne jede Führung, wir sind einfach losgelaufen. Später haben wir gehört, daß die Russen in einer Wohnung bei uns im Haus SS-Uniformen fanden und daraufhin das Haus ansteckten. Es war schon gut, daß wir da raus waren.

In der Gasse war auch ein Lebensmittelladen gewesen, und der Sohn war ein hundertprozentiger Hitlerjunge. Der mußte zum Schluß von seinen Eltern eingeschlossen werden, weil er unbedingt noch kämpfen wollte. Jedenfalls ist der durchs Fenster getürmt, um seinen Führer zu verteidigen. Kein Mensch hat jemals wieder was von ihm gehört. Dieser Junge war so verblendet, der rief immer: Ich habe meinem Führer Treue bis in den Tod geschworen, und jetzt braucht er mich. Die anderen in der Familie waren ganz normale Leute, mit denen wir uns recht gut verstanden.

Irgendwann abends sind wir also in Treptow angekommen. Da standen viele Häuser leer, wir wußten nicht wohin, haben in so einem Haus übernachtet. Auf den Treptower Wiesen hatte die Rote Armee ein riesiges Biwak errichtet, da waren Tausende von Soldaten, die ihren Sieg feierten. Die hatten große Alkoholvorräte in den Häusern gefunden, und wir hörten sie nun laut singen und tanzen. Die kamen dann auch in die Häuser und holten Frauen raus. Wir haben eine ziemlich Schreckensnacht verlebt.

Am nächsten Tag sind wir wieder aufgebrochen. Die Frauen haben sich so häßlich wie möglich gemacht. Wir sind nach Adlershof gegangen, dort hatten meine Großeltern eine Laube. Da habe ich dann das richtige Kriegsende erlebt.

THEA WALTER · JEDER IST FÜR SICH GERANNT

Die Russen waren schon in Weißensee und schossen rüber, so Richtung Alexanderplatz, und wir lagen genau dazwischen. Wenn jetzt eine Ruhepause war, mußte man rauslaufen, und dann durfte auch nicht gerade ein Tieffliegerangriff kommen. Wir haben also gepeilt, wann die Straße leer war, und an der Hauswand entlang sind wir dann zu diesem Laden gerannt. Da standen die Leute alle im

Hausflur in Deckung. Solch eine kleine Besorgung hat so eventuell Stunden gedauert, bis wir uns das Stückchen wieder zurücktrauen konnten. Oder wenn Brot besorgt wurde: Der Bäcker hatte seine Backstube auf einem Hof. Und da war es genau das gleiche. Kein Mensch konnte sich offen auf diesen Hof hinstellen, ohne Gefahr zu laufen, von irgendwelchen Splittern getroffen zu werden. Also sind wir erst über die Straße gerannt, und im Hausflur standen dann da die Leute dichtgedrängt, und dann sind wir immer nur einzeln zur Backstube, um uns das Brot zu holen.

Damals ist jeder nur für sich gerannt. Ich glaube, dann hinterher war auch sehr viel Mitgefühl und Hilfe, gegenseitig...

Am schwierigsten war es mit dem Wasser. Ich hatte früher schon ein bißchen Gemeindearbeit gemacht und kannte von daher die Hinterhöfe, da gibt es ja sehr viele Hinterhöfe mitten in Berlin. Aber jetzt habe ich die erst richtig kennengelernt. Da waren nämlich überall Löschteiche angelegt, große Bassins, um eben bei Angriffen genügend Wasser zu haben. Diese Brühe mußten wir jetzt holen als Trinkwasser, weil die Trinkwasserversorgung unterbrochen war.

So sah ich
1945/46 aus
Thea Walter

Also haben wir uns dann mit unseren Eimern da angestellt und haben anschließend versucht, das Zeug abzukochen. Und dann kam jemand mit der tollen Idee, es gibt doch schönes, gutes Wasser bei der Bözow-Brauerei, auf dem Prenzlauer Berg, die haben ja Tiefbrunnen.

In den letzten Tagen hatten wir alle noch Panzersperren bauen müssen. Wir hatten die Straßen aufgerissen, und die Pflastersteine wurden dann zu so hohen Mauern gestapelt. Die Immanuelkirchstraße zur Prenzlauer Allee war durch solch eine Panzersperre abgesperrt. Und dort hatte man einen Mann erschlagen – das war Anfang Mai –, der hatte gesagt, daß der Krieg zu Ende wär. Die Nazis hatten ihn erschlagen und ihn kopfüber an die Panzersperre gehängt, mit einem Schild um: *Ich bin ein Antifaschist*. Die Leute sind mit einem solchen Grauen von dort zurückgekommen. Weil ich das auch so entsetzlich fand und mich da nicht vorbei getraut habe, bin ich schließlich nicht ein einziges Mal zu dem Brunnen auf dem Prenzlauer Berg gegangen.

Das Ende war dann eine ganz komische Sache. Das geht in solcher großen Stadt ja nicht gleichzeitig, das geht ganz verschieden. Da kamen schon Nachrichten, daß Adolf Hitler tot ist, und alle guckten schon mal so raus aus dem Keller, wie es draußen aussieht. Und irgendwer sagte dann, der Krieg ist zu Ende. Und ich besinne mich, ich bin auf die Straße gegangen, und ziemlich das erste, was ich gesehen habe, war ein Russe, der die Straße harmlos entlang ging. Und neben ihm eine deutsche Frau, die sich mit ihm unterhielt. Das war so was Groteskes, was ich überhaupt nicht erwartet hatte, mir überhaupt nicht vorstellen konnte. Später haben wir ja diese Bilder öfter gehabt. Aber daß jetzt die ganz freundschaftlich empfangen wurden, das ist für mich wirklich die Erinnerung: *der Krieg ist aus*.

Und dann an den Litfaßsäulen so große Anschläge, daß jetzt alles wieder normal werden sollte. Es sollte wieder Wasser geben und Gas. Wir hatten zum Beispiel überhaupt keine Kochmöglichkeit mehr, Gas gab es nicht, und wir hatten nichts anderes. Wir haben in so einem großen Ofen in die Glut da unten unser Töpfchen reingeschoben mit irgendwas zu essen. Jetzt sollte alles wieder normal werden. An den Litfaßsäulen standen die Leute herum, und mich hat es sehr verwundert. Ich hatte mir gedacht, wenn die Russen die Stadt einnehmen, dann wird *alles* zerschlagen. Dann ist *ganz* Schluß, war so meine Vorstellung. Daß da plötzlich stand, jetzt wird wieder was in Ordnung gebracht, war für mich erst unfaßbar.

IRMA SCHADE · DAS GING JA IMMERZU

Die letzten drei, vier Tage, bis der Tommy kam, haben wir nur im Bunker gesessen, kann man sagen. Der war hier gleich schräg gegenüber vom Haus, gar nicht besonders groß, ich weiß gar nicht, wie viele da rein paßten. Besonders stabil sah der auch nicht aus. Wenn sie da reingeschossen hätten, wir wären alle Matsch gewesen. Ich bin da auch nicht viel drin gewesen, ich hatte immer Angst im Bunker.

Aber die letzten Tage waren wir andauernd drin. Wir sind nur ab und zu mal schnell hier ins Haus gegangen. Wenn dann Voralarm war, dann mußten wir ja schon wieder flüchten. Wenn die Sirene ging, war erst mal Voralarm. Und dann dauerte das nicht lange, dann kam der richtige Alarm, dann mußtest du sehen, daß du schon drin warst im Bunker.

Wenn da was hochgegangen wäre, da drin, wären wir doch alle verschüttet worden, du kannst dann doch gar nicht raus da, und im Keller wäre es genau dasselbe gewesen. Wenn ich im Freien war, hatte ich nicht so eine Angst wie unten im Bunker oder im Keller. Da bin ich oft rausgegangen auch während eines Angriffs. Und wenn die Luft wieder rein war, bin ich hier ins Haus gesprungen und habe mein Geschirr hier wieder hergebracht und hab die Schweine gefüttert und was wir sonst noch alles zu tun hatten. Aber sowie dann wieder Alarm war, schwupp, mußtest du ja wieder rein in den Bunker. Das ging ja immerzu, zu guter Letzt war es ja schlimm.

KARL SCHADE · NICHT IN VOLLPENSION

Ich war seit April 41 bei der kämpfenden Truppe gewesen. Ich kam in die Tschechei, nach Olmütz. Da haben wir vielleicht noch vier Wochen gelegen, dann kam ein Einsatz nach Jugoslawien. Dann war der Feldzug in Jugoslawien, der hat nicht lange gedauert, wir kamen praktisch gar nicht zum Schuß mit unseren Kanonen. Da haben wir dann noch acht Wochen gelegen hinterher, dann wurden wir nach Graz versetzt, neu zusammengestellt, und dann nach Rußland verfrachtet. Danach dann nach Sizilien, den ganzen Feldzug mitgemacht bis nach Florenz, den Rückzug wieder. Dann nach Frankreich, Rückzug durch Belgien und Holland bis hoch nach Bremerhaven, da haben wir dann kapituliert Ende April.

Wir haben unsere ganzen Sachen weggeworfen, das weiß ich noch, da kann ich mich heute noch ärgern drüber. Ein schönes Fernglas hab ich da weggeworfen, einfach alles in einen Bach geschmissen. Viele haben damals was von ihrer Ausrüstung behalten, haben das durch die Kontrollen gekriegt, irgendwie versteckt.

In den letzten Wochen vor der Kapitulation ging es uns eigentlich gar nicht besonders schlecht. Wir hatten noch genügend Verpflegung, gehungert haben wir eigentlich nicht. Etwas gehungert haben wir dann nach der Kapitulation, in der Gefangenschaft da oben. Wir waren nicht in einem Lager untergebracht bei den Engländern, wir haben da bei Privatleuten gewohnt, in Privatquartieren gewissermaßen. Wir wurden auf zwei Dörfer verteilt, Wastade und Wasbeck. Da haben wir dann ab und zu vielleicht mal was gekriegt von den Leuten, bei denen wir wohnten, aber nicht viel, denn die meisten hatten ja selber nichts. In Vollpension waren wir also nicht gerade. Ich hab da unter dem Dach gelegen, auf so einem Strohballen mit zwei Mann.

Eigentlich wurden wir überhaupt nicht bewacht da. Wozu auch? Ich hab vielleicht auch mal überlegt, nach Bayreuth, nach Hause abzuhauen, etliche haben es auch versucht, aber das war doch amerikanische Zone, da wärst du überhaupt nicht durchgekommen. Die haben ihre Grenzen bewacht wie die Schießhunde. Und sollte ich da nackt hin? Ich hab doch nur noch die Uniform gehabt, weiter hatte ich ja nichts. Und mit dem Ding auf dem Leib wäre ich keine zweihundert Meter weit gekommen, dann hätten die mich wieder geschnappt.

Ja, und Verpflegung. Heringe haben wir viel gekriegt da, die haben wir uns selber geräuchert in Benzinfässern und haben Bücklinge davon gemacht. Kartoffeln mußten wir uns selber ausbuddeln, dann haben wir zum Beispiel Pellkartoffeln gegessen.

MARLIES SCHADE · NICHTS WEITER

In den letzten Kriegstagen sind wir sehr oft durch die Sirenen aus dem Bett geholt worden, mußten immer in den Bunker rein, der war bei uns direkt über die Straße. Ich war ja damals noch nicht lange in der Lehre, ich hatte gerade am 1. April mit meiner Schneiderlehre angefangen.

Bei uns in den Dörfern war ein Zeichen ausgemacht: Wenn der Krieg zu Ende ist, dann soll die Sirene gehen auf der Munitionsfabrik, da in der Nähe in Wehmingen. Und nun ging die Sirene, und da man ja nicht wußte, wie alles so kommen würde, sagte meine Lehrmeisterin: Schwing dich mal auf dein Fahrrad und fahr nach Hause. Man weiß jetzt nicht, was kommt.

Man hat sich das schlimmer vorgestellt, als es dann nachher eigentlich war. Ich bin dann also nach Hause gefahren, und mußte zwischen Bolzum und Lühnde über solche Schienen weg, da ist der Munitionszug immer drüber gefahren, vom Werk her. Und da kam mir nun mein Vater entgegen, an den Schienen runter, der arbeitete damals in der Munitionsfabrik. Alle Arbeiter sind nach Hause gegangen. Wir beide sind dann zusammen nach Hause gefahren und haben geharrt, was nun kommen sollte. Das ist aber an sich nicht so schlimm gewesen, das heißt, man hat das Dorf mal kurz beschossen, und dann haben die Deutschen sich ergeben. Da ist auch nichts weiter gekommen. Die Engländer sind durchgefahren, und das war praktisch alles. Ein paar Tage später haben sie dann in der einen Gaststätte so eine Hauptstelle errichtet, eine Kommandantur.

Ich bin ein paar Wochen zu Hause geblieben, dann hatte sich das bei uns im Dorf eigentlich alles normalisiert, also man brauchte nicht irgendwelche Angst zu haben. Danach habe ich meine Lehre dann fortgesetzt.

Marlies Schade, Anfang 1945

IRMA SCHADE · TIEFFLIEGER

Zum Schluß haben die Tommys an der Bledelner Straße gestanden und haben hier reingeschossen, hier nach Lühnde rein. Unsere Truppen haben in Müllingen gelegen, die haben zurückgeschossen, sind aber nachher gefangengenommen worden. Den Tommys ging es hauptsächlich um die Munitionsfabrik. Aber die haben sie Gott sei Dank nicht getroffen, mein Mann arbeitete ja auch da.

Viele Tieffliegerangriffe gab es dann zum Schluß noch, wegen der Munitionstransporte. Einmal saß mein Sohn mit einem anderen Jungen hier auf der anderen Straßenseite im Garten, da kam einer an, direkt über die Bäume weg. Und plötzlich fing der an zu schießen! Da sind die beiden hoch wie der Blitz, hier in die Gasse neben unserm Haus rein und haben sich da verkrochen.

MARLIES SCHADE · AB IN DEN GRABEN

Früher hatte mein Vater eine eigene Werkstatt als Schustermeister gehabt, aber im Krieg hat er den Beruf nicht ausgeübt. Und die ganzen Sachen aus seiner Werkstatt, Leisten, Werkzeug und so, hatte er alle nach Wehmingen verliehen in die Munitionsfabrik. Die hatten da eine Schneiderwerkstatt, eine Sattlerei und eine Schusterei…

Als dann der Umsturz war, sind die Leute ja losgegangen und haben alles geklaut. Meine Mutter und ich sind losgezogen mit unserem Handwagen und wollten die Sachen von meinem Vater wiederholen. Er hat gesagt, das ist bestimmt schon alles weg, da braucht ihr gar nicht erst hinzufahren. Wir haben aber gesagt, wir fahren da noch mal hin, und dann haben wir mit dem Handwagen auch noch ein paar Sachen geholt.

Auf dem Rückweg ging vor uns auf der Bolzumer Straße ein Landser, mit einem Mal war der im Graben verschwunden. Und da haben wir das auch schon gehört, da kamen Tiefflieger und haben geschossen. Wir haben unsern Handwagen da stehengelassen und sind auch ab in den Graben. Die Tiefflieger kurvten zu der Zeit auch über Lühnde und schossen auf alles, was sich bewegte. Man konnte kaum draußen rumlaufen. Immer mußte man auf der Hut sein, ob nicht einer kam und man sich irgendwo in Deckung bringen mußte. In die Häuser schossen sie aber nicht, das hätten sie doch bequem machen können, aber das taten sie nicht komischerweise. Nur wenn jemand draußen rumlief, dann hielten sie drauf. Die flogen nicht höher als Baumhöhe, die konntest du richtig erkennen, die Piloten, ihre Gesichter und die Lederkappen, die sie aufhatten.

KARL SCHADE · GEIZIGE LEUTE

Dann wurde eine Arbeitsgruppe zusammengestellt dort, in Wastade, das war so eine Straßenbaugruppe. Wir sollten kaputte Straßen reparieren und auch neue bauen. Die Gruppe wurde also auf LKW verfrachtet, da haben wir hinten draufgestanden. So zehn, zwölf LKW waren das wohl, vom Engländer, auf denen wurden wir Richtung Hildesheim gebracht und auf die Dörfer da – Lühnde, Bolzum, Wehmingen – verteilt. Wir wurden wieder bei Privatleuten einquartiert, meistens bei Bauern.

Manchen von uns ging es da ganz gut, die bekamen was zu essen von ihren »Wirtsleuten«. Die meisten Bauern aber waren alles andere als erbaut, daß Landser bei ihnen einquartiert wurden, und dementsprechend behandelten sie die dann auch. Meine Bauern zum Beispiel waren ungeheuer geizige Leute, und ich bin dann ja auch mal bei der Arbeit zusammengeklappt, so schwach war ich vor Hunger.

IRMA SCHADE · ALLES IN BESCHLAG GENOMMEN

In den letzten Tagen sind hier im Dorf noch welche zu Tode gekommen. Die Tommys schossen direkt hier durch die Gärten auf der anderen Straßenseite. Ein Geschoß fiel auf das Haus von einem Nachbarn, und es ging ganz bis unten durch. Als das explodierte, sind der Vater und ein Kind getötet worden, und eine Frau verlor ein Bein dabei.

Schließlich kamen dann die Engländer hier rein – und Schwarze! Oh, da kriegtest du sowieso schon Angst, wenn du die gesehen hast. Wir hatten dann erst einmal Ausgangssperre abends, ab sieben oder acht durften wir dann nicht mehr raus. Ich meine, die haben uns an und für sich nichts getan, aber du mußtest abends von der Straße verschwinden, und die haben erst einmal alles in Beschlag genommen.

Die haben sich die Häuser ausgesucht, in denen sie dann gewohnt haben. Die Häuser oben am Dorf, die so villenmäßig aussehen, die waren alle voller Engländer. Die besten Häuser, von denen sie dachten, hier kannst du drin wohnen, haben sie sich ausgesucht. Die Leute, die da eigentlich wohnten, hatten ja auch Vieh und mußten füttern. Die mußten jetzt dazu eine Genehmigung haben. Da oben saß auch der oberste General, oder was das war, der mußte die Genehmigung erteilen. Da kriegtest du einen Zettel, und dann konntest du durchgehen zu deinem Grundstück und konntest füttern.

MICHA EVERS · VÖLLIG EGAL

Im April 45 war ich in Friesack. Dort arbeitete ich als Bauzeichnerin in einer Abteilung des Ministeriums Speer, die dorthin evakuiert worden war. Als dann die Amerikaner kamen, sind wir abgehauen. Ich kann mich noch gut dran erinnern, wie die mit ihren Panzern in den Ort kamen und ich mit ein paar Kollegen auf der andern Seite des Ortes rausrannte.

Ich wollte zuallererst zu meinem Mann, von dem ich wußte, daß er in Stralsund stationiert war. Zum andern hatte ich natürlich Angst, in Gefangenschaft zu geraten. Ich bin dahin gezogen, wo ich Menschen kannte, ob das nun im Osten oder im Westen war, das war mir völlig egal.

MARIA BRIESEN · DRESDEN, 13. FEBRUAR

Im Herbst 44 bin ich von Darmstadt, wo ich meinen Mann kennengelernt hatte, nach Dresden gezogen, zu meiner Schwiegermutter. Im November haben wir geheiratet, und im Januar 45 war die Geburt meiner Tochter Brigitte.

In Dresden bin ich natürlich in die Hölle gekommen, was Luftangriffe anbetrifft. Da habe ich das Schlimmste mitgemacht, was man

Hoher Besuch. Maria Briesen, zweite von rechts, beim Arbeitsdienst

überhaupt mitmachen konnte im Krieg, denn da war ja ein Luftangriff nach dem andern. Man kam überhaupt nicht zur Ruhe.

Der allerschlimmste und schwerste Angriff war am 13. Februar, abends um zehn und um zwölf. Da war wirklich die Hölle los. Da haben wir tatsächlich nicht mehr geglaubt, lebend aus dem Keller rauszukommen. Wir hatten zwar einen Luftschutzbunker in der Gegend, der war aber so weit weg, daß wir das bei einem Angriff nie geschafft hätten. Wer dann noch kleine Kinder dabei hatte – ich hatte ja meine Tochter, die war gerade drei Wochen alt –, für den war es praktisch unmöglich, da rechtzeitig hinzukommen. Für ältere Leute auch. Außerdem war der viel zu klein. Wenn alle Leute aus der Gegend da rein gewollt hätten bei einem Angriff, hätte es ein Chaos gegeben.

Also mußten wir in die Keller, die zu unserem Wohnhaus gehörten. Es hieß auch, die wären vorschriftsmäßig, der Luftschutzverband hätte sie ordnungsgemäß gesichert. Wir hatten ja auch vorschriftsmäßige schwere Eisentüren drin, die Fenster waren von außen vorschriftsmäßig mit Eisenplatten verbarrikadiert, aber bei diesem Angriff hat das bei weitem nicht gereicht.

Die Engländer sind damals ganz geschickt vorgegangen. Sie kamen um zehn und haben als erstes ihre sogenannten Tannenbäume abgeworfen. Das waren Scharen von Phosphorbomben, die alles in Brand steckten und auch zur Beleuchtung dienten. Die Stadt selbst war ja dunkel, bei Einbruch der Dunkelheit mußte ja damals alles verdunkelt werden, damit die feindlichen Flieger nichts sahen. Durch diese Tannenbäume war dann alles taghell erleuchtet, die hatten dann eine gute Sicht von oben. Und wir hatten nun noch zusätzlich das Pech, in der Nähe vom Bahnhof zu wohnen, das war natürlich ein beliebtes Ziel.

Um zehn gab es also Luftalarm, wir sind runter in den Keller, und die warfen als erstes Phosphor. Wir blieben auch weiter im Keller, es gab keine Entwarnung, und um kurz vor zwölf ging es dann richtig los. Die warfen einen Lufttorpedo nach dem andern, es war ein Höllenlärm, alles dröhnte und wackelte. Wir lagen im Keller. Links hatte ich meine Schwiegermutter, die bekam einen Herzanfall nach dem andern vor Angst, ich mußte mich ständig um sie kümmern. Rechts hatte ich meine Tochter.

Man hatte uns damals gesagt, wir sollten, wenn Lufttorpedos geworfen werden, den Mund offen lassen, zum Druckausgleich. Sonst bestand die Gefahr, daß durch den ungeheuren Druck, wenn sie explodierten, irgendwelche inneren Organe beschädigt würden. Ich hatte deshalb ständig einen Finger im Mund meiner Tochter. Aber es nützte trotzdem nichts, sie bekam in dieser Nacht einen Lungenriß, an den Folgen ist sie zwei Jahre später gestorben, Lungenentzündung, da war sie nicht widerstandsfähig genug.

Der Hauptangriff dauerte vielleicht eine Viertelstunde, dann war alles vorbei. Als wir nach der Entwarnung rauskamen aus dem Keller, da hat es richtig geschneit – aber nicht weiß, sondern *schwarz*. Unmengen von Ruß, lauter schwarze Flocken kamen da runter, die Luft war voller Asche.

Wir hatten noch Glück gehabt. In unserem Haus war zwar keine einzige Fensterscheibe mehr heil, alles lag voller Schutt, aber das Haus stand wenigstens noch, wir waren nicht ausgebombt.

Den Lungenriß meiner Tochter habe ich natürlich nicht bemerkt. Erst später, wenn man immer anfällig ist für Erkältungskrankheiten und ständig husten muß, wird das klar, daß irgendwas ist mit der Lunge. Ärztliche Hilfe gab es sowieso erst einmal nicht, auch nicht für meine Schwiegermuter. Ein Sanitäter war in dem Keller, aber der konnte auch nichts machen.

Während des Angriffs herrschte regelrechte Panik im Keller. Jeder wollte raus, jeder schrie, man umklammerte sich, und alles schrie fürchterlich durcheinander. *Raus hier, nur raus!* Viele haben gekniet und gebetet. Wenn man verschüttet worden wäre, hätte man nur darauf hoffen können, wieder ausgebuddelt zu werden, sofern man so lange noch leben würde, atmen könnte.

Dieser Angriff am 13. Februar war also bei weitem der schlimmste, den ich erlebt habe. Luftangriffe gab es aber andauernd. Wir sind jeden Abend sehr unruhig ins Bett gegangen, du wußtest ja nie, konntest du eine halbe Stunde schlafen, konntest du eine Stunde schlafen oder wie lange. Man hat quasi immer halbwach im Bett gelegen und darauf gewartet, daß die Sirene heult. Und vor allem, man mußte ja stets das Notwendigste und seine Papiere bei sich haben. Ich hatte immer einen Koffer, in dem ich alles drin hatte. Wenn es soweit war, hab ich mir nur den Koffer geschnappt und bin in den Keller. Du hattest überhaupt keine Zeit mehr, noch irgendwas zu packen. Du hattest nur einen Gedanken: runter, um dein nacktes Leben zu retten.

Der 13. Februar ist für mich fast ein Ende gewesen, wo ich dachte, ich seh nichts mehr von draußen, ich komm da nicht wieder lebend raus aus diesem Keller. Wir haben ständig gelauscht. Es war so: wenn man die Flieger nicht hörte, war die Gefahr sehr groß. Wenn man sie hörte, konnte man sich sagen, es ist alles vorbei.

Ich war auch so hilflos meiner Schwiegermutter gegenüber. Die lag da mit ihren Herzanfällen, und ich konnte ihr nicht helfen. Die hat sich aber immer wieder hochgerappelt, es war auch nicht das erste Mal, daß sie bei einem Angriff Herzanfälle bekam. Wenn die den ersten Ton der Sirene hörte, dann zuckte sie zusammen, krümmte sich manchmal regelrecht. Dieser Ton... der haftet mir noch heute an. Wenn ich eine Sirene höre, kriege ich eine Gänsehaut, dann muß ich unwillkürlich an diese Zeit zurückdenken, so hängt mir das noch in den Gliedern. Darum, wenn heute noch mal ein Krieg kommt...

Durch diesen Angriff am 13. Februar sind irrsinnig viele Leute ums Leben gekommen. Es gibt in Dresden eine Parkanlage, den Großen Garten, da standen nach diesem Angriff Leute tot an Bäume gepreßt. Richtig an die Baumstämme geklatscht. Wenn man sie angetippt hat, sind sie zusammengefallen wie ein Karton. Das war die Wirkung dieser Lufttorpedos. Wenn du da nicht geschützt bist, wirst du durch diesen irrsinnigen Druck an den nächstbesten Gegenstand gepreßt, klebst fest, gleichzeitig zerreißt es dir sämtliche inneren Organe. Die Leute waren wahrscheinlich unterwegs gewesen, als es losging, konnten keinen Bunker mehr erreichen und wollten sich in die Parkanlage flüchten. Da hat es sie dann erwischt.

In den nächsten Tagen sah man andauernd Berge von Toten. Auf offenen Viehwagen wurden die gestapelt und zu Friedhöfen transportiert. Da hat man dann Massengräber für sie ausgehoben, Hunderte in eine Reihe gelegt, und Kreuze draufgesteckt. Manche hatte man noch identifizieren können, die anderen waren verkohlt, zerrissen oder sonstwie verstümmelt, so daß man sie nicht mehr erkennen konnte.

Es war ein Chaos. Keiner wußte, wo seine Angehörigen waren, alles lief wild umher und suchte seine Leute. Das Schlimmste waren diese Viehwagen. Die fuhren durch die Straßen, und ab und zu guckte da ein Bein raus, oder ein Arm hing herunter.

MICHA EVERS · HIDDENSEE

Ich war nun unterwegs nach Stralsund, weil mein Mann dort stationiert war. Ein Wehrmachts-LKW nahm mich ein Stück mit. Allerdings, ich saß zwischen vielen Fässern auf der Ladefläche, und in den Fässern war Benzin. Als da zwischendurch ein Tieffliegerangriff kam, bin ich aber schnell runter vom Wagen.

So bin ich dann jedenfalls nach Stralsund gekommen und traf dort in der Kaserne meinen Mann, der gerade vom Schanzen kam.

Ich hatte noch so ein paar Sachen dabei, die ließ ich bei einer Frau, die mich für eine Nacht aufgenommen hatte. An den Sachen habe ich auch nicht so gehangen, das war für mich nicht wichtig.

Ich mußte nun irgendwo wohnen. Da habe ich auf Hiddensee eine Unterkunft gefunden, wo ich erst mal bleiben konnte. Nach ein paar Tagen hörten wir dann rund um die Insel Rügen Kampflärm. Nun wurde also auch hier geschossen, wir waren jedenfalls in diesen letzten Tagen ohne Verbindung zum Festland.

Auf dieser kleinen, schmalen Insel Hiddensee hatten sich in den letzten Wochen sehr viele Flüchtlinge eingefunden. Da gab es bald Versorgungsprobleme. Aber wir konnten nun auch nicht mehr weg und mußten einfach abwarten, was passieren würde. Von meinem Mann hörte ich überhaupt nichts mehr, ich hoffte nur, daß wir uns bald wiedersehen würden.

In diesen Tagen geschah noch eine tolle Sache. Ein Freund, der auch auf der Insel, ein paar Häuser weiter, untergekommen war, erzählte mir das eines Morgens: In Vitte gab es eine noch funktionierende Naziorganisation, da saßen ein paar PG, die noch immer auf den Endsieg hofften. Zu denen kam eines Abends ein Haufen SS-Leute. Die waren mit einem Boot übergesetzt, die klammerten sich an Durchhalteparolen, insgesamt knapp vierzig Männer, darunter

Micha Evers. Postkarte aus einem Urlaub mit meinem Vater, 1942

auch noch ein paar Volkssturmleute und ganz junge Knäblein, die mehr oder weniger freiwillig mitgeschleppt worden waren.

Jedenfalls erklärte so ein SS-Bonze die Insel Hiddensee zum Kampfgebiet. Hier sollte nun die letzte Schlacht geschlagen werden. Alle Männer und nach Möglichkeit auch die Frauen sollten sich irgendwie bewaffnen und der Roten Armee Widerstand leisten. Das fanden aber die einheimischen Fischer gar nicht überzeugend. Die veranstalteten also abends ein Gelage mit den Nazis und machten die SS-Leute mit selbstgebranntem Schnaps so richtig besoffen. Dann haben sie die Kerle einschließlich ihrer Waffen auf zwei Schifferkähne gepackt und nach Rügen an den Strand von Schaprode geschafft. Dort haben sie die Leute in die frische Frühlingsluft gelegt. Als dann die Fischer nach Hiddensee zurückkehrten, haben sie noch ganz schnell die kleine Parteistelle von allem Nazi-Kram gesäubert und sind dann in ihre Betten gegangen.

Das waren so richtige Rügener Latjers. Manchmal sieht man solche Leute noch heute an der Grenze, wenn man über Rügen nach Schweden reist. Das sind so große, blonde Kerle mit hellblauen Augen, die machen alles ohne großes Pathos.

MARIA BRIESEN · VERBRANNT ODER VERGRABEN

Die allgemeine Stimmung in diesen letzten Monaten war auf dem Nullpunkt. Ob wir geschimpft haben oder nicht, weiß ich nicht. Das spielte auch gar keine Rolle, erhört worden wären wir so und so nicht. Wir fanden es auf alle Fälle einen Wahnsinn, was die Nazis machten. Dresden war ja zum Schluß völlig eingekesselt. Und in den letzten Tagen wurde der Ring immer enger, und wir waren noch einem unvorstellbaren Artilleriebeschuß ausgesetzt. Deshalb lebten wir zum Schluß auch nur noch im Keller. Und noch aus diesem kleinen Kessel heraus hat sich die SS gewehrt, hat zurückgeschossen, obwohl doch überhaupt nichts mehr zu retten war. Das war wahnsinnig. Wenn die sich nicht mehr gewehrt hätten, wäre der Beschuß in den letzten Tagen sicher nicht mehr so schlimm gewesen. Aber sie haben blindlings drauflos geschossen.

Aber wir waren nicht nur wütend auf die Nazis. Wenn dir jemand ein Leid zufügt, bist du im ersten Moment erst mal wütend auf den, von dem es direkt kommt. Und das war ja in den letzten Monaten der Engländer gewesen mit seinen Bombenangriffen.

Dann fing auch das Hungern an. Es war nicht genug, daß wir unter den Bombenangriffen zu leiden hatten, keiner hatte mehr so

Maria Briesen, jungverheiratet

recht was zu essen. Als die Lebensmittelhändler merkten, daß alles zusammenbrach, haben viele in den letzten Tagen ihre Vorräte noch an ihre Stammkunden verteilt. Vorräte muß man aber hier in Anführungszeichen setzen. Erstens hatten die auch nicht mehr viel, und was sie noch hatten, waren Sachen, mit denen man nicht so viel anfangen konnte. Ich konnte da aber etwas Mehl und Zucker ergattern, das war ganz gut. Ich hatte ja einen Säugling, und es war ein großes Glück, daß ich stillen konnte, lang genug stillen konnte. Es gab ja für die Erwachsenen nichts zu essen, geschweige denn für einen Säugling. Das wenige, das wir hatten, haben wir uns ergattert und ergaunert und erbettelt.

In diesen Tagen, so um den 5. Mai herum, haben wir alle nur noch im Keller gesessen, wegen des Beschusses und aus Angst vor den Russen. Das ganze Haus saß im Keller, das waren fünfzehn Parteien. Glücklicherweise war das ganze Haus unterkellert, wir hatten also genügend Räume da unten. Wasser gab es auch. Wie wir das mit den sanitären Anlagen gemacht haben, weiß ich nicht mehr, wahrscheinlich sind wir dann doch immer kurz nach oben gegangen. Soweit es was gab, hatten wir Lebensmittel vorher gehortet. Die nahmen wir alle mit runter, weil wir damit rechneten, einige Wochen im Keller verbringen zu müssen. Wir hatten also vorgesorgt für die letzten Tage, soweit das möglich war. Wir hatten im Keller eine Kochstelle, auf der das Essen gekocht wurde, mitunter für das ganze Haus.

Es gab im Haus auch ein paar echte Nazis, richtige Fanatiker, die Heil Hitler! schrien bis zum Geht-nicht-mehr, bis zur letzten Minute. Denen gegenüber mußte man vorsichtig sein. Wenn man da was Falsches gesagt hätte, hätte einen noch in letzter Sekunde die Gestapo geholt. Aber so viele stramme Nazis gab es bei uns nicht mehr in den letzten Tagen. In den letzten Wochen vor dem Zusammenbruch wurden viele Wohnungen frei, in denen Nazis gelebt hatten.

Die Nazis wurden irgendwie von den Ortsgruppenleitern in Sicherheit gebracht, ich weiß nicht wie, aber die verschwanden. Die sind rausgebracht worden, um sie vor den Russen zu schützen. Wir ließen in den letzten Tagen auch alles verschwinden, wo ein Nazi-Emblem drauf war. Entweder wurden die Sachen verbrannt oder vergraben.

KARL LÜHNING · REICHSSTRASSE 31
Silvester 44/45 war große Feier in der Kaserne, Prösterchen, Prösterchen, und ich mußte eine Kiste Zigarren amerikanisch versteigern. Während ich das mit meiner großen Schnauze versteigere, brüllt mit einem Mal der Major: Aufhören, aufhören! Da sprach dann Goebbels, zum letzten Mal für uns. Viele waren schon blau, es

hat kaum noch einer hingehört. Im übrigen ging eine Redensart um: *Den Krieg können wir nicht mehr verlieren* – das heißt, wir hatten ihn schon verloren.

Danach hatten wir noch ein paar Einsätze, aber immer, wenn wir kamen, waren die Partisanen schon weg. Und dann kam der Frühling, und die Bäume haben geblüht. An Adolfs Geburtstag durften wir alle noch mal antreten, der Major hat eine Rede gehalten, aber es hat kaum einer hingehört. Das war in Galleneck, einem wunderschönen Kurort in den Steirer Alpen. Da ist ein großer Swimmingpool mit warmem Wasser, das aus den Felsen rauskommt, wir haben da nackt gebadet, und die Mädchen sind schreiend weggelaufen.

Bald danach, so um den 1. Mai herum, hieß es packen. Da wurde alles verladen in Eisenbahnwaggons, und dann fuhren wir durch Slowenien in Richtung Wien, denn wir sollten ja die Russen aus Wien vertreiben. Und kurz vor Wien begann dann schon die Auflösung, die private Demobilisierung. Der eine verscheuerte schon seine Bergstiefel an einen Bauern, einer verbummelte das Zielgerät seines MG – der wurde allerdings noch bestraft deswegen. Und dann hieß es plötzlich, wir gehen zurück, wir werden Wien nicht befreien. Da sind wir nach Krems an der Donau und haben uns da in den Weinbergen eingegraben, das war sehr schwer, weil das sehr steinig war da. Da schoß der Russe dann mit Artillerie nach uns, aber ohne uns zu treffen. Das war am 7. Mai.

Die Verpflegung in dieser Zeit war sehr unterschiedlich. Mitunter hatten wir nicht ein Stück Kartoffel oder haben nur von Rüben gelebt, aber wir hatten oft jede Menge Fleisch, aus den Partisanendörfern. Die Verpflegung war also durchwachsen, mal gab es was, mal nicht.

Ja, und dann war die Flucht schon fast allgemein, der Krieg war noch nicht aus. Am Morgen des 8. Mai zogen wir ungeordnet in die Stadt Krems ein. Und da warfen die Russen dann Flugblätter ab. Alles, was mich behindert hatte, mein Friseurwerkzeug, die Dunstkiepe, den Stahlhelm, hatte ich da schon weggeworfen, auch alles, was am Koppel hing, und meine Handgranaten. Da hab ich die Zünder rausgeschraubt und dann weg damit. Da ist viel passiert noch, weil manche ihre Granaten wegwarfen, ohne die Zünder rauszuschrauben, und Kinder haben die dann gefunden. Wir zogen also in unregelmäßigen Haufen in die Stadt, und da war alles durcheinander. Die Straßen waren verstopft von Fahrzeugen, Fuhrwerken und Menschen. Wir wurden in dem Durcheinander immer weiter versprengt, wir wollten zum Ami, weg vom Russen.

Ich wartete, und wie ich da so sitze, kommt da ein LKW vorbei, mit meinen Kameraden drauf: Mensch, Karl, komm ruff, los! Der LKW war total überladen, die Federn schlugen schon durch. Na ja, wir also ab auf der Reichsstraße 31, Richtung Linz, den Amis entgegen. Unterwegs schmissen wir alles überflüssige Zeug weg, MG samt Lafette und so weiter. Nur unsere Karabiner behielten wir, weil das Gerücht umging, der Ami übernimmt nur Truppenteile, die bewaffnet sind. Wir fuhren also so dahin, und mit einem Mal fängt das Auto an zu brennen. Wahrscheinlich haben die Reifen am Aufbau geschleift, auf alle Fälle, plötzlich fing die Karre an zu brennen. Wir runter und zu Fuß weiter. Unterwegs trafen wir zwei junge Bengels, die ein Fuhrwerk mit zwei Pferden hatten, da luden wir unser ganzes Zeug drauf, unsere Rucksäcke, zwei Säcke Tabak, zwei Säcke Zucker und ein paar große Kotelettstücke, die wir von einem umgekippten Fleischerwagen geholt hatten. So zogen wir nun die Reichsstraße 31 lang.

CHRISTEL SCHNEIDER · SUDETENDEUTSCHE, TSCHECHEN, AMERIKANER, RUSSEN

Ich ging dann bis zum Kriegsende in Karlsbad zur Schule, das war eine ausgesprochen schöne Zeit. Wir hatten keine Bombenangriffe mehr zu befürchten, nur zum Schluß ging es da auch los. Wir wohnten nicht in Karlsbad direkt, sondern in einem Vorort. Ich fuhr von dort mit dem Zug zur Schule, nach Karlsbad hinein.

Die einheimische Bevölkerung, die einheimischen Schülerinnen und Lehrer waren sehr freundlich zu mir. Nun weiß ich aber nicht, ob das was mit meinem Vater zu tun hatte. Der war ja Offizier und hatte mich in Uniform in dieser Schule angemeldet. Vielleicht hatten die ein bißchen Angst und dachten, der Vater ist Offizier, sagen wir lieber nicht so viel zu dem Kind. Auch mit den einheimischen Kindern, den Sudetendeutschen, hatte ich keine Schwierigkeiten. Wir waren ja auch alle Deutsche zu der Zeit.

Das Kriegsende empfand ich dann als sehr schlimm. Erstens kamen da halt doch noch die amerikanischen Flugzeuge und bombardierten. Meine Mutter stand immer Ängste aus, ob wir wiederkommen würden, denn wir waren ja immer mit dem Zug unterwegs, mein Bruder und ich.

Die russischen Kriegsgefangenen, die in der Nähe in den Kaliwerken gearbeitet hatten, wurden gegen Kriegsende zusammengefaßt in Trupps und durch Karlsbad geschleust. Auch aus den KZ kamen

Scharen von Gefangenen durch, man sah dann auch ab und zu mal da einen Toten liegen und da einen. Das hat einen als Kind immer erschreckt, aber man hatte sich dann komischerweise auch schon dran gewöhnt.

Kurz vor Schluß fand noch ein großer Bombenangriff statt, bei dem ein ganzer Zug explodierte. Als wir danach zur Schule wollten, mußten wir über abgerissene Köpfe und Arme hinwegsteigen, das tat weh, aber man kriegt mit der Zeit eine Hornhaut, man fand schließlich nichts mehr dabei.

Bei uns im Vorort fanden keine Angriffe statt. Wenn wir merkten, daß Karlsbad bombardiert wurde, gingen wir in den Wald, der gleich nebenan war. Bei uns wurden nur Flugblätter abgeworfen, auf denen stand: Karlsbad und Marienbad wollen wir verschonen, denn wir wollen selbst drin wohnen. Man sagte, das waren die Amerikaner. Ich habe am 8. Mai Geburtstag und feierte meinen zwölften nun genau mit Kriegsende. Das war für mich schön. Die meisten waren heilfroh, daß endlich alles vorbei war.

Ich werde 12 Jahre alt
1945 8. Mai
Kriegsende
mein Geburtstag

Christel S.

Wir hatten aber auch Nachbarn, die überzeugte Nazis waren, und die jammerten jetzt: Unser geliebter Führer! Wie kann man nur so schnell unseren geliebten Führer vergessen! Ein Volk, das so schnell seinen Führer vergißt, dem kann man nur alles Schlechte wünschen.

Nun gaben sich auch die anderen zu erkennen, die Tschechen, die haben die rote Fahne mit Hammer und Sichel auf den Tisch gelegt, als die Russen kamen. Erst waren ja die Amerikaner nach Karlsbad gekommen, die gingen dann wieder raus und die Russen kamen rein. Wir wohnten oben auf einem Berg und sahen von da aus die Amerikaner unten durchziehen. Wie sie aussahen, habe ich allerdings überhaupt nicht mehr in Erinnerung. Ich weiß nur, wie die Russen aussahen, und daß wir Angst hatten, als die kamen, daß meine Mutter mit uns in den Wald ging und wir da übernachteten.

Das muß in der Nacht vom 9. auf den 10. Mai gewesen sein. Es hatte geheißen, die Russen kommen und würden Frauen und Mädchen vergewaltigen, und deshalb versteckten wir uns im Wald. Hinterher erfuhren wir, sie hätten unten im Dorf Mädchen vergewaltigt. Ob das stimmt, weiß ich nicht. Gerüchte über solche Vorkommnisse waren aber haufenweise im Umlauf.

Sie hatten auf alle Fälle in das Gasthaus, in dem wir zuerst gewohnt hatten, reingeschossen, die Einschußlöcher sah ich hinterher. Sie hatten dort nach einer deutschen Familie gefragt, in der es einen Offizier gab, und damit konnten nur wir gemeint sein. Insofern hatten wir Glück, daß wir nicht da waren, wer weiß, was mit uns passiert wäre. Wir blieben also diese eine Nacht da im Wald, die Russen zogen nur durch, und die Verwaltung wurde dann von kommunistischen Tschechen übernommen.

Der Bürgermeister von Karlsbad stürzte sich vor dem Einmarsch der Russen aus dem Fenster, er war überzeugter Nazi gewesen.

MICHA EVERS · LOCKERE GEFANGENSCHAFT

Es war nun schon nicht mehr fünf Minuten, sondern schon fünf Sekunden vor zwölf. An diesem Tag sahen wir eines der regulären Fährschiffe über den Bodden nach Vitte dampfen. Und als das Schiff anlegte, stiegen die Russen aus. Die hatten sich das Fährschiff genommen und wollten mal nachsehen, was auf der kleinen Insel vor Rügen los war. Aber außer denen stieg auch mein Mann aus!

Er erzählte mir später, daß seine Einheit zur Verstärkung der Front eingesetzt worden war, sie hätten sich vor Stralsund eingegraben. Dort lagen sie eine Nacht lang, und am nächsten Morgen hatten sich die meisten aus dem Staube gemacht. Daraufhin brach er nach Hiddensee auf, er wollte zu mir, und wurde unterwegs vom Russen gefangengenommen, das war alles ganz friedlich abgelaufen. Die brachten ihn dann zu ihrer Einheit und nahmen ihn mit nach Hiddensee, als sie hörten, daß er hierher wollte.

Solange wir dann auf der Insel waren, war Calle in einer recht lockeren Gefangenschaft.

WOLFGANG SZEPANSKY · SACHSENHAUSEN

Bis Ende April 45 habe ich im KZ Sachsenhausen gesessen. Als es dem Ende zuging, habe ich in der Schreibstube gearbeitet, da haben wir die Totenkartei geführt. Das war schon schlimm, wenn man da schreiben mußte, daß vierzig Ukrainer zur gleichen Stunde an »Herzversagen« gestorben sind oder »600 Häftlinge auf dem Transport umgekommen«. Wir wußten natürlich alle genau, was das zu bedeuten hatte.

Aus einem selbstgebastelten Radio hat eine Gruppe von uns auch die täglichen Meldungen hören können. Wenn da Nachrichten kamen, daß die deutsche Wehrmacht die Front begradigt hätte, dann hieß das für uns im Klartext, die sind auf der Flucht. Jedenfalls wußten wir fast immer recht gut, wie die Situation war. Leider hat man noch in den letzten Tagen das Radio entdeckt, und etliche Kameraden wurden ermordet.

In der Nacht zum 2. Februar 45 wurden einhundertachtzig Leute erschossen. Da sollten auch wir von der Schreibstube dabei sein. Aber der Lagerführer Höhn sagte: Wir brauchen noch ein paar für die Totenkartei. Da habe ich einfach Glück gehabt, daß ich das überlebt habe. Abends kam dann dieser Höhn zu uns in die Schreibstube und erkundigte sich, wie weit wir mit der Arbeit wären. Der hatte eiskalte Augen, die aber irgendwie zu lächeln schienen. Da dachte ich, das ist nun der Schluß, diese Augen waren für mich wie ein Todesurteil.

Es gab ja inzwischen den Geheimbefehl, daß alle Häftlinge zu vernichten wären. Wir mußten jetzt aus der Kartei die Daten in ein Buch übertragen, das dann beim Auszug aus Sachsenhausen mitgenommen werden sollte. Man wollte uns zur Lübecker Bucht bringen, dort auf Schiffe verfrachten und versenken. Damit das alles ordentlich vor sich ging, brauchten die eben auch die entsprechenden Unterlagen, das war unsere Arbeit. Die abgeschriebenen Karteikarten mußten wir immer gleich verbrennen, da sollte nichts übrig bleiben.

Als dann der Befehl zur Evakuierung kam, haben meine Freunde und ich überlegt, was wir tun könnten. Wir sagten uns, besser erst mal abwarten, denn wir hatten ja noch keine Möglichkeit, uns gegen die SS zur Wehr zu setzen.

JOCHEN LEHMANN · VOM EID BEFREIT

Daß ich mich freiwillig gemeldet habe, da mache ich noch heute dem Pfarrer unserer damaligen Jugendgruppe einen Vorwurf, weil er uns nicht davon abgehalten hat. Der Mann war ja, wie ich später erfahren habe, Mitglied der Bekennenden Kirche, aber er hat eben nicht gesagt: Jungs, laßt das sein, oder so.

Weihnachten 44/45 kamen wir in die Slowakei. An meinem Geburtstag, ich hab am 28. Dezember Geburtstag, wurde meine ganze Gruppe zusammengeschossen. Am 8. Mai wurde ich nördlich von Prag gefangengenommen.

Auf diesen langen Märschen hatte man ja Zeit, über alles nachzudenken, und uns ist da so einiges klar geworden. Als wir so um Ende Mai hörten, daß Hitler nicht mehr lebt, da fühlte ich mich von meinem Eid befreit, ich kann mich noch genau erinnern, wie frei ich mich auf einmal fühlte. Ich dachte als erstes, jetzt gilt der Eid nicht mehr, du bist wirklich frei.

Ich habe die Befreiung dann wörtlich genommen und bin bei Johanngeorgenstadt geflohen. Zuerst hatte ich auf meiner Flucht Uniform an, ich hatte ja nichts anderes. In Bitterfeld habe ich von einem kommunistischen Bürgermeister Hilfe bekommen. Der hat mir eine Zivilbescheinigung ausgestellt, daß ich Schüler bin. Das Foto hat er aus meinem Soldbuch so ausgeschnitten, daß man die Spiegel am Uniformkragen nicht mehr sehen konnte. Mit diesem Papier bin ich ganz gut durchgekommen. Dann hab ich einen Landser getroffen, der wollte seine Zivilhosen gegen meine Militärbuxen tauschen. Na, da bin ich natürlich sofort drauf eingegangen. Ich nehme seine alte Hose und gebe ihm meine fast neue. Als der dann weg ist und ich die Hose anziehen will, merke ich, daß die am Hintern gar keinen Stoff mehr hat, die war völlig durchgesessen. So bin ich dann also durch die Gegend gezogen, mit löchrigen Hosen und gefälschten Papieren. Später habe ich in einem Walde an der Elbe an einer weggeworfenen SS-Jacke lauter Zivilknöpfe gefunden. Die habe ich mit meinem Taschenmesser abgetrennt und an meine Militärjacke angenäht. Als wir dann zu mehreren über die Elbe wollten, sind wir mit unserem Boot abgetrieben worden, direkt auf einen russischen Posten zu. Da habe ich dann gelogen wie selten in meinem Leben. Als die mich ganz eingehend befragten, sagte ich, daß ich in Bitterfeld bei der IG-Farben gearbeitet hätte.

Das war auch nicht so schlau, denn schließlich war das ein Nazi-Betrieb, der auch KZ-Häftlinge beschäftigt hatte, was ich damals aber noch nicht wußte. Irgendwie konnte ich da dann aber auch wieder abhauen und kam schließlich nach Berlin.

KARL LÜHNING · ALLES VÖLLIG UNGEWISS

In der Nacht vom 8. zum 9. Mai kamen wir an ein Lager, wo sich eine Sanitätseinheit in einem Waldstück eingerichtet hatte. Und kaum waren wir da, kam in einem DKW ein älterer Mann mit einer Militärstrickjacke, und der brüllte: Machen Sie, daß Sie hier wegkommen! Mein Kumpel Hans sagt zu dem: Nu, Opa, reg dir man nich uff, wir haben hier auch noch Platz, wir sind genauso müde wie du. Und da wird der fuchsteufelswild und schreit: Ich laß Sie erschießen! Da kam auch schon ein Offizier und sagte zu uns: Machen Sie keinen Quatsch, das ist ein General.

Der Alte machte so einen Wind, daß wir tatsächlich abgehauen sind, wir haben uns nicht getraut dazubleiben. Ein paar Tage später war die Stimmung schon so, daß wir gesagt hätten, na, versuch's doch mal, wir sind ja auch bewaffnet.

Wir kamen dann zu einem Gehöft, und da bat uns der Bauer beinahe auf Knien, seinen ganzen Wein auszusaufen. Der wollte allen Alkohol weghaben, bevor die Russen kamen, weil er fürchtete, daß die zu Tieren werden, wenn sie sich besaufen. Und da haben wir uns tierisch besoffen und anschließend im Heu geschlafen.

Am nächsten Tag kamen wir dann in einen Ort kurz vor Linz, Prägarten, und da zelteten wir dann auf offenem Feld, zusammen mit Einheiten der SS. Von denen hatten wir unterwegs immer schon erlebt, wie sie ihre Panzer, die keinen Sprit mehr hatten, mit Panzerfäusten zerschossen, damit sie nicht den Russen in die Hände fielen. Wir lagen nun auf diesem Feld und hörten so gerüchteweise, daß die Amerikaner uns nicht übernehmen würden. Und in der folgenden Nacht, vom 9. zum 10., hörten wir plötzlich Motorenlärm und Schüsse. Da brachen diese SS-Einheiten durch die Linien, um zu den Amis zu kommen. Die wußten wahrscheinlich, warum sie von den Russen weg wollten.

Was aus denen geworden ist, haben wir nicht erfahren. Aber die ließen ganze Wagenladungen voller Konserven und Schnaps und Klamotten zurück. Ich hab mir da einen SS-Ledermantel unter den Nagel gerissen, an dem war alles dran. Aber den hab ich auch bald wieder weggeschmissen, denn wenn ich den bei den Russen angehabt hätte, wäre es mir sicher übel ergangen. Wir fanden dann in einem der Wagen elf Jahre alten ungarischen Likör, und mit dem besoffen wir uns dann derart, daß ich dachte, ich muß sterben. So dämlich war man als junger Kerl. Aber *Genießt den Krieg, der Frieden wird fürchterlich* war ja die Losung, die damals umging. Alles war völlig ungewiß, man wußte überhaupt nicht, was kommt. Da betrank man sich eben.

Wir lagen ungefähr zwei Tage auf diesem Feld. Zwischendurch passierten noch verschiedene Sachen, zum Beispiel wollten ein paar junge Burschen, die von nichts eine Ahnung hatten, Panzerfäuste ausprobieren, schossen so ein Ding gegen eine Mauer, das prallte zurück, und es gab Tote und Verwundete.

Ja, und dann kamen ein amerikanischer und ein russischer Offizier in unser Lager. Die bauten sich auf einer Kiste auf und hielten eine Ansprache. Da wir nicht gegen die Amerikaner gekämpft hätten, kämen wir zunächst einmal in russische Gefangenschaft. Wir sollten aber noch im Laufe des Frühjahrs wieder entlassen werden, jetzt aber müßten wir erst mal in ein Gefangenenlager, und so weiter und so weiter.

MARIA BRIESEN · NICHT SO BARBARISCH

Die Russen, die dann kamen, waren aber ganz human, nicht so barbarisch, wie uns das unter Hitler in jeder Wochenschau, in allen Nachrichten und Versammlungen eingetrichtert worden war.

Der erste Russe, den ich sah, fuhr auf einem Fahrrad am Haus vorbei, das Gewehr umgehängt. Der hatte im Nu eine Schar Kinder um sich versammelt. Ich weiß nicht, ob er denen irgendwas gegeben hat, auf alle Fälle waren die alle einmalig kinderfreundlich. Sie haben auch nicht blindlings um sich geschossen, wie wir uns das vorgestellt hatten in unserer Angst.

MICHA EVERS · DEUTSCH UND FRANZÖSISCH

Die Rote Armee, die Hiddensee besetzte, bestand aus dreißig sibirischen Männern, angeführt von einem Unterleutnant. Dieser

Mann hatte eine Halsverletzung und lief mit so einer Manschette rum, der hatte dadurch ein ganz kleines Gesicht, das sah für mich irgendwie komisch aus. Ich hatte mir unter Russen etwas ganz anderes vorgestellt.

Hiddensee wurde also kampflos übergeben, und die Sowjets übernahmen die Verwaltung in Vitte. Die Einheimischen machten ihnen klar, daß das Hauptproblem auf der Insel die Verpflegung der Bevölkerung war. Und als erstes haben die nun tatsächlich einen Teil ihrer Lebensmittel unter die Bevölkerung verteilt.

Das paßte überhaupt nicht zu dem, was ich gelernt hatte. Ich war bisher fest davon überzeugt gewesen, daß die Russen Kinder frühstücken und alle Frauen vergewaltigen und mit dem bluttriefenden Bajonett zwischen den Zähnen rumlaufen, das waren ja so die Bilder, die uns eingetrichtert worden waren. Dieses Feindbild hatte man uns ja richtig eingebleut, das saß tief.

Einige der sowjetischen Soldaten hatten sich in demselben Gasthaus einquartiert, in dem auch ich wohnte. Am zweiten Tag sind einige Russen auf Befehl ihres Unterleutnants losgezogen, um ein paar Schafe zu schießen. Die Einheimischen hatten sich geweigert, ein paar Tiere für die Verpflegung der Besatzung und der Bevölkerung zu schlachten. Jedenfalls springen die Russen auf einen LKW und fahren los, da fällt einem der Soldaten seine Kalaschnikow aus der Hand und landet auf der Straße. Der Wagen hält, die Soldaten winken mir zu, ich soll ihnen das Gewehr bringen. Ich habe die genau verstanden, aber ich stand wie angewurzelt und habe mich nicht vom Fleck gerührt. Dann habe ich mich umgedreht und bin ins Haus gerannt. Irgendwie war mir das unheimlich, denen jetzt auch noch hinterherzurennen und das Gewehr zu bringen. Obwohl die mich anlachten und mir mit Sicherheit nicht das Geringste passiert wäre. Aber ich hab das einfach nicht gekonnt, so tief saß diese Angst vor den Russen.

Die Russen haben dann weiterhin für die Verpflegung gesorgt, denn uns Flüchtlingen wurde von den Einheimischen fast nichts mehr gegeben. Die hatten ja auch selbst kaum genug. Die Russen besichtigten die Läden, in denen es Lebensmittel gab, wogen oder schätzten alle Vorräte und teilten sie unter der Bevölkerung auf.

Die Fischer durften in dieser Zeit auch gleich wieder rausfahren, und wir saßen dann am Strand und räucherten in alten Benzinfässern und mit angeschwemmtem Holz die Fische. Unsere Ernährung bestand in diesen Tagen hauptsächlich aus Wassergriesbrei und geräucherten Bücklingen.

Am Abend des Tages, an dem die Sache mit dem Gewehr passiert war, lud uns der junge Unterleutnant zum Essen ein. Der sprach ein paar Brocken Deutsch und Französisch. Wir haben uns ganz gut verständigen können. Jedenfalls haben wir zusammen Hammelbraten gegessen und Wodka getrunken. Die Russen tranken etwas mehr als wir, und dieser junge Offizier entpuppte sich dann als hervorragender Klavierspieler. Zuerst spielte er lauter wilde Tänze, dann aber wurden die Lieder immer wehmütiger.

WOLFGANG SZEPANSKY · IM WALD VON BELOW

Als wir dann aus dem Lager loszogen, habe ich ein Brot bekommen. Das habe ich mir in ganz kleine Portionen aufgeteilt, weil ich schon ahnte, daß wir lange nichts mehr zu essen bekommen würden. Das war dann auch tatsächlich so, und ich denke, daß mir diese Rationierung das Leben gerettet hat, sonst wäre ich unterwegs glatt verhungert, so schwach und ausgemergelt, wie ich war. Die Evakuierung begann so am 20./21. April. Da waren noch zweiunddreißigtausend Häftlinge im Lager. Viele, die da nachts losgeschickt wurden, erhielten nur ein halbes Brot und die letzten gar nichts.

Auf diesem Marsch waren Hunger und Kälte die größten Probleme. Ich hatte noch aus Zivilbeständen einen Mantel bekommen, auf dem hinten ein großes Kreuz aufgemalt war. Damit bin ich da rumgelaufen. Außerdem hatte ich sogar noch eine Decke dabei, aber was nutzte die schon, wenn man auf hartgefrorenem Boden schlafen mußte. Angst hatte ich kaum auf diesem Marsch. Irgendwie dachte ich mir auch, das ist ja komisch, daß du gar keine Angst hast. Da war so ein Gefühl von Gleichgültigkeit.

An anderen Stellen gab es aber auch Schießereien. Ich erinnere mich an den Obergruppenführer Pohl, der hat noch in den letzten Stunden wahllos Leute aus der Marschkolonne herausgeholt. Die fragte der dann: Na, kennste schon den Obergruppenführer Pohl? Na, dann sollste ihn gleich mal kennenlernen! Dann hat der sie erschossen.

Gegen Ende April kamen wir dann in einen Wald. Dort haben wir uns Laubhütten gebaut, um uns vor der Kälte zu schützen, aber da haben sich dann die SS-Leute reingesetzt. Im ganzen Wald gab es auch nicht mehr einen einzigen kümmerlichen Brennesselstrauch, da war alles aufgegessen. Manche von uns hatten inzwischen tagelang kein Essen bekommen.

Im Wald von Below findet man noch heute Bäume, in die KZler

irgendwelche Zeichen eingeritzt haben. Dort in der Nähe ist jetzt ein kleines Museum errichtet worden, in dem auch an diesen fürchterlichen Marsch erinnert wird.

Auf unserem Todesmarsch Richtung Nordwesten gingen wir den Engländern entgegen, sicherlich war es der SS lieber, in englische statt in russische Kriegsgefangenschaft zu geraten. Als dann tatsächlich die Engländer kamen, waren unsere Bewacher auf einmal weg. Die waren über Nacht verschwunden.

Als dann in der Nacht vom 1. zum 2. Mai unsere Bewacher plötzlich verschwunden waren, da waren wir uns gar nicht sicher, ob die nicht vielleicht doch noch einmal zurückkämen. Ich habe da nicht das Gefühl gehabt, jetzt bin ich frei. Rundrum knatterten noch Maschinengewehre, Flugzeuge dröhnten über uns, und überall trafen wir Leute auf der Flucht. Der Wald war voller Toter, und uns war ganz deutlich bewußt, der Krieg ist noch da. Wir hatten ja eben erst auch noch erlebt, wie Menschen mir nichts dir nichts einfach ermordet wurden.

Wir irrten im Wald umher und wußten nicht, wie es nun weitergehen sollte. Da traf ich einen alten Genossen, den ich noch aus der Emigrationszeit kannte. Das war ein ganz patenter Kerl, der fand immer eine Lösung und ließ sich nicht unterkriegen. Wir sind im Walde an einem toten Pferd vorbeigekommen. Natürlich hatten wir alle fürchterlichen Hunger. Da hat mein Genosse sein Messer genommen und das Tier zerteilt. Der konnte das. Es gelang ihm sogar, eine Feuerstelle herzurichten, so daß das Fleisch gebraten werden konnte. Uns schmeckte es fantastisch. Aber ich weiß noch, daß ich nicht viel runterbekommen habe. Viele von uns bekamen dann auch fürchterliche Magenkrämpfe. Wir waren es ja überhaupt nicht mehr gewohnt, normal zu essen.

In Schwerin sind wir dann in eine von Engländern besetzte Kaserne gekommen. Einige von uns, unter ihnen mein alter Genosse Karl Veken, haben dort die Organisation übernommen. Von den Engländern habe ich nicht viel gesehen, die haben sich nicht um uns gekümmert und haben in mir auch keine besonderen Gefühle ausgelöst. Unsere Leute aus dem KZ, die Erfahrung hatten, die haben uns da empfangen und auch für uns gesorgt.

Ein paar Tage später hieß es dann: *Der Krieg ist zu Ende.* Aber das hatte für uns im Moment gar keine so große Bedeutung, jedenfalls war uns das Datum da völlig egal. Ein deutscher Soldat kam zu uns, der erzählte uns was vom Kriegsende und über die Scheißrussen, vor denen wir uns hüten sollten.

Inzwischen hörten wir auch von den im KZ zurückgelassenen Häftlingen. Da war so ein Brandkommando eingerichtet worden, und die haben verhindert, daß zum Schluß noch das ganze Krankenlager in die Luft gesprengt wurde. Aber ich habe wenig von den Leuten gehört, die da gegen die SS gekämpft haben. Die haben nicht viel darüber geredet, da haben sich wahrscheinlich scheußliche Dinge abgespielt zum Schluß. Jedenfalls hatten diese Menschen wohl mehr als wir so ein Gefühl, befreit zu sein. Da stand ja dann die sowjetische Armee und hatte die Leute aus dem Lager geholt.

In der Kaserne mußten übrigens wir Deutschen die Scheißarbeit machen, also die Latrinen reinigen und so. Das hatten im KZ hauptsächlich Polen und Russen machen müssen.

In unserer Kaserne habe ich nicht erlebt, daß große Unterschiede gemacht wurden zwischen politischen und anderen Gefangenen. Aber ich weiß von anderen, die von den Amerikanern aus dem KZ geholt wurden und weil sie erklärten, Kommunisten zu sein, sofort wieder ausgesondert und nach Nordafrika in Internierungslager gebracht wurden – von den Amerikanern!

Na, jedenfalls wurden wir, eine Gruppe Berliner, von einem sowjetischen Kommando abgeholt und fuhren in zwei wunderschönen Reisebussen los, Richtung Berlin.

Wolfgang Szepansky. Befreite KZ-Häftlinge

HIROSHIMA, 6. AUGUST 1945

Ich habe überhaupt keine Vorstellung mehr, ob wir damals was davon gehört haben. Wir hatten kaum eine Möglichkeit, was von der Welt draußen zu erfahren, kaum Zeitung oder Radio. Jedenfalls kann ich mich nicht erinnern, etwas über Hiroshima gehört zu haben, das war damals für uns überhaupt nicht im Bewußtsein. Wir hatten mit uns genug zu tun, glaube ich. [*Jochen Lehmann*]

Mein Vater hat jede Zeitung, die er irgendwie bekommen konnte, eingehend studiert, der war an all dem sehr interessiert. Aber ich hab davon auch nichts mitbekommen, das hätte ich bestimmt gehört. Das war eben kein Thema. Wir haben dann aber mitgekriegt, daß Japan kapituliert hat. Das war der endgültige Abschluß des Krieges für uns. [*Hanna Lehmann*]

Wir haben es in der Zeitung gelesen, wir haben es mitgekriegt. Wir haben auch drüber gesprochen, aber was das für Auswirkungen hatte, was das bedeutete, davon haben wir uns kein Bild gemacht damals. Das ist erst später so durchgesickert, was das für Folgen hatte. [*Hans Kunter*]

Ich habe keine Erinnerung, daß ich davon gehört hätte. Vielleicht waren wir noch zu sehr mit unseren eigenen Sachen beschäftigt. Vielleicht war ich auch noch zu jung damals, ein oder zwei Jahre machen da ja schon sehr viel aus. [*Thea Walter*]

Ich habe so etwa zwei Wochen später gehört, daß da was passiert ist. Aber ich habe damals kaum Zeitung gelesen, obwohl es schon welche gab. Deshalb weiß ich auch nicht, was damals darüber dringestanden hat. [*Micha Evers*]

Etwas später habe ich das sicher irgendwie mitgekriegt, aber das hat mich nicht besonders interessiert. Das war damals nicht so wie heute, wo man durch das Fernsehen alles ins Haus geliefert bekommt. Wir haben ja selbst in Armut und Elend gelebt, da haben wir uns um solche Sachen nicht gekümmert. Man wußte damals ja auch viel zu wenig über diese Dinge.
Irgendwie war das nur eine große Bombe – und das hatten wir ja selbst noch in guter Erinnerung, wie ganze Stadtviertel brannten, da war nichts besonderes dabei für uns damals. [*Ruth Wergau*]

2
Unterwegs

Genießt den Krieg, der Frieden wird fürchterlich. Die friedensmäßige Fortsetzung des Kriegs, wofür man in Deutschland seit dem ersten Weltkrieg den Ausdruck »Nachkrieg« geprägt hatte, war sicher für viele sogar unter Bomben und Terror eine Vision des Noch-Schrecklicheren. Auch wenn die ersten Kontakte mit den Siegern dann zeigten, daß deren Rachegelüste nicht so waren, wie sie die Durchhalte-Propaganda in die Köpfe gemalt hatte – der Krieg holte viele noch ein, **unterwegs.**

Die Landstraße ist der charakteristische Ort dieser Zeit. Millionen irrten durch das zerstörte Land: Flüchtlingstrecks, aus der Gefangenschaft entlassene Soldaten, befreite »Fremdarbeiter«, Evakuierte, Ausgebombte. Heimkommen wurde zum Zufall. In der in Besatzungszonen verwalteten Ruinenlandschaft wurde über Heimat und Zukunft mit einem administrativen Zungenbrecher entschieden: Zuzug. Wer ihn hatte, konnte aufatmen. Manche fühlten sich, mit oder ohne Zuzug, sogar befreit.

Aber **Befreiung** war nur der eine – und selten gebrauchte – Ausdruck für das, was mit dem Sieg der Alliierten geschah. Andere Bezeichnungen waren Ende, Niederlage, Kapitulation, **Zusammenbruch.** Die Gefühle, die der Sieg der Alliierten über den Hitler-Faschismus bei den Deutschen auslöste, waren so vielfältig, wie die Begriffe für diesen Sieg es andeuten.

Manche sahen die Chance für einen radikalen Neuanfang. Für andere brach eine Welt zusammen, und wenn sie etwas später überhaupt über Aufbau nachdachten, dann meinten sie oft genug bloß die Restaurierung dieser Welt.

Die meisten aber hatten keine eindeutige Gefühlslage. Der Kopf war besetzt vom Nächstliegenden, das Überleben ging schließlich weiter.

MICHA EVERS · VÖLLIG NEUE EINDRÜCKE

Wir hatten kaltes, aber klares Frühlingswetter. Nach einer Woche kam ein Befehl, daß alle Nicht-Einheimischen die Insel Hiddensee zu verlassen hätten, weil es nicht mehr möglich war, sie zu versorgen.

Wir wurden auf einen Schleppkahn verladen und konnten, soweit wir noch was hatten, alle unsere Sachen mitnehmen. Wir wurden nach Stralsund gebracht. Es waren auch etliche Frauen mit Kindern dabei, die haben mir sehr leid getan. Mir wurde da klar, was das für ein Vorteil war, ohne Kind und Klacks unterwegs zu sein.

Wir mußten noch eine ganze Nacht auf dem Kahn verbringen, vor Stralsund. Als wir dann am nächsten Morgen aussteigen konnten, gab es für mich völlig andere Eindrücke von unseren neuen Herren. Wir wurden mit einer Besatzungsmacht konfrontiert, die ich so bisher noch nicht kennengelernt hatte. Wir wurden peinlich genau gefilzt, und alles, was noch irgendeinen Wert darstellte, wurde uns abgenommen. Das machte mir so viel auch nicht aus. Mein größtes Handicap war, daß ich einen entzündeten Finger hatte, ich hatte mich beim Fischausnehmen geschnitten, und das eiterte nun so vor sich hin.

Und dann waren wir auf der alten Reichsstraße 96 in Richtung Süden. Man hatte uns weggeschickt, wir sollten nach Hause. Das hört sich so recht einfach an, aber marschier mal los, ohne irgendwelche Sachen, dreihundert Kilometer vor dir, von denen du nicht weißt, was da alles geschehen kann. Noch war ich ja mit den beiden Männern zusammen, und irgendwie würden wir uns schon durchschlagen, dachten wir.

Wir sind also losmarschiert. So achtzig Kilometer südlich von Stralsund liegt ein Ort, der heißt Grimmen. Kurz vor diesem Ort standen überall russische Soldaten, und jetzt hat uns die Rote Armee in ihre Arme genommen. Wir wurden angehalten und nach Papieren gefragt. Ich hatte ja mein ganzes Zeug vernichtet, denn es lag mir nichts daran, denen zu erzählen, daß ich beim Ministerium Speer gearbeitet hatte. Das fehlt mir natürlich heute, dieser ganze Krempel, wo ich demnächst meine Rente beantragen will.

Aber es wurde uns schnell klar, daß die Russen es nur auf die Männer abgesehen hatten. Calle und sein Freund hatten einen Stempel in ihren Soldbüchern, der besagen sollte, daß sie der Roten Armee in Hiddensee geholfen hatten. Wir wußten natürlich nicht, ob der nicht etwas ganz anderes besagte. Aber die Kontrolleure nahmen den zur Kenntnis und führten uns zu einer kleineren Gruppe, wo wir nochmals untersucht wurden. Ob wir Waffen bei uns hatten. Nach ein paar Stunden Wartezeit wurden wir dann nach Grimmen geführt. Dort wurden die Männer in ein abgezäuntes Gebiet gebracht, das war so ein altes Fabrikgelände. Ich wurde da ziemlich unfreundlich weggerissen, und man machte mir klar, daß ich mich von dem Männerlager weghalten sollte.

Da bin ich nun durch Grimmen gegangen und habe nach einer Bleibe gesucht. Ich hatte gedacht, der Krieg ist nun zu Ende und mit den Russen ist das ja alles gar nicht so schlimm. Ich hatte mich schon an den Gedanken gewöhnt, daß alles so friedlich weiterlaufen würde. Und nun kam es doch alles ganz anders. Das Schlimmste war, daß Calle jetzt doch von mir getrennt war.

Ich fragte im Ort rum, was mit den Männern im Lager geschehen würde. Da erzählten mir die Einwohner, daß jede Woche ein Transport weggeschafft würde, wohin, das wußten die auch nicht. Eben irgendwohin in die Kriegsgefangenschaft. Das waren ja Soldaten, die nicht als kämpfende Truppe festgenommen worden waren, sondern die versprengt durch die Gegend zogen und dann in solchen Lagern erst mal aufgefangen wurden.

KARL LÜHNING · JOB MEINES LEBENS

Na, da ging was um, als wir von den beiden Offizieren gehört hatten, daß wir in russische Gefangenschaft kamen. Zumal wir ja, wie man auch später bei den Nürnberger Prozessen gesehen hat, so eine verfluchte Einheit waren, die der SS gleichgestellt war. Aber ich habe nie in meinem Leben einen Schuß abgegeben, ich war Schütze Nr. 4 am MG, ich habe nie auf jemand geschossen.
Der Russe teilte uns nun in Hundertschaften ein, und wir marschierten in ein Lager bei Zwetl. Unterwegs war eine glühende Hitze, eine Bullenhitze, und nischt zu trinken. Plötzlich kam ein Gewitter, wir hielten unsere Kochgeschirre in den Regen und leckten die Tropfen auf. Und ein Kamerad aus meiner Einheit springt aus der Reihe zu einem kleinen Tümpel, um zu trinken – da haben ihn die Russen erschossen. Der blieb dann liegen. Wir liefen noch an vielen Leichen vorbei, die teilweise auch schon aufgedunsen waren, und kamen schließlich nach Zwetl.

Da wollte ich mich gleich nützlich machen, ich konnte ja auch Russisch sprechen. Wir sollten alle eine Glatze kriegen, und ich dachte, das ist der Job meines Lebens. Ich sagte denen also, daß ich Friseur bin, und die wiesen mich zu einer Baracke, da kriegte ich eine Schermaschine in die Hand gedrückt. Und dann erfuhr ich, daß ich den Gefangenen die Schamhaare, überhaupt alle Körperhaare scheren sollte. Da habe ich mich aber schnell wieder verdrückt.

In diesem Lager war das noch so, daß Ritterkreuzträger ihr Ritterkreuz trugen und von uns gegrüßt werden mußten, wenn die durchs Lager latschten! Aber uns war alles so scheißegal, wir haben nur an zu Hause gedacht. Ich hab Briefe geschrieben an meine Frau und Leuten mitgegeben, die aus dem Lager rauskonnten. Die sind aber nie angekommen.

Nach Zwetl kamen wir dann ins Lager Horn. Da waren schon viele Gefangene. Die hatten sich teilweise so Schlafgruben ausgehoben, die sie mit Frontscheiben von Autos, die es da mal gegeben haben muß, abdeckten, wie kleine Gewächshäuser. Wir hatten aber noch Zeltbahnen und bauten unsere Zelte auf.

In diesem Lager wurden wir dann verladen, um nach Rußland transportiert zu werden. In Viehwaggons, die noch in Etagen unterteilt waren, zusätzlich. Die Waggons waren mit Stacheldraht vergittert, in den Boden war ein Loch eingelassen als Toilette, und ein Kübel Wasser stand drin. Wir lagen auf Stroh, zweitausend Mann in diesen Viehwaggons. Und dann fuhren wir und fuhren wir, tagelang, und zwischendurch standen wir tagelang auf Abstellgleisen. Wir wußten nie, wo wir waren.

Einer hat irgendwann mal mit der Hand rausgegriffen, dem hat der Posten, der oben auf dem Dach mitfuhr, die Hand zerschossen. Irgendwann ist das Gestell, das die obere Etage darstellte, in unserem Wagen zusammengebrochen und auf die darunter Liegenden gefallen. Ich hab nun schon immer einen niedrigen Blutdruck gehabt, und ich hab ungeheuer gelitten unter der Hitze, die zu der Zeit herrschte. Ich hab immer an der Tür gelegen, da war eine Ritze, und ich hab nach Luft geschnappt. Bei einem Halt wurden dann aus allen Waggons die Halbtoten rausgeholt und in einen Extrawaggon gelegt, ich dabei. Da waren wir zweiundzwanzig Mann in diesem Waggon zum Sterben. Wir bekamen Wasser und sonst nichts. Und am 6. 6. wurden wir in einem Lager in Rumänien ausgeladen, statt unserer kamen zweiundzwanzig Mann aus diesem Lager in den Transport, um die Stückzahl aufzufüllen, die beim Russen immer stimmen muß. Wir kamen in ein Lager, wo ausschließlich Kranke waren. Völlig verwanzte Baracken, derartig, daß die Wanzen nachts wie Regen, so dicht, von der Decke fielen. Tagsüber herrschte eine brüllende Hitze, ich hab nur irgendwo im Schatten gesessen und mit Wasser, das mir Kameraden brachten, das Herz gekühlt.

CHRISTEL SCHNEIDER · TRECK RICHTUNG BERLIN

Wenig später hieß es dann, alle evakuierten Deutschen müßten raus aus der Gegend. Mein Vater war zu der Zeit Festungskommandant in Posen, er hatte noch einen letzten Brief geschrieben, in dem stand, die Nazis hätten als erste ihre Koffer gepackt und wären abgehauen, sie – die Soldaten – müßten dableiben. Seither habe ich nichts mehr von ihm gehört, er ist also sicher dort umgekommen.

Aber wir mußten nun weg von Karlsbad. Von unserem Vorort fuhr ein Zug ab. Meine Mutter mit mir und meinem Bruder in diesem Zug, der fuhr immer nur streckenweise, hatte lange Aufenthalte. In Komotau stiegen tschechische Soldaten in den Zug, mit vorgehaltener Pistole, und nahmen den Zuginsassen alles Geld und Schmucksachen weg. Und als ich aus dem Abteil guckte, sah ich, wie ein Junge in HJ-Uniform mit Fußtritten bearbeitet wurde von den Tschechen. Meine Mutter hatte die ganze Zeit über eine Heidenangst, daß ihr auch noch was passiert, weil ihr Mann Offizier war.

Der Zug fuhr dann nur noch bis zur tschechischen Grenze, von da ab mußten wir zu Fuß weiter. Ich war ziemlich schmächtig als Kind und konnte auch nicht lange laufen. Nun mußte ich aber. Ich schleppte obendrein auch noch meinen Schulranzen, der war viel zu schwer.

Wir zogen in einem Treck Richtung Berlin. Die Leute, die zusammen in einem Eisenbahnabteil gesessen hatten, fühlten sich als eine Familie und zogen gemeinsam weiter. Andere gesellten sich noch dazu, ein dänischer Strafgefangener, der machte sich an meine Mutter ran. Wir übernachteten meist in leerstehenden Häusern, davon gab es genügend in dieser Zeit. Überall lagen tote Pferde, Kühe und andere Tiere herum, die Höfe waren meist verlassen. Wir versuchten dann immer, was zu essen zu organisieren, ich weiß noch, daß meine Mutter Puddingpulver aufgehoben hatte, das kochten wir in einem Gasmaskenbehälter, draußen vor dem Haus. Wir hatten ja Glück, daß Sommer war, es war warm.

Als der Däne merkte, daß er bei meiner Mutter nicht landen konnte, nahm er meine Schultasche und machte sich damit aus dem Staub. Vielleicht dachte er, meine Mutter würde hinter ihm her, um den Ranzen wiederzubekommen. Aber die war froh, daß der Kerl weg war. Dafür ließ sie die Schultasche sausen. Mir tut es noch heute leid, weil da Fotos von mir als Kind drin waren, die sind nun futsch.

Wir zogen dann weiter, fuhren auch mal ein Stückchen mit dem Zug, in einem Viehwagen, liefen dann wieder. Unterwegs hatten wir immer wieder mit den Russen zu tun. Um von einem Ort zum anderen zu gelangen, mußten wir uns jedesmal von der russischen Kommandantur Papiere besorgen. Da saßen dann die Soldaten müde und kaputt auf einem Stuhl – das war für uns ein komischer Anblick, weil wir nur zackige deutsche Soldaten gewohnt waren –, das Käppi schief, und die Klamotten paßten alle nicht so richtig. Die saßen also immer am Ende eines Dorfes, und da kriegte man einen Stempel, daß man weiter durfte.

Wenn wir nichts mehr zu essen hatten, ging meine Mutter zu irgendwelchen Bauern, wahrscheinlich betteln, sie hatte ja nichts mehr zum Tauschen. Ich hab furchtbar gehungert, ich hab großen Hunger gehabt. Ich weiß noch, einmal hat meine Mutter einen Kanten Brot ergattert und Schmalz, das hat mir noch nie so gut geschmeckt. Und einmal auf diesem Treck hat mir meine Mutter die Möglichkeit verschafft, in einem richtigen Bett zu schlafen. Ein richtiges, weißes Bett! Das war herrlich. Leider mußte ich es am nächsten Morgen wieder verlassen, als es weiterging.

An ein Erlebnis erinnere ich mich noch, das voller Angst war. Wir waren in einem Dorf, und meine Mutter war unterwegs, um in der Kommandantur die Papiere zu besorgen. Ich war mit einem anderen Mädchen zusammen, und plötzlich kam ein junger Russe hinter uns her. Wir gingen da so lang, und der kam immer näher. Schließlich fingen wir an zu rennen und zu schreien und liefen genau meiner Mutter in die Arme. Die wurde ganz energisch und wütend und schimpfte, so daß der Russe schließlich abzog. Denn auf so was reagierten die Russen. Das hörte ich nachher überall, daß die zurücksteckten, wenn man denen energisch genug entgegentrat.

Wir waren insgesamt so ungefähr sechs bis acht Wochen unterwegs und kamen schließlich in Berlin an.

MICHA EVERS · HOFFENTLICH IN DIE SOWJETUNION

In Grimmen gab es ein kirchlich betreutes Altersheim. Als ich da um Unterkunft nachfragte, haben die mich erst mal aufgenommen. Da hab ich von einer Schwester eine Suppe mit richtiger Milch und wunderschönen Haferflocken gekriegt. Ich fühlte mich auf einmal geborgen. Da erst habe ich angefangen zu weinen. Die Tränen liefen mir nur so übers Gesicht und sind in die Suppe getropft. Ich hatte gedacht, jetzt fängt eine neue Zeit an, der Krieg ist zu Ende. Aber nun saß mein Calle hinter Stacheldraht, und ich löffelte hier meine Suppe. Da kam das so alles hoch.

Am nächsten Tag habe ich versucht, mit meinem Mann Kontakt aufzunehmen. Die Russen haben mich aber sofort wieder vom Lagertor weggeschickt, da durfte man nicht rumstehen. Ich bin dann am Zaun lang gelaufen und habe Calle gesucht. Da saßen auch etliche Männer, aber keiner konnte mir helfen. Auf einmal traf ich Calle. Der sagte mir, daß abends ein Transport wegginge und er sicher dabei sein würde. Wir mußten nun wieder Abschied nehmen, ohne zu wissen, ob wir uns jemals wiedersehen würden. Da haben wir uns ja auch für lange Zeit das letzte Mal gesehen. Es war so etwas wie die Stimmung auf Bahnhöfen, so was wie Fronturlauberstimmung kam da wieder hoch. Das vergißt du nie, wenn du so was mal mitgemacht hast. Du hast jedesmal gedacht, es ist das letzte Mal.

Trotzdem, der Wille zu leben war mächtig. Irgendwie war das alles ein komisches Gefühl. Nun stand ich da. Ich brachte das vom Verstand her nicht zusammen. Wie und ob wir das vom Gefühl her geschafft haben, weiß ich nicht. Da konntest du Todesangst haben und im selben Moment denken, es ist schön, der Frühling beginnt. Ich hatte ganz romantische Gefühle, auch, in dieser Zeit, das war alles so widersprüchlich. Unsere bisher doch sehr kurze Ehe war für mich ein Stück vorweggeschnappte Zukunft. Ein bißchen Leben nur für mich allein. Das war so eine Sehnsucht, die kann man sich heute gar nicht mehr vorstellen. Der Tod, das Sterben, das war alles so nahe, da wußte man ja überhaupt nicht, ob je was von diesen Jungmädchenträumen Wirklichkeit werden würde. Im Grunde hatte ich noch keine Ahnung vom wirklichen Leben. So eine Frau, die mit drei Kindern auf der Flucht war, die hat schon ungeheuer mehr vom Leben gewußt, aber die hat auch viel mehr verloren als ich. Ich hatte ja gar keine Ahnung, was ich noch alles verlieren könnte. Dinge, die man nicht weiß, kann man ja nicht verlieren. Aber die Träume können natürlich sterben.

Als ich da auf einmal so allein war, mußte ich an die Flieger denken, die wir im Krieg am Radar betreut hatten. Ich war bei einer Einheit gewesen, die für die Funküberwachung zuständig war. Jetzt fiel mir wieder ein, wie einsam die da oben waren, wenn sie auf einmal keinen Kontakt mehr zum Boden hatten und getroffen waren. Ich höre heute noch die Schreie, wir konnten die da oben noch empfangen, ohne daß die uns hören konnten: Mutter, hilf mir! Das war fürchterlich, wenn da so einer abschmierte. Wir kannten die Jungens ja alle, und für manchen hatten wir aus den letzten Reserven einen Geburtstagskuchen oder so gebacken. Die waren nun auf einmal ganz allein. Und so allein, so verlassen fühlte ich mich jetzt auch.

Ich mußte erst mal sehen, wo ich unterkam. Die Krankenschwester, die mit der herrlichen Haferflockensuppe, gab mir die Adresse einer Sattlerfamilie, dort sollte ich mal nachfragen. Als ich da hinkam, schien ich erst mal in eine heile Welt zu kommen. Da war eine richtig schöne Werkstatt, die Frau stand am Herd, einen Lehrling gab es auch. Ein paar Kinder tobten auch rum. Dieser Sattler muß ein pfiffiger Typ gewesen sein. Der vertrug sich prima mit den Russen und stellte für die aus Lederresten Gürtel oder auch mal Schuhe her. Wir hatten ja schon während des Krieges erlebt, daß die Leute die Haltegurte aus den Straßenbahnen und die Fenstergurte aus Eisenbahnabteilen abmontierten und daraus Schuhspitzen oder so was herstellten. Dieser Sattler war darin also sehr geschickt.

Als ich da ankam, sah ich auf dem Hof ein paar junge Russen mit den Kindern spielen, während der Vater drinnen arbeitete. Die Russen brachten als Lohn oft Lebensmittel mit, das war mal ein Stück Fleisch, mal so ein typisches russisches Brot. Ich weiß heute noch, wie das schmeckt, das würde ich mit verbundenen Augen herausfinden unter -zig anderen Broten. Das war das Brot der Roten Armee, das hatte einen ganz eigentümlichen Geschmack.

Auf Befehl der sowjetischen Militäradministration wurden alle Arbeitsfähigen zu Hilfsarbeiten eingesetzt. In den zehn Tagen, die ich bei dieser Sattlerfamilie wohnte, habe ich bei den unterschiedlichsten Arbeitseinsätzen mitgemacht. Die meiste Zeit habe ich Getreide verladen, das in Güterwaggons abtransportiert wurde. Wir mußten so Zwei-Zentner-Säcke auf die Laderampe stemmen und in den Waggons stapeln, und da wir nur Frauen waren, fiel uns das ganz schön schwer. Das Verladen war anstrengend, aber beim Einsacken haben wir auch was abstauben können für uns. Wir banden uns einen leeren Strumpf unter den Rock und füllten den heimlich mit Getreide. Zu Hause machten wir dann Mehlsuppe oder so was daraus. Ich freute mich natürlich, wenn ich meinen Sattlersleuten auch mal was mitbringen konnte. Ich erinnere mich aber auch, daß die Russen uns beim Verladen geholfen haben, obwohl die das gar nicht brauchten. Aber wenn wir die Säcke ganz oben im Waggon stapeln mußten, haben wir das kaum geschafft.

Die Wachen haben natürlich mitgekriegt, daß wir auch für uns Körner einsackten, aber die haben immer ein Auge zugedrückt. Ein Rotarmist hat einmal sogar wie zufällig sein Bajonett in einen Sack gerammt, damit da was rausrieselte und wir das einsacken konnten für uns.

Ich weiß zwar nicht, wo dieses Korn hingekommen ist, aber ich hoffe, in die Sowjetunion. Das wäre ein Krümel von dem gewesen, was wir wieder gut zu machen hatten.

Ich hatte für mich überhaupt keine Vorstellung, was nun geschehen sollte. Ich hatte noch nicht einmal den Wunsch, jetzt ganz schnell nach Hause zu kommen. Irgendwie stand ich das erste Mal auf eigenen Füßen.

CHRISTEL SCHNEIDER · UNERWÜNSCHT

In Berlin ging meine Mutter sofort ins Bezirksamt Tiergarten – hier hatten wir ja unsere Wohnung gehabt – und hoffte, da nun eine Wohnungsgenehmigung und ein Zimmer zu bekommen irgendwo, denn wir hatten ja keine Wohnung mehr. Wir haben da einen ganzen geschlagenen Tag auf dem Rathaus zugebracht, und meine Mutter kam immerzu raus aus diesem Zimmer, ging dann wieder rein, und heulte ab und zu und war ganz niedergeschlagen. Nachher erzählte sie uns, daß da Leute gesessen hatten, die sie ständig verhörten, weil ja nun auch diese ganzen Naziverfolgungsgeschichten anfingen. Man hatte wohl gehört, daß es in unserem ehemaligen Haus Nazis gegeben hatte und Juden, die verfolgt worden waren. Und mein Vater war ja Offizier, und wir hätten ja nun diejenigen sein können, die da mitgemacht haben.

Meine Mutter hatte jetzt übel Mühe zu erklären, daß sie selber manchmal schlimm dran gewesen war, weil sie Juden geholfen hatte. Wir hatten bei uns im Haus fünf jüdische Familien gehabt. Man traute sich irgendwann nicht mehr, zu denen in Kontakt zu treten, weil die Nazis im Hause einen genau beobachteten und es genau registrierten, wenn man zu denen ging. Dann bekam man große Schwierigkeiten. Eine Frau, die unter uns wohnte, war besonders streng und machte meiner Mutter das Leben schwer. Von der wußte man auch, daß sie auf dem Markt irgendwelchen Juden die Tasche um die Ohren geschlagen hatte. Als die Juden noch zu bestimmten Zeiten einkaufen durften, paßte die genau auf, daß diese Zeiten eingehalten wurden, und solche Sachen.

Kurz bevor wir nach Insterburg zogen, wurden die Juden aus unserem Haus abtransportiert. Es kamen Soldaten und trieben die energisch raus. Die wurden auf Lastwagen verladen. Die Juden über uns nahmen sich vorher mit Gas das Leben, die wurden rausgetragen. In die freien Wohnungen zogen dann andere Leute ein, ein SS-Arzt unter anderem.

Es kann mir heute keiner, der das damals miterlebt hat, erzählen, er habe nicht gewußt, was mit denen geschieht. Ich kann mich noch erinnern, wie meine Mutter zu mir sagte, daß die getötet werden, aber ich sollte das keinem erzählen, sonst würden wir auch abgeholt. Das sickerte halt so durch. Die Soldaten von der Ostfront kamen ja auf Urlaub nach Hause, und die erzählten ja, was da ablief, in Polen und so. Da soll mir doch keiner weismachen, er hätte von nichts eine Ahnung gehabt. Mein Vater erzählte zu Hause, was da los war. Wir Kinder wurden dann immer aus dem Zimmer geschickt, aber Kinder kriegen trotzdem genug mit.

Es wurde damals natürlich gelogen, es wurde gesagt, die Juden sollten umgesiedelt werden in Gebiete, in denen sie es besser hätten. Aber schon ich als Kind hab mir dann immer die Frage gestellt, wie kann es jemandem woanders eigentlich noch besser gehen als in dem Land, in dem unser geliebter Führer alles für einen tut? Außerdem haben doch alle mitgekriegt, wie die Juden hier behandelt wurden, daß es ihnen immer schlechter ging. Und dieselben Leute, die hier den totalen Haß auf die Juden predigten, sollten auf der anderen Seite so gütig zu ihnen sein und sie in ein gelobtes Land bringen?

Wir saßen also den ganzen Tag da auf dem Bezirksamt und hatten mächtigen Hunger. Schließlich kam meine Mutter und sagte: Ich hab jetzt eine vorläufige Genehmigung, daß wir in Berlin bleiben dürfen, aber ich muß morgen noch mal hierher, und dann entscheidet sich endgültig, ob wir hierbleiben können.

Wir kriegten in einer Pension gegenüber vom Kriminalgericht eine Übernachtungsmöglichkeit. Und es war ein Gestank da! Überall solche dicken Fliegen! Es roch überhaupt ganz merkwürdig in Berlin, es roch verbrannt, als wenn überall Holz kokelt, und das vermischte sich mit einem süßlich-modrigen Geruch, einem Leichengeruch. Und nun verbreiteten sich die Fliegen, solche riesigen, dicken Brummer, davor habe ich mich am meisten geekelt.

Am nächsten Tag mußten wir also wieder ins Bezirksamt, und da hieß es, wir dürfen nicht in Berlin bleiben, wir müssen wieder raus, wir sind unerwünscht. Unerwünscht, weil der Vater eben Offizier war.

Ja, da ging es also wieder los. Wir kriegten eine Einweisung nach Wittstock an der Dosse. Nie gehört, das war mir als Kind kein Begriff. Natürlich gab's kaum Verkehrsmittel damals, es hieß also wieder zu Fuß gehen, wir mußten über Nauen. An Nauen habe ich eine ganz unangenehme Erinnerung, weil meine Mutter da sehr krank wurde.

Sie bekam eine Blutvergiftung am Fuß, und wir mußten in so einer Baracke übernachten, mit Etagenbetten. Und mitten in der Nacht mußte ich da aus meinem Bett raus, weil immer mehr Leute ankamen und mein Bett gebraucht wurde. Ich habe dann auf einer Zeitung geschlafen, auf dem Fußboden. Meine Mutter ist dann da zu einem Arzt gekommen. Und sie durfte nicht weiter, weil die Wunde eiterte.

Das Schöne war, daß wir regelmäßig zu essen hatten. Wir gingen zur russischen Kommandantur und bekamen von denen eine Proviantgenehmigung. Es gab da ein Lokal, da bekam man damit eine Terrine voll mit schönem, dicken Eintopf.

Wir mußten auch immer schwer auf meinen Bruder aufpassen in dieser Zeit. Der war drei Jahre älter als ich, fünfzehn, aber sehr groß und sah älter aus. Die Russen schnappten sich zu dieser Zeit fast jeden Mann, den sie irgendwo antrafen, weil sie alle Männer für Soldaten hielten, die sich jetzt nur irgendwie Zivilklamotten unter den Nagel gerissen hätten. Sie steckten sie in Auffanglager und transportierten sie irgendwann nach Rußland. Meinen Bruder hatten sie auch schon mal in einem solchen Lager, und meine Mutter, die sehr energisch war, mußte ihre ganzen Überzeugungskünste aufwenden, um denen klarzumachen, daß mein Bruder ein Kind war und in seinem ganzen Leben noch keinem Russen was getan hatte. Die sagten dann, auch HJ-Jungen haben russische Soldaten erschossen, und so weiter. Meine Mutter kriegte ihn aber doch wieder da raus. Die Männer hatten also noch eine ganze Menge zu befürchten, das war noch nicht zu Ende für die.

MICHA EVERS · ZWEI SCHÜSSE

Eines Tages wurden wir Frauen auf einen LKW aufgeladen. Man fuhr uns ein Stück raus aus Grimmen, auf einen Gutshof, der nun von freigelassenen sogenannten Fremdarbeitern bewirtschaftet wurde. Wir sollten dort arbeiten. Es war inzwischen Anfang Juni, wir waren so ungefähr zwanzig Frauen, und ungefähr noch mal so viele empfingen uns und stöhnten: Oh Gott, da bringen sie ja noch mehr, was soll das nur werden.

Da war mir schon unheimlich zumute. Der Hof sah ziemlich verwahrlost aus, ein paar Schweine und sonst nichts. Die Fremdarbeiter waren aus Polen oder der Sowjetunion verschleppt worden und hatten nun die Führung auf diesem Gut übernommen, so ungefähr zehn Leute, Männer und Frauen.

Die reagierten sich an uns ab. Alles, was sie hatten aushalten müssen unter den Nazis, ließen sie nun uns spüren. Unsere Arbeit war sehr schlecht organisiert, aber das Schlimmste waren die brutalen Vergewaltigungen. Die holten sich nachts Frauen aus der Scheune. Das Schrecklichste passierte aber am hellichten Tage, mitten auf dem Feld. Ein Kerl machte sich an ein Mädchen ran und wollte es wegzerren. Die fing sofort an zu schreien wie wahnsinnig und wehrte sich ganz verzweifelt gegen den Mann. Ganz plötzlich ließ der los, nahm eine Maschinenpistole, die da lag, und erschoß das Mädchen mit einer Salve. Dann verschwand er seelenruhig. Die Frau lag noch ein paar Tage da in der heißen Sonne mitten auf dem Feld, und wir durften sie nicht beerdigen. Die lag da, und die Käfer krabbelten auf ihr rum.

Das Ganze ging vier Tage und Nächte so, dann kam ein Jeep mit russischen Soldaten und einem jungen Offizier zu uns auf den Hof. Da wurde es schlagartig anders. An diesem Abend hörten wir vor unserer verschlossenen Scheunentür aufgeregte Stimmen, und später fielen zwei Schüsse. Am nächsten Tag fehlten zwei unserer Bewacher und Peiniger. Jetzt bekamen wir regelmäßig und mehr zu essen, uns geschah auch nichts mehr.

Unter den Frauen waren einige, die in Grimmen ihre Kinder zurückgelassen hatten, die durften jetzt abends nach Hause fahren. Auch für unsere körperlichen Belange konnten wir jetzt besser sorgen. Wir hatten Probleme, wenn wir unsere Tage hatten. Das waren damals existentielle Fragen. Wir hatten ja in den letzten Kriegsjahren kaum noch Zellstoff gekriegt und mußten auf auswaschbare Binden zurückgreifen. Doch hier hatten wir überhaupt nichts. Wir haben dann bei diesem Offizier vorgesprochen und der hat dafür gesorgt, daß wir Binden bekamen. Das kann man sich heute vielleicht gar nicht mehr vorstellen, was das für Probleme für uns waren. Wenn wir dann abends in unseren Kojen lagen, haben wir Volkslieder gesungen oder Gedichte aufgesagt. Das hat uns geholfen, was anderes hatten wir ja nicht. Wir haben wenig über persönliche Dinge geredet, das ist schon komisch, wo wir doch so eng beisammen waren, aber irgendwie war da jede dicht.

Ansonsten haben wir uns untereinander ziemlich viel geholfen. Da wir ja nur die Kleidung hatten, die wir auf dem Leib trugen, haben wir uns abwechselnd die Sachen ausgeborgt, wenn mal was zu waschen war.

Auf diesem Gut war ich insgesamt drei Wochen, dann konnte ich da abhauen.

KARL LÜHNING · FRISEUR BEI DEN RUSSEN

Nachdem ich mich wieder erholt hatte, habe ich mich auf der Friseurstube gemeldet, um zu arbeiten. Aber der Aufseher da, ein Deutscher, wollte mich nicht haben. Die bekamen pauschal einen Essenzuschlag, und den wollte er nicht auch noch mit mir teilen. Da hab ich mich fürchterlich aufgeregt, denn da waren sieben Mann, und nur zwei von denen waren Friseur von Beruf, die anderen waren sonst was. Und wie ich da noch so rumkeife, kommt ein Offizier dazu und fragt, was los ist. Dem hab ich das erzählt, und der hat mich dann da eingeteilt. Die anderen waren sauer auf mich, haben mir dann auch das schlechteste Handwerkszeug gegeben.

Aber bei denen bin ich nicht lange geblieben. Nach ein paar Tagen mußten wir Friseure plötzlich antreten, und ein Offizier teilte uns mit, daß ein Friseur für die russischen Offiziere gesucht wurde. Ich meldete mich natürlich sofort und zog mit dem ab. Und beim Weggehen sagte ich noch so zu den anderen: So, jetzt könnt ihr mich mal gern haben, ich werd an euch denken, wenn mir das Fett aus den Augen läuft.

Der Offizier führte mich dann schnurstracks zum Kommandanten des Lagers. Der hing in seinem Büro auf einem Stuhl, voll wie eine Haubitze, der Kopf fiel ihm auf die Brust. Ich mußte regelrecht knien, um den zu rasieren. Als ich damit fertig war, murmelte der in seinem Suff zum Ordonnanzoffizier, er soll mir einen Apfel geben. Und der sagte, mehr zu sich: Nicht nötig, ist sowieso keiner da. Und ich mit meiner vorlauten Schnauze sag zu dem: Mir ist alles egal, geben Sie mir eben eine Zigarette. Da guckt der mich ganz entgeistert an, packt mich am Kragen und befördert mich mit einem Fußtritt auf die Straße hinaus. Da stand ich, der Job war weg, und ich mußte ins Lager zurück.

Aber auf dem Weg hält mich plötzlich ein Offizier an. Was ich hier zu suchen hätte? Ich erzähle dem die ganze Geschichte und der brüllt: Du lügst! Der schleifte mich zurück zur Kommandantur und ließ sich die Sache bestätigen. Und dann nahm er mich und führte mich in die Friseurstube. Ich hatte den Job doch! Da hab ich dann die russischen Offiziere bedient, eine ganze Zeit lang.

WOLFGANG SZEPANSKY · AUS ALLEN WOLKEN

Alle, die nach Berlin wollten, fanden in zwei Bussen Platz. Die brachten uns erst mal nach Crivitz, wir wohnten da in einer ehemaligen Schule, vierzehn Tage.

In dieser Zeit haben wir Aufklärungsarbeit über den Faschismus gemacht, Versammlungen und Schulungen. Da ist die Bevölkerung gekommen, vor allem Jugendliche, und wir haben über unsere Erlebnisse im KZ berichtet. Die Leute wollten was hören und haben uns auch geglaubt. Das war für uns sehr wichtig, hier glaubwürdig aufzutreten, denn wir wollten die Menschen ja wirklich überzeugen. Viele sind aus allen Wolken gefallen. Besonders junge Leute, die begeistert bei den Nazis mitgemacht hatten, waren völlig schockiert. Manche haben sich auch sehr schnell zurechtgefunden. Ich weiß nicht, ob das nur geschicktes Anpassen war oder ob wir die tatsächlich überzeugen konnten. Andere haben lange und hart mit uns dis-

Zwei Bilder von Wolfgang Szepansky

kutiert. Viele von denen sind ganz gute Leute geworden. Ich hab sie später noch mal getroffen, oder es wurde von denen berichtet, wie die jetzt politisch arbeiten.

Unser Schulhaus war in »Thälmann-Haus« umbenannt worden. Irgendwoher hatten wir auch roten Stoff organisiert und haben unser Haus damit geschmückt. Wir haben das alles selber auf die Beine gestellt, die Rote Armee haben wir kaum gesehen, nur ab und zu waren mal ein paar junge Soldaten bei uns. Wir hatten insofern eine Hilfe durch die sowjetische Kommandantur, als die uns mal einen Hammel geschickt haben und auch sonst Essen zuteilten. Darum brauchten wir uns also nicht zu kümmern. Für uns stand auch eindeutig die politische Arbeit im Vordergrund, nach dem, was wir erlebt hatten. Als wir dann aus Crivitz abfuhren, bekamen wir einen Traktor, zwei Anhänger und eine Gulaschkanone. So sind wir nach Berlin gefahren.

Ich habe während dieser Zeit viel gezeichnet. Die Zeichnungen, die ich im KZ gemacht hatte, hatte ich immer verstecken müssen. Erstens durften wir da keinen persönlichen Besitz haben, und zweitens waren das nicht unbedingt unkritische Bilder, die da entstanden sind. Als ich auf der Schreibstube arbeitete, habe ich die Sachen dort verstecken können, aber die sind natürlich alle dageblieben, die konnte ich nicht mitnehmen.

Auf unsere Wagen, mit denen wir jetzt loszogen nach Berlin, hatte ich gemalt: *Wir kommen aus Sachsenhausen – dem Tode entronnen.* Das hatten wir auf Deutsch und Russisch draufgepinselt. Das hört sich heute vielleicht bombastisch an, aber für uns war es ungemein wichtig, uns darzustellen.

KARL LÜHNING · DURCHFALL
　Eines Tages war alles besoffen bei den Russen, Riesentrubel, die machten ein fürchterliches Remmidemmi. Ich fragte dann einen, was los ist, und der erzählte mir, daß Japan kapituliert hatte. Das war der 8. August. Warum Japan kapituliert hatte, erfuhr ich nicht. Von Atombombe kein Wort, das wußten die auch noch nicht.
　Am selben Tag nahm mich der Dolmetscher mit in die Küche. Da hatten die große Schüsseln voller Markknochen, daraus kochten sie eine Suppe. Und da hab ich mich vollgefressen bis zum Geht-nicht-mehr, hab Suppe geschaufelt und das Fett aus den Knochen gelutscht. Ich hab einen Durchfall gekriegt, das kann man sich nicht vorstellen! Und schlecht war mir, mein Gott, war mir schlecht!
　Mittlerweile sah ich täglich immer die LKW aus dem Lager fahren mit den Leuten, die entlassen wurden, und ich bekam langsam Angst, daß die mich vergessen würden in meiner Friseurstube. Aber eines Tages beim Essenfassen riefen meine Kumpel: Karl, draußen steht der LKW! Da wurde ich entlassen. Ich hatte gerade mein Kochgeschirr voller Suppe. Damit bin ich auf den LKW gestiegen und als der anruckte, habe ich mir die ganze Suppe auf die Klamotten gegossen.

MICHA EVERS · BARFUSS NACH BERLIN
　Ich bin mit zwei anderen Frauen in Richtung Berlin gelaufen. Wir sind erst nach Anklam, weil wir gehört hatten, daß von dort aus Züge nach Berlin fuhren. Als wir da ankamen, sagten uns Frauen, wir sollten bloß machen, daß wir wegkämen. Denn die Russen haben da fürchterlich gehaust. Da wurde auf dem Bahnhofsgelände geplündert und vergewaltigt. Wir machten also, daß wir weiterkamen.
　In Neubrandenburg war in den letzten Kriegswochen ziemlich viel zerstört worden. Wir kamen da zu einem großen deutschen Wehrmachtsdepot, das zum Schluß noch durch die Nazis zerstört worden war, damit nur der deutschen Bevölkerung und der anrückenden Roten Armee nichts in die Hände fiel. Verbrannte Erde auf Heimatboden wurde da zum Schluß von den Nazis praktiziert. Inzwischen gab es wieder eine kleine deutsche Verwaltung.
　Wir kamen da also an und standen in einer typisch deutschen Amtsstube, aber da saßen jetzt andere Leute hinter dem Schreibtisch. Die fragten uns als erstes, ob sie uns helfen könnten. Wir waren ganz verdattert, denn damit hatten wir in einer deutschen Amts-

stube nicht gerechnet. Dann bekamen wir Scheine, mit denen wir uns ein paar Fleischdosen abholen konnten. Außerdem hat man uns ein Quartier für die Nacht zugewiesen.

Als wir uns in unserem Quartier meldeten, sagte uns die Frau dort, der neue Bürgermeister sei der »rote« Heinz, ein Kommunist, der aus dem KZ entlassen war.

Da hat es bei mir schon irgendwie geklickert, daß mein anerzogener Antibolschewismus nicht stimmen konnte. Wir haben dann mit der Frau die Konserven geteilt, das ging alles ganz harmonisch, da hat halt jeder jedem geholfen. Es gab natürlich auch Leute, die es fürchterlich fanden, nun von einem Kommunisten Hilfe annehmen zu müssen. Die fühlten sich nicht schuldig, sondern dachten, *sie* wären die Opfer. Auf unserem Marsch habe ich ein Resümee gezogen.

Je zerstörter die Orte waren, durch die wir zogen, desto größer war die Hilfe, die wir erfahren haben. Was Merkwürdiges erlebten wir in einem kleinen Dorf. Da waren überall Wegweiser in kyrillischen Buchstaben, die wir nicht entziffern konnten. Es war schon ziemlich spät. Wir standen so auf der Straße und wußten nicht, wohin. Wir setzten uns dann auf so eine Milchbank, auf der die Bauern ihre Milchkannen abstellten, und baumelten mit den Beinen. Es hatte gerade ein Gewitter gegeben, und es war alles ziemlich matschig. Ich hatte inzwischen keine Schuhe mehr, zum Glück war ich schon ziemlich abgehärtet, und es war Sommer. Ich konnte sogar barfuß über Stoppelfelder laufen. Ich habe auch die letzten zweihundert Kilometer bis Berlin dann noch so durchgehalten, das hört sich vielleicht ein bißchen an nach *Gelobt sei, was hart macht!,* aber ich will das alles ja wirklich nicht verklären.

Naja, auf einmal öffnet sich hinter uns eine Tür, und als wir uns umdrehen, sehen wir das Gesicht einer kleinen, alten Frau, die uns anschaut. Wir hatten in diesem Ort bisher nichts Lebendiges gesehen... Und die Frau sagt auch kein Wort, die macht nur so eine einladende Bewegung mit der Hand. Wir also rein in die gute Stube. Da saßen wir nun bei dieser kleinen Frau, die nur was vor sich hinmurmelte und andauernd das Kreuz über uns schlug. Sie kochte aus Kaffeersatz so eine Brühe, die sie mit ein paar Brotstükken würzte. Als wir sie fragten, ob wir über Nacht bleiben könnten, hat sie bloß genickt und ist dann weggegangen. Am nächsten Morgen kam sie wieder und brachte uns ein kleines Frühstück. Ich weiß bis heute nicht, wer diese Frau war, aber ich werde die nie vergessen.

CHRISTEL SCHNEIDER · TOTE GAB ES GENUG

Als wir dann da in Nauen festsaßen, ist mein Bruder alleine nach Wittstock gegangen, um schon mal zu erkunden, wie das da aussah. Er kam wieder mit einem Topf voller Sirup. Wir waren so froh, daß wir mal was hatten, was wir uns aufs Brot streichen konnten, das war herrlich süß.

Schließlich ging es meiner Mutter wieder besser, und wir konnten zu Fuß weiter nach Wittstock, immer so die Landstraße entlang. In Wittstock mußten wir uns auf der Kommandantur melden, wir hatten ja diesen Einweisungsbefehl, und dann kriegten wir ein Zimmer in einem Gasthof. Das war im August. In diesem Gasthof wurde öfter Kartoffelsalat für die Russen gemacht. Da kriegten wir immer was ab und hatten ein bißchen zu essen.

Aber wir durften nicht lange bleiben und kriegten dann ein Zimmer bei einem Sargtischler. Der hatte ein blühendes Geschäft, Tote gab es genug, dem ging es gut. Vor allem hatten die immer genug zu essen, weil die Leute, die Särge brauchten, ihm fleißig mitbrachten. Was die Frau von dem für Eierkuchen machte, Berge von Eierkuchen! Irgendwie aber war die Frau sauer auf uns, weil wir bei ihr einquartiert waren, die hatten sich das ja nicht ausgesucht, wir waren von den Russen einquartiert worden. Und so piesackte die uns ein bißchen.

Wir aßen abends immer gemeinsam in der Küche. Die hatten einen Hund, der war voller Flöhe. Und mitten im Essen schnappte sich die Frau öfter den Hund, grapschte einen Floh und zermatschte ihn genüßlich auf dem Tisch. Mir hat das unheimlich imponiert, aber meine Mutter war dann stocksauer auf die Frau. Die hat uns von sich aus auch nichts abgegeben, meine Mutter hat ihr öfter mal was abgekauft. Geld hatten wir wohl genug, und normalerweise kriegten wir ja nichts dafür, aber diese Frau war damit zu kriegen.

Meine Mutter war in dieser Zeit ständig am Organisieren, die war immer auf Achse, um was zu essen zu besorgen, und sie schaffte das meistens auch. Trotzdem war Hunger für mich damals ein ständiges Gefühl, es war was Besonderes, mal richtig satt zu sein. Ich hatte mir früher nie viel aus Essen gemacht, aber jetzt war das wichtig für mich. Ich kam ja in die Pubertät und hatte wohl auch deshalb mehr Hunger. Aber ich muß sagen, solange wir unterwegs waren, war der Hunger eigentlich nicht so schlimm, irgendwie kriegten wir immer irgendwas. Richtig grausam wurde es erst, als wir nachher wieder in Berlin waren, da gab es dann kaum noch was.

MICHA EVERS · SOMMERLUFT

In dieser Zeit, als wir da nach Berlin unterwegs waren, habe ich zwar oft gehungert, aber das war nichts Besonderes. Die anderen Erlebnisse haben den Hunger nicht so wichtig erscheinen lassen. Erst als ich schon wieder in einer gewissen Bürgerlichkeit lebte, habe ich am stärksten unter dem Hunger gelitten. Das war so die Zeit im zweiten Nachkriegswinter.

Inzwischen war es Juni geworden, wir konnten ja keine Wahnsinnsmärsche mehr aushalten. Wir hatten uns nach den Möglichkeiten eingerichtet. Wenn wir irgendwo für die Nacht eine Unterkunft hatten, dann sind wir eben schon mal ab Mittag dort geblieben. Da haben wir dann versucht, unsere Sachen ein bißchen zu reinigen oder zu flicken. Ich kann mich auch noch gut daran erinnern, wie ich meine Unterwäsche in der Sommerluft beim Marschieren herumgeschwenkt habe, damit sie schneller trocknet. Da gab es auch komische Situationen, wir haben da auch oft gelacht unterwegs. Ja, wir haben sogar Blumen gepflückt und uns Kränze gewunden, die wir dann ins Haar steckten. Wir hatten trotz der ständigen Angst, daß uns wieder einer festhalten könnte, auch noch Lust zu solchen Albernheiten.

Aus Neubrandenburg sind wir dann weiter nach Oranienburg gelaufen. Dort haben wir eine Nacht im KZ Ravensbrück verbracht. Das war damals ein Auffanglager für durchziehende Flüchtlinge. Zunächst habe ich gar nicht gewußt, daß wir da in einem ehemaligen KZ untergebracht waren. Wir sind ja auch nicht in die Häftlings-Unterkünfte gebracht worden, sondern man hat uns in größere Flachbauten geführt, die wahrscheinlich für die SS bestimmt gewesen waren. Wir sind dann da entlaust worden, haben Verpflegungsmarken bekommen, und man hat uns eine Unterkunft zugewiesen.

Ich hatte auf unserem Weg schon einige Male ehemalige KZ-Häftlinge getroffen, die uns noch in ihren gestreiften Kleidern entgegen kamen. Die hatten uns natürlich einiges berichtet, aber wir hatten keinen näheren Kontakt zu denen. Am nächsten Tag, nach dieser Nacht in Ravensbrück, bin ich mit einem Zug, der bis Berlin fuhr, am Stettiner Bahnhof gelandet.

KARL LÜHNING · NACH HAUSE

Wir fuhren also durch die Tschechei. Unterwegs verscheuerten unsere Bewacher unsere ganze Verpflegung an tschechische Schwarzhändler, und wir mußten Kartoffeln aus den Feldern buddeln, um was zu essen zu haben.

Inzwischen war es Anfang September. Und da haben wir dann auch mitgekriegt, was aus den deutschen Ostgebieten geworden war, das hat mich schon berührt, auch als Antifaschist. Aber im Grunde war das damals Nebensache. Das Wichtigste war: lebt meine Frau, ist unser Haus ausgebombt, habe ich noch eine Bleibe, wenn ich nach Berlin komme? Ich hab viel weiter gar nicht denken können.

In Zittau in Sachsen hat der Russe uns dann entlassen, hat noch mal unsere ganze Verpflegung verkauft, hat uns nichts in die Hand gedrückt, und nun standen wir da. Unsere Entlassungspapiere waren ein Stück Packpapier mit einem Stempel drauf und dem Namen.

Von Zittau sind wir mit der Bahn gefahren, und da haben wir dann erst mal den Schock gekriegt, daß unsere Heimat polnisch ist und daß Berlin vier Sektoren hat. Wir kamen also mit viel Mühe in völlig überfüllten Zügen bis in die Außenbezirke Berlins, und da fuhr schon eine S-Bahn.

Dort schenkte uns eine Frau das erste Alliiertengeld. Diese Frau kam aus meiner Wohngegend und bestätigte mir, daß mein Haus noch stand. Da fiel mir schon mal ein Stein vom Herzen. So um die Mittagszeit am 10. September kamen meine Kameraden und ich am Hermannplatz an. Da trennten wir uns dann, alles Berliner, die sich in der Gefangenschaft kennengelernt hatten.

Nun kam ich also hier an, ging in mein Haus, die Fenster waren mit Pappe vernagelt, und ich hörte, daß meine Frau gegenüber arbeitete. Die war aber nicht da, die war irgendwo für die Firma unterwegs. Mein Bruder arbeitete direkt nebenan bei DeTeWe. Da bin ich hin und sage zum Pförtner: Rufen Sie doch mal Georg Lühning aus. Der kam dann auch. Ich sah vollkommen verkommen aus, mit Bart auch noch, und verstellte meine Stimme und sagte: Na, Kamerad, kennst du mich? Und er: Mensch, kommst mir bekannt vor. Mann, das bist ja *du*! Und dann: Mutter lebt, alle leben! Und um den Hals fallen und alles.

Ich hatte vier Kartoffeln in der Tasche, ein Pfund Sojaschrot, ein paar Tomaten und ein Stück Seife, das ich vor der Entlassung noch schnell geklaut hatte. Und total zerlumpt war ich. Als ich meine Frau wiedersah, haben wir beide geweint – und erst mal erzählt. Ihr war nichts passiert beim Einmarsch der Russen, sie hatte sich getarnt, hatte sich ein Kopftuch umgebunden und im Luftschutzkeller in ein Bett gelegt. Meine Mutter erzählte den Russen dann, sie sei sehr krank, und davor hatten die ja Angst. Na ja, elf Monate hatte ich sie nicht gesehen, die Freude war groß, auch darüber, daß sie Arbeit hatte. Denn wer nicht arbeitete, bekam nur die Lebensmittelkarte V, die sogenannte Hungerkarte, und die bekam ich nun zunächst auch. Wir lebten im vorderen Teil der Adalbertstraße, im amerikanischen Sektor.

WOLFGANG SZEPANSKY · MIR WAR GANZ KOMISCH ZUMUTE

Als ich in Berlin ankam, hatte ich einen Rucksack, mit etwas Brot und so drin. Papiere hatte ich gar keine, das war auch noch nicht so wichtig in diesen Tagen. Im Stadthaus begrüßten uns die Leute mit den Worten: So, nun geht in eure Heimatbezirke und baut auf!

Als ich dann an der zerstörten Ullsteinbrücke stand, dachte ich nur noch daran, ob meine Eltern die letzten Kriegstage überstanden hatten und wie es ihnen geht. Mir war ganz komisch zumute, als ich da die letzten Kilometer nach so vielen Jahren wieder nach Hause lief. Überall Trümmer und Schutt. Die Frauen standen an den Hydranten und holten Wasser. Ich fragte eine, wie es denn in Mariendorf aussieht, und sie: Na, es ist nicht ganz so schlimm wie in der Innenstadt.

Mein Vater hatte zusammen mit meinem Bruder ein Haus gebaut, und als ich dann endlich in unsere Straße bog, sah ich, daß das Haus kaputt war. Aber meine Eltern lebten. Die waren bei einem Nachbarn untergekommen. Für sie war der Verlust des Hauses natürlich ein großer Schock gewesen, für mich war das aber nicht so wichtig, Hauptsache, sie lebten. Meine Mutter kam auf die Straße gelaufen, als sie mich sah, und wir fielen uns um den Hals.

Wir zogen dann in eine Laube, die auf unserem Grundstück stand. Da wohnte noch jemand, ein ehemaliger Nazi, der meine Eltern aber nie verpfiffen hatte. Meine Eltern hatten sich ja in der Nazi-Zeit doch allerhand rausgenommen.

Als eines Tages ein Nachbar kam und mit »Heil Hitler!« grüßte, da hat mein Vater mit »Guten Tag« geantwortet. Der andere sagte darauf: Mensch, wissen Sie nicht, wie im Dritten Reich gegrüßt wird? Und mein Vater: Wieso, gibt es jetzt keinen guten Tag mehr? So was konnte auch schon sehr gefährlich werden für einen.

JOHANNA WREDE · SCHWARZ ÜBER DIE GRÜNE GRENZE

Als meine Schwester schon verheiratet war in Tübingen, ist meine Mutter mal schwarz über die grüne Grenze gegangen. Da hat sie was riskiert. Grüne Grenze hieß das, weil die zwischen Ost- und Westdeutschland lag und da überall Wald war. Das war eigentlich auch nicht so dramatisch, das machten viele.

Sie ist nach Sonneberg gefahren und zusammen mit einem Haufen Leute dann durch den Wald nach Westen. Aber die sind irgendwie alle geschnappt worden. Und mußten beim Russen einsitzen. Da hat dann so ein Offizier gesagt, wer fegt, kann weg. Meine Mutter hat natürlich sofort gefegt und konnte dann tatsächlich weiterziehen. Sie ist also doch noch zu meiner Schwester gekommen. Andere haben den Russen auch erzählt, daß sie von Westen nach Osten wollten, die konnten, wenn ihnen geglaubt wurde, gleich weiterziehen. Die dollsten Sachen sind da passiert.

MARIA BRIESEN · NACH WESTEN

Nach dem Krieg, nach dem Zusammenbruch wußte ja keiner vom anderen was. So wußte ich auch nicht, wo mein Mann war. Nach unserer Hochzeit hatte ich nichts mehr von ihm gehört. Wir hatten ja im November 44 geheiratet, dafür hatte er zehn Tage Urlaub bekommen. Er kam damals von der Westfront, aus der Nähe von Aachen, nach Hause, blutbefleckt. Viele seiner Kameraden waren in einem Nahkampf direkt neben ihm gefallen. Als er nach den zehn Tagen wieder wegfuhr, hörte ich lange, lange Zeit nichts mehr von ihm.

Die erste Nachricht kriegte ich dann von jemandem, der aus irgendeinem Grund von der West- in die Ostzone ging, und der ihn getroffen hatte. Der richtete mir aus, daß mein Mann als englischer Kriegsgefangener in der Nähe von Hildesheim lag. Ein halbes Jahr später, im Herbst 47, kam er dann selbst. Und er erzählte mir, daß es ihm sehr gut geht in Lühnde, daß er bei einem Bauern untergebracht ist. Und daß er sehr viel zu essen hat.

Weil das nun alles sehr verlockend klang für mich, beschlossen wir, daß ich mit zurück gehen sollte. Entweder, um von da wenigstens ein paar Lebensmittel mit nach Dresden nehmen zu können, oder auch, um vielleicht ganz da zu bleiben. Unsere Tochter ließen wir bei meiner Schwiegermutter. Wir wollten sie nachholen, falls wir uns entschlossen, drüben zu bleiben.

Nun war ja Deutschland in Zonen aufgeteilt, und von einer Zone in die andere zu kommen war sehr, sehr schwierig, besonders, von der Ost- in eine der drei anderen Zonen zu kommen. Das ging nur schwarz. Wir sind also in Dresden in einen Zug gestiegen und bis in die Nähe der Grenze gefahren. Wir wußten aber natürlich überhaupt nicht, wo die Grenze genau verlief und wo wir lang mußten. Und da war es damals so, daß sich in den Orten, die ziemlich dicht an der Grenze lagen, die Leute sammelten, die rüber wollten. Es gab da Männer, die diese Leute in Gruppen über die Grenze führten.

Wenn man da in irgendwelche Gastwirtschaften ging, konnte man Kontakt kriegen zu solchen Führern, das mußte natürlich alles ganz still und leise geschehen. Wir fanden also auch so einen Mann, der da alle Wege und Schliche kannte. Der hat das natürlich nicht umsonst gemacht, wir haben dem Geld dafür gegeben, wieviel weiß ich nicht mehr. Wir mußten dem blindlings vertrauen, sind dann in der nächsten Nacht losgezogen.

Wir sind also über Felder und Äcker hinter dem hergeschlichen, immer in der Angst, erwischt zu werden. Andauernd ist jemand gestolpert oder gefallen, es war ja stockdunkel. Und immer saß einem die Angst im Nacken, wo sind die Russen, entdecken sie uns oder nicht? Auf einmal hieß es: Stoj!, ein Schuß knallte. Da stand plötzlich eine russische Grenzpatrouille hinter uns. Wir waren alle starr vor Schreck im ersten Moment, keiner wagte sich zu rühren. Die brachten uns dann in das nächste russische Lager, und da wurden wir dann erst mal verhört, weshalb, wieso, warum und so weiter. Und dann hielten die uns da drei Tage fest, ohne uns zu sagen, was mit uns passieren sollte, und diese drei Tage waren die Hölle. Wir haben um unser Leben gebangt, die hätten uns ja erschießen können.

Wir wurden in einen Raum gesperrt, wir waren so ungefähr zehn Leute. Männer und Frauen zusammen in einem Raum, und wir mußten da auf nackten Holzbänken schlafen, ohne irgendwas zum Zudecken. Und tagsüber mußten wir arbeiten. Einige der Frauen mußten die Schlafsäle der Russen wischen, ich arbeitete in der Küche und schälte Kartoffeln. Die Männer mußten die Latrinen leeren und säubern und solche Sachen. Die dreckigsten und schmutzigsten Arbeiten mußten wir für die Russen erledigen.

Ein paar Stunden, nachdem sie uns gefangen hatten, ging bei uns plötzlich die Tür auf, und drei, vier Russen stürzten ins Zimmer, mit vorgehaltenen Maschinenpistolen, und schrien ganz wild: Papiere, Papiere! Wir dachten, jetzt hat unser letztes Stündlein geschlagen, wir wußten überhaupt nicht, was die von uns wollten. Es stellte sich dann heraus, daß irgendwie unsere Papiere, die sie uns natürlich abgenommen hatten, verschütt gegangen waren, und die dachten nun, wir hätten sie geklaut, um abhauen zu können. Jeden einzelnen filzten sie ganz genau, jeder mußte sich ganz ausziehen, bis sie sich überzeugt hatten, daß wir die Papiere nicht hatten.

Nach zwei Tagen kriegte ich einen Nervenzusammenbruch, ich war fix und fertig und klappte zusammen. Und da waren die Russen dann ganz freundlich zu mir. Sie kamen und fragten mich, was ich denn hätte und warum ich solche Angst hätte. Und dann brachten sie mir was zu essen. Wir kriegten da eigentlich kaum was von denen, aber jetzt brachten sie mir Brote, dick belegt, und Suppe. Und sie blieben so lange bei mir stehen, bis ich alles aufgegessen hatte, es sollte kein anderer was davon nehmen.

Am dritten Tag wurden wir alle zum Kommandanten gerufen. Er gab uns unsere Papiere zurück – die hatten sich wieder angefunden – und ermahnte uns, nicht wieder zu versuchen, schwarz über die Grenze zu gehen. Dann wurden wir entlassen, und zwar, soweit ich mich erinnere, in den Westen. Ich weiß nicht mehr genau, wie das ablief, aber auf alle Fälle landeten wir im Westen. Ich bin dann mit hier geblieben.

Im Januar darauf starb unsere Tochter an den Folgen dieses Lungenrisses. Wir wollten eigentlich nach Dresden zur Beerdigung fahren, aber meine Schwiegermutter schrieb uns, das sei zu gefährlich, wir sollten nicht kommen. Es würden Listen geführt über Leute, die schwarz in den Westen gegangen waren, und meine Schwiegermutter meinte, wenn wir wieder zurück kämen, würde man uns verhaften. Und so sind wir nicht beim Begräbnis unserer Tochter dabei gewesen.

CHRISTEL SCHNEIDER · LANG AUF DEN BODEN

Ich hab es damals, als Kind, schon als wir von Karlsbad nach Berlin kamen, immer als ganz schlimm empfunden, daß ich nie wußte, wohin. Heimatlos, obdachlos sein, das ist ein ganz scheußliches Gefühl. Nicht zu wissen, wo kann man hin.

Ich weiß dann noch, als wir in Berlin ankamen, war ich furchtbar müde, das Gefühl der Müdigkeit war damals für mich schlimmer als der Hunger, denn wir waren ja andauernd unterwegs. Die Füße taten mir auch weh vom vielen Laufen, und ich hab mich in diesem Zimmer auf den Fußboden gelegt, einen blitzsauberen Linoleumboden, und wollte nur noch schlafen. Ich hab mich da lang auf den Boden gelegt, Möbel gab es keine, und das war so was Schönes!

3
Willkommen in Deutschland ·
Die neuen Herren

Vor den einen Siegern hatte man mehr Angst als vor den anderen. Das lag zum einen daran, daß Deutsche in keinem Land so gewütet hatten wie in der Sowjetunion: zwanzig Millionen ermordete Menschen, verbrannte Erde, Millionen zu Sklavenarbeit Verschleppte ... Und es lag an der Nazi-Propaganda, die saß tief: das »Untermenschen«-Bild aus Wochenschauen, Ausstellungen, Presse, all das hatte gewirkt. Viele stellten sich auf das Schlimmste ein, und oft passierte es dann auch tatsächlich.

Die Angst vor der Rache der Sieger scheint jedenfalls oft näher gelegen zu haben als die – ja auch vorkommende – kollektive Scham über die unter deutschem Namen verübten Verbrechen. Daß dann die Rote Armee nicht als Hunnensturm übers Land tobte, daß statt vertierter Barbaren Menschen mit normalen Gefühlen kamen, natürlich oft voll Trauer und auch Haß, und (natürlich) mit dem (Faust-)Rechtsanspruch der Besatzungsmacht, das scheint nach der ersten Erleichterung bei manchen einen merkwürdigen Verdrängungsprozeß noch forciert zu haben. Die Massenpsychologie der deutschen Nachkriegszeit, die zu oft Ursachen und Wirkungen im eigenen Schicksal verkehrte und in deren Schutz sich Täter als Opfer darstellen konnten, ist als politische Manipulation und als »Unfähigkeit zu trauern« ja längst plausibel beschrieben worden; wir waren dennoch überrascht, wie nah beieinander auch in unseren Gesprächen dann doch manchmal Einsichten und – bestenfalls verblaßte – Vorurteile lagen.

Wie auch immer, lieber waren vielen da schon die anderen Sieger. Zunächst auch nicht so richtig lieb, denn schließlich hatten sie ja noch kürzlich Bombenteppiche geworfen. Die richtige Liebe kam erst später, mit der Blockade, vor allem die zu den Amerikanern. Aber bewundern durfte man sie auch vorher schon, diese Amis und Tommys. Sauber und wohlgenährt sahen sie aus, nicht abgerissen und zerlumpt wie »der Russe« – und man selbst. Man bewunderte ihre materiellen Möglichkeiten, so wollte man auch sein. Ein neues Ideal war da und half, das alte, besiegte zu vergessen.

JOHANNA WREDE · BÜNDELWEISE UHREN

Im April kam mein Onkel. Der hatte da noch die alberne Hoffnung, daß die Engländer vom Westen her bis nach Berlin rankommen würden. Also, nun hatten wir Onkel und Tante auch noch da.

Ende April oder Anfang Mai fuhr vor unserem Haus ein russischer Panzer vor und zielte mit dem Rohr genau auf das Haus. Mein Onkel ging denen entgegen und dachte, er kann mit ihnen reden, doch das ging wohl nicht so gut. Es ist ihm aber nichts passiert, sie haben ihm nur die Uhr abgenommen. Er kam recht kleinlaut wieder und sagte, die sind ja gar nicht so schlimm. Die ersten waren auch recht vernünftig. Sie kamen rein und haben uns alle nach Waffen durchsucht. Wir hatten noch einen deutschen Soldaten bei uns, dem wir schnell noch ein paar Zivilklamotten gaben. Als die ihn fragten, was er ist, hat er gesagt: Schüler, Schüler. Als die Russen dann meine schwerverletzte Schwester im Keller sahen, haben sie versucht, uns klarzumachen, daß die Bomben von den Amerikanern geworfen worden waren. Sie haben von der ersten Sekunde an immer wieder betont, Bomben hätten nur die Amerikaner geworfen.

Diese ersten Russen hatten immer bündelweise Uhren bei sich. Wenn die nicht mehr gingen, haben sie die einfach hingeschmissen, und wir haben dann versucht, die Besitzer zu ermitteln. Genauso war es auch mit Fahrrädern. Sie ließen solche Sachen einfach irgendwo stehen.

Dann, etwas später, war es natürlich schrecklich, wenn wir nachts die Schreie der Frauen hörten, bei uns ist viel passiert. Mein Vater sagte, ich komm mir vor wie ein Schwein, ich kann nicht helfen. Ich selber konnte mich in dieser Zeit hervorragend vor allen Russen schützen. Ich hatte eine schlimme Entzündung am Mund, seit ich bei den Bergungsarbeiten nach den Bombenangriffen geholfen hatte. Ich hab dann jeden Morgen sorgfältig meine Gesichtshaut wieder aufgekratzt, so daß das möglichst schlimm aussah. Das hat dann die Russen abgeschreckt. Wenn mir wirklich mal einer zu nahe kommen wollte, habe ich sofort geschrien: Krank, krank!

RUTH WERGAU · DIE DICKE ANITA

Die Russen, die dann kamen, also nicht die ersten, die haben ganz schön gehaust. Wir saßen da noch im Keller, unsere Wohnungstüren hatten wir aufgesperrt. Die Russen hätten die Türen sowieso aufgebrochen, so blieben wenigstens die Schlösser ganz. Wir saßen in der Backstube, und unsere Mutter hatte ihre restlichen Wertsachen in den großen Ofen gelegt. Da waren die Sachen prima versteckt, leider haben wir dann später die Tür nicht mehr aufgekriegt, wir haben sogar versucht, das Ding mit Hammer und Meißel zu öffnen, aber das ging nicht. Wir hatten zwar unser Zeug gerettet, aber nun waren wir doch Neese. Zum Glück hat uns dann der Hausmeister geholfen, der wollte allerdings was abhaben.

Die Russen waren ungefähr eine halbe Stunde bei uns im Keller. Ich hab das allerdings nicht als so schlimm erlebt, denn bei uns im Hause wohnte die dicke Anita, und die sagte: Kinder, habt man keene Angst, ick nehm euch die alle ab, schickt se man nur zu mir. Dadurch wurde bei uns niemand vergewaltigt. Die Anita hat das quasi stellvertretend für alle über sich ergehen lassen. Die hat überhaupt immer viel Courage bewiesen. Die hat sich den Russen in den Weg gestellt und gerufen: Kommt man her, Jungens, und laßt die dürren Dinger in Ruhe.

ANNI MITTELSTAEDT · ARM DEUTSCH KIND

Die Russen waren dann hinter den jungen Mädels her, das war ganz schlimm. Die jungen Mädchen aus unserem Haus haben wir in Decken eingewickelt und aufs Dach hinter die Schornsteine gesetzt, um sie zu verstecken. Viele Mädels sprangen auch vom Balkon runter, das war wahnsinnig.

Ich bin raus, gucken, und da kamen sie auch schon. Als erster kam ein Offizier zu uns rein und sah ein Kind, das wir da mit drin hatten, das war erst ein paar Tage alt. Und der sagte: Arm deutsch Kind, und legte dem eine Wurst auf die Decke. Einem anderen Hausbewohner nahm er die Uhr ab und gab ihm einen Schubs, daß er mit seinem Stuhl nach hinten flog.

Am 8. Mai haben sie dann eine Art Siegesfeier veranstaltet. Im Körnerpark zogen sie in aller Frühe ihre Fahne hoch, und dann haben sie gesoffen. Und wenn sie gesoffen haben, waren sie nicht zu genießen.

Aber sie konnten auch anders. Drei Straßen von uns entfernt gab es ein großes Butterlager. Das hab ich dem jungen Arzt erzählt, der bei uns einquartiert war, und der hat das seinem Kommandanten gesagt. Darauf haben die Russen das Lager aufgemacht und haben die Butter verteilt an die Bevölkerung.

GERDA SZEPANSKY · BORSCHTSCH IN DER KANNE

Die Laube meiner Großeltern, in der wir jetzt erst mal untergekrochen waren, lag gleich neben einem besetzten Flugplatz. Wenn jetzt noch mal Russen kamen und was von uns wollten, dann ist mein Vater oder ein anderer Mann rausgegangen und hat gesagt: Wir gehen zum Kommandanten, ihr habt hier nichts zu suchen. Das hat gewirkt und die sind abgehauen, uns ist nichts mehr passiert. Einmal hat einer gesagt: Ich selbst Kommandant, der war ganz schlau, aber das hat auf uns keinen Eindruck gemacht.

Die holen uns auch zum Kartoffelschälen. Wir schälten riesige Berge von Kartoffeln. Dafür kriegten wir Borschtsch, den wir in einer Kanne abtransportierten. Wir sind ganz fröhlich nach Hause gezogen, in der Suppe war so viel fetter Speck, daß wir alle davon zu essen hatten.

MICHA EVERS · KEIN UNTERSCHIED

Ich wollte auch nicht zu den Amis, da sind ja auch Übergriffe und Vergewaltigungen vorgekommen, obwohl das sicherlich von den Militärbehörden verboten war. Da war für mich in dieser Situation kein Unterschied zwischen Amis und Russen.

JOHANNA WREDE · AUS NÄCHSTER NÄHE

Eines Nachts, so zwei, drei Wochen nach Kriegsende, kamen die Russen bei uns mit einem LKW über den Zaun gefahren und hieben an die Tür. Wir hatten nämlich im Garten eine Pumpe, das muß sie angelockt haben. Wir haben sofort aufgemacht. Mein Vater sagte, daß wir mit der Schwerverletzten nicht raus könnten. Da wollten sie dann das Bett mit meiner Schwester drin irgendwie rausschleifen. In dem Moment sah einer der Russen meine fast neunzigjährige Großmutter, die im Bett lag. Die war nicht nur schwerkrank, sondern auch stocktaub. Die reagierte also überhaupt nicht, als der Russe ihre Tür aufriß. Da sagte er: Mamutschka kaputt. Und wir konnten zusammen mit den anderen Deutschen weiter in zwei Zimmern bleiben. Das übrige Haus wurde erst mal besetzt.

In den zwei Zimmern lebten wir nun mit zehn bis zwölf Leuten. Das war noch nicht so schlimm, aber im übrigen Haus lebten ja nun auch noch zwanzig bis fünfundzwanzig Russen. Das hatte Nachteile. Allerdings auch Vorteile, denn die stellten zwei Schilderhäuser auf, und dadurch waren wir vor anderen Russen geschützt.

Wir konnten das Leben der Russen jetzt gewissermaßen aus nächster Nähe betrachten. Das für uns Überraschendste war, wie die sich untereinander bestraften. Wenn irgendwas vorgefallen war, wurde der Delinquent inmitten seiner Kameraden auf den Hofboden gelegt und alle prügelten auf ihm rum. Danach war allerdings auch alles wieder gut und in Ordnung, dann war alles vergessen. Der Offizier des Trupps kam sich sehr fein vor, der legte sich einen Teppich auf das Klavier, und irgendwo hatte er auch noch ein Nachtgeschirr aus Porzellan aufgetrieben. Die anderen lebten sehr primitiv. Ich habe erlebt, wie sie die Kartoffeln im Klosett wuschen und sich wunderten, wo die blieben, wenn sie spülten. Meine Mutter, die nicht soviel Angst hatte, erklärte denen das dann so ein bißchen. Aber sie wollten das nicht einsehen. Für sie war das halt was vollkommen Unbekanntes, was ganz Neues, sie kannten eben kein Klo, sie gingen in den Garten.

Einmal hackte ich im Hof Holz, zusammen mit einem jungen deutschen Mann, da kamen fremde Russen rein, die ehrerbietig gegrüßt wurden von unseren Schildwachen. Die kamen mir nun reichlich nahe, da hab ich wie eine Verrückte weitergehackt. Ich weiß nicht, was passiert wäre, wenn die ernsthaft was von mir gewollt hätten. Ich hatte ja ein Beil in der Hand, das ich jetzt immer fester umklammerte. Nach einer Weile sind sie wieder gegangen. Nachher hat mir der Schildwachensoldat klarmachen wollen, daß es für mich eine hohe Ehre gewesen sei, daß diese beiden sich um mich bemüht hätten, denn sie seien sehr hohe Offiziere. Das war aber für mich nicht sehr überzeugend.

WOLFGANG SZEPANSKY · FEINDBILD

Viele steckten voller Angst vor der Zukunft. Das jahrelang aufgebaute Feindbild von *dem Russen* wirkte in den ersten Nachkriegsmonaten noch voll. Man darf ja auch nicht vergessen, daß tatsächlich viele Familien Angehörige im Krieg gegen die Sowjetunion verloren hatten. Auf der anderen Seite aber sind Millionen von Sowjetbürgern umgekommen, und man darf ja nicht vergessen, wer diesen wahnsinnigen Krieg angefangen hatte.

Wie dem auch sei, die Russen wurden fast immer als Feinde empfunden und haben sich zum Teil ja auch so verhalten. Da muß man auch sehen, daß diese Rotarmisten durch die von den Nazis verbrannten Länder hierher gekommen sind. Die hatten ja auf ihrem Vormarsch vieles gesehen, von dem die Bevölkerung hier nichts wußte oder nichts wissen wollte. Das war so ein gegenseitiges Feindbild, das da entstanden war und nun auch seine Auswirkungen hatte.

THEA WALTER · GANZ NORMALE BÜRGER
In unserem Haus gab es eine Familie, die verkaufte Weine und Spirituosen und hatte im Keller auch eine kleine Herstellung. Die hatten eigentlich keinen besonderen Grund, irgend etwas zu befürchten, die hatten sich nicht politisch betätigt. Aber als die Russen kamen, haben die sich aus Angst, aus einer Panik heraus, umgebracht. Der Vater hatte eine Waffe und hat damit seine Frau und drei Kinder erschossen und danach sich selbst. Alle hatten erst mal panische Angst vor dem Russeneinmarsch. Das waren ganz normale Bürger, die dachten, jetzt kommt der Weltuntergang.

RUTH WERGAU · NICHT SO NAHRHAFT
In der Liegnitzer Straße war ein Russenquartier. So im Juni fragte mich eine Bekannte, ob wir nicht dorthin gehen wollten, um Kartoffeln zu schälen. Dafür würden wir was zu essen bekommen. Wir sind also losgezogen. Als wir dann ankamen, mußten wir allerdings keine Kartoffeln schälen, sondern sollten Fahnen nähen. Das war ja nun nicht so nahrhaft. Jedenfalls haben wir bis in die Nacht genäht.

Diese Bekannte hatte auch gehört, daß die Russen morgens früh durch die Straßen fuhren und die Leute aufsammelten, die für sie arbeiten sollten. Also haben wir uns morgens an die Straße gestellt und auf die Russen gewartet. Wir wollten etwas Eßbares haben, und das bekam man ja, wenn man für die Russen arbeitete. Na, also tatsächlich, es dauerte nicht lange, da kam ein LKW mit Russen an uns vorbei. Wir winkten denen zu, und die haben uns aufgeladen. Auf dem LKW saßen schon so zehn Frauen, die allerdings nicht freiwillig dabei waren. Die staunten nicht schlecht über uns beide, vielleicht hielten sie uns ja auch für besonders blöd. Aber wir waren eigentlich ganz ohne Argwohn, waren neugierig, wir hatten jedenfalls keine Angst. So richtig nagenden Hunger hatten wir eigentlich auch nicht, so ein bißchen Abenteuerlust war schon auch dabei, daß wir uns auf diese Sache einließen. Jedenfalls fuhr der Lastwagen mit uns bis Unter den Linden, da war damals das große Weinhaus Habel, dort hatten sich die Russen auch einquartiert.

Diesmal mußten wir Kartoffeln schälen, noch nie in meinem Leben hatte ich derart viele geschält. Aber wir bekamen dann auch mittags eine Stunde Pause, nachdem wir unser Essen gekriegt hatten. Da waren die Russen sehr korrekt, das fand ich gut.

JOHANNA WREDE · WOHLVERPACKT
Bei uns zu Hause hat sich die Anwesenheit der Russen recht positiv auf die Ernährungslage ausgewirkt. Obwohl wir zunächst ziemlich sauer waren, weil die Russen ihren Lastwagen im Vorgarten genau dort abgestellt hatten, wo wir einen Topf mit Zucker in der Erde vergraben hatten, so daß wir an den nicht rankamen.

Jeder buddelte damals ein, was er für wertvoll hielt. Wenn fremde Truppen zu einem ins Haus kommen, bleibt ja meist nicht viel übrig von dem, was man so hat. Also hat man seine kostbaren Sachen in die Erde gebracht. Manche haben ihr Silber vergraben, und bei uns war es eben der Zucker. Der ruhte nun wohlverpackt in einer Milchkanne, unter dem Russenauto. Damit war erst mal nichts.

Aber eines Tages schlachteten die Russen bei uns im Hausflur eine Kuh, das war sehr dramatisch. Die Eingeweide aßen sie nicht, die wurden vergraben. Wir gruben das Zeug in der nächsten Nacht wieder aus. Wir machten den Talg ab, den wir auslassen konnten, und vor allen Dingen, wir konnten Leber und Nieren kochen, das war mal echt was Gutes.

Die schälten auch ihre Kartoffeln so schlecht, die Schalen waren so dick, daß wir sie immer sammelten und auskochten und so auch mal eine Art Kartoffelsuppe hatten. Kartoffeln gab es bei uns in Potsdam nämlich überhaupt nicht zu Anfang. Die Russen hatten uns zwar auf den Lebensmittelkarten Kartoffeln versprochen, doch was wir bekamen, war immer ganz schwarz und verfault.

MARIA BRIESEN · HÖLLENANGST
Die ganze Kriegszeit über hat man uns die Russen als barbarisch dargestellt, als Untermenschen, die kaum noch was Menschliches an sich haben. Das ist einem wirklich tagtäglich gesagt worden. Darum hatte auch jeder eine Höllenangst davor, daß die eines Tages einmarschieren würden. Aber ich muß ganz ehrlich sagen jetzt, bei alledem, wie es auch war, daß die sich auch von einer ganz guten Seite gezeigt haben, als die zu uns reinkamen. Die waren nicht so, wie einem das vorher immer gesagt worden war.

Maria Briesen im Nachkriegs-Dresden; in einem Mantel aus Wehrmachtsdecken

Trotzdem habe ich einmal eine ziemliche Angst ausgestanden in dieser Zeit. Aber das lag mehr an den Umständen als an den Russen. Nach Kriegsende habe ich mir eine neue Wohnung gesucht. Durch meine Tochter war die Wohnung meiner Schwiegermutter zu klein geworden, deshalb wollte ich eine eigene. Ich bekam dann auch eine. Das war die Wohnung eines Nazis, der verschwunden war. Da zog ich nun zusammen mit einem älteren Ehepaar ein. Nun war es ja so, daß damals die Russen jederzeit das Recht hatten, Hausdurchsuchungen durchzuführen, nach Waffen und Munition oder irgendwelchen belastenden Sachen. Hauptsächlich betraf das natürlich die Wohnungen von Nazis. Und wenn die was fanden, fragten die meist nicht lange, wem das nun tatsächlich gehörte oder gehört hatte, sondern hielten sich gleich an die Leute, die sie in der Wohnung antrafen. Als ich in diese Wohnung einzog, bin ich natürlich nicht in jeden Winkel gekrochen, um zu sehen, ob da noch irgendwas Belastendes rumlag. Ich war auch noch nicht lange in der Wohnung, da kamen die Russen auch schon, mit Maschinenpistolen im Anschlag, und durchsuchten alles. Und da hatte ich eine Höllenangst, daß die tatsächlich was finden könnten und dann das mir anlasten würden. Aber sie fanden glücklicherweise nichts.

JOCHEN LEHMANN · GEINRICH GEINE

Als ich aus meiner kurzen, nur wenige Stunden dauernden Gefangenschaft floh, habe ich irgendwo in der Nähe von Prag einen Russen getroffen, der ein wenig Deutsch sprach. Der hielt mich an und erzählte mir mit einer Maschinenpistole unterm Arm von Geinrich Geine, Karaschow. Ich weiß nicht, was soll es bedeuten..., und so weiter.

Ich hatte nie etwas gegen die Russen. Wir haben auch nie Bolschewist oder so was gesagt. Wir nannten sie immer Iwan, und das heißt ja übersetzt Hänschen. Na, jedenfalls, der erzählt mir was von Geinrich Geine, und ich, der immerhin schon ein paar Jahre lang eine deutsche Oberschule besucht hatte, wußte nicht, wer Heinrich Heine ist, ich kannte den Namen überhaupt nicht. Ein Russe war es also, von dem ich das erste Mal in meinem Leben was über einen der größten deutschen Dichter hörte.

Als ich dann am 6. Juni 1945 hier in Berlin ankam, mußte ich mich bei der Behörde melden. Da sollte ich zu Aufräumungsarbeiten rangezogen werden. Ein Junge vor mir in der Schlange sagte, er müsse zur Schule gehen. Da dachte ich, das sagst du auch, und so habe ich mich wieder an der Schule angemeldet, das klappte.

Dort habe ich dann nicht Latein weitergelernt, sondern habe Russisch gemacht, hab darin auch mein Abitur gemacht. Da habe ich Goethes »Wanderers Nachtlied« in der russischen Übersetzung von Lermontow auswendig gelernt, das kann ich heute noch.

THEA WALTER · ZU HERTIE IN DIE KELLER

Wir hatten so wenig zu essen in den ersten Maitagen, wir mußten dringend was beschaffen. Das war für mich besonders schwierig. Andere Leute waren erstens gewitzter und zweitens hatten sie keine kranke Mutter. Jedenfalls wurde sofort angefangen zu plündern. Ich weiß nicht, wo überall ein Lager war mit Mehl oder Butter oder so. Es war ja unbeschreiblich, plötzlich kamen Leute mit einem Sack Mehl an, teilten auch mit den andern. Ich habe deshalb beschlossen, zusammen mit meiner Freundin, wir müssen jetzt auch was besorgen.

Es muß am 7. oder 8. Mai gewesen sein, wir merkten unterwegs plötzlich, daß an allen Ecken und Enden noch geschossen wurde. Wir hatten gedacht, der Krieg ist jetzt zu Ende, der war aber noch nicht überall zu Ende. Wir kamen dann in die Innenstadt, zum Alexanderplatz. Da war das große Hertie-Kaufhaus, und da schleppten die Leute aus den Kellern Schuhe und Klamotten raus und tausend anderes, ich weiß nicht mehr genau, was alles, aber alles Sachen, die wir auch ganz dringend brauchten. Wir fanden das ganz toll und dachten, wenn wir schon nichts zu essen gefunden haben, wollen wir wenigstens Schuhe haben.

Wenn ich mir das heute vorstelle, was haben wir gemacht! Rein zu Hertie in die Keller. Die Keller ohne Licht. Man kann sich ja vielleicht vorstellen, was für Kellergänge so ein Kaufhaus hat – und alles voller Russen. Und wir sind da ganz ohne Argwohn und freundlich runter in diese Keller, und die Russen leuchteten uns sogar noch mit Taschenlampen. Wir sind genauso wieder rausgekommen wie wir reingegangen sind, völlig unbehelligt – allerdings auch ohne Schuhe. Die Erwachsenen waren alle viel schneller als wir, die schnappten uns alles vor der Nase weg, und irgendwann kriegten wir wohl auch doch leise Zweifel, ob das so gut ist, da in diesen dunklen Kellern rumzukriechen.

MARIA BRIESEN · ALLES DUCKTE SICH

Einmal stand ich in einer langen Schlange – wir mußten ja viel Schlange stehen damals – vor einem Lebensmittelladen, da fuhr ein LKW mit Russen vorbei. Die nahmen plötzlich ihre Gewehre hoch und zielten auf uns. Alles duckte sich natürlich und schrie. Wir dachten, warum schießen die jetzt auf uns. Aber die fuhren weiter, die wollten uns nur einen Schreck einjagen.

JOHANNA WREDE · KEIN MENSCHLICHER KONTAKT

Unserem Kanarienvogel gegenüber haben die Russen sich so richtig lieb verhalten. Das war so ein kleines Tier, das uns zugeflogen war. Es hatte nur ein Bein und hockte eines Tages auf dem Bett meiner Schwester. Diesen Vogel fanden die Russen irgendwie nett. Sie brachten ihm Körner, Brot und alles mögliche. Das war eigentlich so das einzige Mal, wo ich sie menschlich erlebt habe. Zu meiner Schwester waren sie allerdings auch nicht boshaft, aber die war ja auch krank.

Als die Potsdamer Konferenz stattfinden sollte, haben die Russen erst mal an den Straßen in Potsdam alle Fenster zugeklebt, und kein Mensch durfte rausgehen, vierundzwanzig Stunden lang. Sie durchsuchten alle Häuser und paßten auf.

JOCHEN LEHMANN · DA WAR DIE SACHE GELAUFEN

Wir haben dann den Einmarsch der Russen auch doch mehr als Eroberung erlebt. Ab Mitte 45 spielte dann ja die amerikanische Armee bei uns die Hauptrolle. Da war es ein Leichtes, all die Ressentiments den Russen gegenüber hervorzuholen. Es sollen ja ähnliche Barbareien passiert sein wie vorher bei den Nazis.

Es ist alles verdrängt worden, was die Russen durch die Deutschen gelitten hatten. Man unterstellte denen nun, sie seien so wie die Nazis. Diese Wahlpropaganda der CDU und auch der SPD in der Adenauerzeit war gegen den Kommunismus gerichtet, das entstand schon zu Beginn, 45. Da war die Sache schon gelaufen, man mußte es den Leuten nur noch oft genug einreden.

THEA WALTER · SCHRECKENSMELDUNGEN

Im folgenden Winter fuhr ich oft mit meiner Mutter raus aus Berlin, um Brennholz zu besorgen. Wir fuhren immer dieselbe Strecke, wir hatten eine Akazie entdeckt, von der wir dann immer was abhackten.

Einmal fuhren wir also mit unserem Sack mit dem Akazienholz, und es waren auch immer Russen in den Zügen. Und da bietet ein russischer Offizier in gutem Deutsch meiner Mutter den Platz an und erkundigt sich, was sie denn habe. Ich hab mich gar nicht richtig getraut, mit dem eine Unterhaltung zu führen, aber ihm dann alles erzählt. Schließlich sagte er, sie hätten ein Lazarett bei Potsdam, an und für sich nur für Russen, aber er könnte das eventuell vermitteln, daß meine Mutter da noch mal untersucht würde. Er müßte aber jetzt nach Buch fahren, dort sei er stationiert.

Und dann kam der Clou. Er sagte, er würde abends zurückkommen, und wir sollten ihm unsere Adresse geben. Er könnte dann aber nicht weiterfahren abends, er müßte bei uns übernachten. Da haben wir natürlich einen großen Schreck gekriegt und haben hundert Ausreden gehabt, die Wohnung sei zu klein, und so. Das machte ihm aber gar nichts, er wäre gewohnt, auf der Erde zu schlafen. Wir versuchten weiter, ihn abzuwimmeln, weil uns das alles nicht ganz geheuer war. Schließlich sagte er, es tut mir sehr leid, daß ich Ihnen nicht helfen kann, aber wenn Sie mir kein Vertrauen entgegenbringen, kann ich es auch nicht. Am Bahnhof Börse stieg er dann aus.

Ich hab hinterher lange darüber nachgedacht. Ich bin später doch zu der Meinung gekommen, daß der das ehrlich gemeint hatte. Das

mit der Übernachtung war natürlich kurios, denn das durften die gar nicht, bei der Zivilbevölkerung übernachten.

Durch diesen merkwürdigen Vorfall fing ich eigentlich an, darüber nachzudenken, wer sind diese Russen eigentlich? Wenn ich nun alle diese Schreckensmeldungen hörte auf der einen Seite, und dann persönlich solche Erfahrungen hatte.

Wir hatten noch Verwandte in Mecklenburg und wußten, daß die Lebensmittel hatten, daß es denen etwas besser ging. Es gab eben draußen mehr. Und die hatten gesagt, wenn ich käme, könnte ich was mitnehmen. Regelmäßige Post gab es damals nicht, ich kann jetzt gar nicht sagen, wie wir das erfahren hatten.

Ich bin mit einem Milchlastwagen mitgefahren bis Stavenhagen, und da fuhr der nun nicht weiter, da war die Molkerei. Nun hatte ich aber noch so zwölf oder fünfzehn Kilometer bis nach Malchin. Viel zu tragen hatte ich nicht, da bin ich also losgelaufen. Und als ich ein Stück gegangen bin, kommt ein PKW an mit russischen Offizieren. Die hielten an... ich war sowieso ganz allein, auf der einen Seite war der Wald, auf der andern Felder... und fragten mich, wo ich hin wollte. Sie nahmen mich dann mit. Unterwegs fragten die mich, wie es in Berlin ist. Und ich hab gedacht, ich werd mal sagen, wie gut alles ist, hab das also so gesagt. Dann fragten die, ob es genügend zu essen gibt. Als ich dann sagte, nein, fragten die, warum ich dann eigentlich sage, daß alles gut ist.

Die haben mich also bis Malchin mitgenommen und haben mich da freundlich verabschiedet. Meine Tante fiel bald in Ohnmacht, als ich erzählte, wie ich angekommen bin. Die hatten wahnsinnige Angst, die hatten den Russeneinmarsch in der Stadt erlebt, und es war wirklich keine Frau da verschont geblieben. Und als die nun hörten, ich komm da aus Berlin und seh mich überhaupt nicht vor und fahr mit denen im Auto mit, das war für die unbegreiflich, auch später noch, die haben jahrelang davon geredet.

Auf dem Rückweg bin ich dann wieder mit dem Milchauto gefahren. Unterwegs wurden wir angehalten, ein paar Russen wollten mitfahren. Das passierte damals öfter. Die stiegen also auf. Da war noch eine ältere Frau mit drauf, jedenfalls, der eine Russe vermutete, die wäre meine Mutter. Er sprach sie an, er konnte Deutsch, der wollte handeln, ob ich zu verkaufen bin. Ich hab gedacht, ich höre schief. Der hat gesagt: Mütterchen, ich deine Tochter sehr lieben. Wieviel willst du? Die Frau hat ganz ernsthaft darauf geantwortet. Wir hätten uns auch nicht getraut, da eine komische Antwort zu geben. Und irgendwann mußten die dann auch aussteigen.

Übrigens habe ich in dieser Zeit auch mal angefangen, Russisch zu lernen, in der Volkshochschule, und da besinne ich mich auf eine Sache, die ich ganz schön grotesk fand. Man wollte uns erzählen, daß die Russen an und für sich nicht gerne Alkohol trinken, daß das also eine deutsche Lüge sei. Und das war so umwerfend, weil wir das ja nun alle erlebt hatten, wie die soffen. Das konnten die uns nun tatsächlich nicht erzählen, daß der Russe keinen Alkohol liebt. Man versuchte da so ein Bild vom russischen Menschen aufzubauen, das nun wirklich nicht stimmte.

MICHA EVERS · KAISERDAMM, HOCH UND RUNTER

Als ich in Berlin ankam, sind die Engländer und Amerikaner gerade in die neugebildeten Westsektoren eingezogen.

Da erinnere ich mich noch an die Parade der Engländer, die auf der einen Seite des Kaiserdamms Richtung Funkturm zogen. Auf der gegenüberliegenden Straßenseite rückten die Russen in Richtung Tiergarten ab. Die Russen hatten eine ganze Menge Wagen dabei, auf denen sich allerlei Zeug befand, das irgendwo requiriert worden war. Die zogen da so ab, als ob sie vom Großeinkauf gekommen wären, das sah alles nicht sehr militärisch aus. Aber auf der anderen Straßenseite, da blitzten die englischen Uniformen, und mit allem Trara zogen die in Jeeps, fein geputzt, mit weißen Handschuhen, den Kaiserdamm hoch.

Wir standen am Straßenrand, und ich sehe heute noch vor mir, wie ein englischer Offizier seine halbgerauchte Zigarette auf den Bürgersteig schnippste, und sich einige Frauen um diesen Stummel stritten.

JOHANNA WREDE · HERRLICH GEPFLEGT

Im Juli zogen dann auch die Amerikaner durch Potsdam nach Berlin. Ich hatte ja schon die russische Besatzung einmarschieren sehen.

Und eines Tages war es also wirklich wahr. Da kamen auf herrlich gepflegten Lastwagen, in straff sitzenden Hosen die Amerikaner bei uns am Balkon vorbei. Wir haben gedacht, das kann doch nicht wahr sein, daß es solche wohlgenährten und gepflegten Menschen noch gibt.

Von der Stunde an haben meine Schwester und ich gesagt, wir wollen wieder nach Berlin. Meine Eltern zögerten, weil sie hier nun gerade ein Stückchen Wohnung hatten und nicht wußten, was sie in Berlin erwartete. Meine Schwester und ich aber wollten unbedingt weg von den Russen und hin zu den Amerikanern.

RUTH WERGAU · ZIEMLICH GESPANNT

Als Berlin dann in vier Sektoren eingeteilt wurde, waren wir alle ziemlich gespannt, wo wir nun hingehören würden. Bei uns wurde das dann amerikanischer Sektor, aber davon haben wir zunächst nicht viel gehabt. Die ersten Amis, mit denen wir Kontakt hatten, waren ziemlich rabiat, die haben uns alle für verkappte Nazis gehalten. Die wollten mit uns überhaupt nichts zu tun haben. Für uns war das erst mal enttäuschend, denn wir freuten uns natürlich darauf, nicht mehr unter russischer Besatzung leben zu müssen.

Mit den Russen hatten wir uns inzwischen wunderbar arrangiert. Da sind viele Tauschgeschäfte gelaufen, das hat uns ganz schön über Wasser gehalten. Als dann die Amis da waren, war mit dem Tauschen erst mal Schluß. Aber das dauerte nicht lange, dann haben wir auch mit denen so einen kleinen Schwarzmarkt am Görlitzer Bahnhof aufgezogen.

GERDA SZEPANSKY · EINFACH ZU MACHEN

Als die Alliierten Berlin übernahmen, als also die vier Sektoren gebildet wurden, mußten in den Straßen deren Fahnen aus den Häusern gehängt werden. Die mußten wir natürlich selber herstellen. Jeder wollte nun die sowjetische Fahne nähen, nicht etwa aus Sympathie, sondern weil die einfach zu machen war. Die Leute nahmen bloß die alten Hakenkreuzfahnen, trennten das Hakenkreuz raus und pappten irgendwie Hammer und Sichel in eine Ecke, fertig war die sowjetische Flagge. Das war natürlich einfacher als der Union-Jack oder gar die Stars-and-Stripes. Auf uns fiel das Los, die britische Fahne zu nähen, da waren wir angeschmiert.

Der Wohnblock, in dem ich mit meinen Eltern wohnte, wurde von den Amerikanern beschlagnahmt. Wir hatten die Wohnung erhalten, weil wir ausgebombt waren und mein Vater da in Tempelhof arbeitete. Früher hatte ein Schriftleiter der Goebbelsschen Zeitschrift »Das Reich« drin gewohnt. Als nun die amerikanische Besatzungsmacht kam, hat man uns trotz der freundlichen Fahnen, die wir rausgehängt hatten, mitgeteilt, daß dieser Block für die Soldaten beschlagnahmt werde.

Im Keller, der zu unserer Wohnung gehörte, lagerten aus Zeiten dieses Nazi-Schriftleiters noch eine Menge Bücher. Nicht nur Nazi-Literatur, sondern auch vieles aus der Weimarer Republik. Als ich mitkriegte, wie uns gegenüber die Amerikaner schon einzogen und alles, was sie nicht gebrauchen konnten, zusammentrugen und ansteckten, und es wurden auch viele Bücher verbrannt, bin ich zu einem der Soldaten hin. Ich habe gefragt, ob ich meine Bücher mitnehmen könnte. Er hat mir nur einen Vogel gezeigt, aber ein anderer ist dann mit mir in den Keller gegangen, und ich habe so viele Bücher weggeschleppt wie möglich.

Wir wurden dann in eine zerstörte Wohnung in Mariendorf eingewiesen. Die Bücher habe ich heute noch. Da sind welche dabei von russischen Autoren, auch von Heine, Goethe, sogar eins von Wilhelm Liebknecht, also vieles, was eigentlich verboten gewesen war in der Nazi-Zeit.

KARL SCHADE · ALLES ERLAUBT

Die Tommys, die uns bewacht haben, in Wastade und dann bei unserer Arbeit auf Hohenfels, waren ganz schwer in Ordnung. Hohenfels war ein ehemaliges Munitionslager, aus dem wir jetzt die Munition raus- und dafür das ganze Zeug vom Engländer reinschleppten, Klamotten, Farbe, Seife und so was. Das wurde also jetzt ein Depot für solche Sachen.

Also, wie gesagt, die Engländer waren prima. Die haben uns öfter Zigaretten geschenkt und manchmal auch was zu essen. Wir konnten uns bei denen mit in die Bude setzen, die haben sogar mit uns Karten gespielt, *17 und 4*, um Geld, das haben die alles mitgemacht. Und schon in Wastade konnten wir Fußballspiele austragen, Luftwaffe gegen Infanterie, Pioniere gegen Artillerie, das haben die uns alles erlaubt. Das waren ja größtenteils auch Fußballfans. In Lühnde, wo wir dann wohnten, sind wir auch nicht kontrolliert worden. Wir konnten uns frei bewegen. Aber wir haben immer Angst gehabt, haben immer in Angst gelebt die ersten Jahre, daß mal eine Kontrolle sein würde und dabei rauskäme, was wir alles klauten auf Hohenfels.

Schlimmer als die Engländer waren für uns die freigelassenen Kriegsgefangenen und Fremdarbeiter. Hohenfels beispielsweise wurde auch von Jugoslawen bewacht, vor denen mußte man sich höllisch in acht nehmen und durfte sich bei nichts erwischen lassen. Die konnten ganz schön gemein werden, die hatten ja auch einiges mitgemacht.

JOHANNA WREDE · EIN DORN IM AUGE

Als wir nach Berlin zurückkamen, fanden wir das herrlich, bei den Amis zu sein und nicht mehr bei den Russen. Die Amis hatten ja auch vieles nicht nötig, was die Russen machten. Die bekamen eben freiwillig, was sie brauchten.

Ich persönlich habe über die Kirche viel Gutes von den Amerikanern erlebt. Ich habe damals einen Kindergottesdienst geleitet. Da kam mal ein amerikanischer Kaplan zu uns und hat uns von da an

»Fraternisieren« in Berlin-Treptow: Amis und »Frolleins«

viel geholfen. Er hat Süßigkeiten, Kleidungsstücke und so besorgt. Wenn wir was brauchten, konnte er sich das ja einfach aus Amerika schicken lassen. Er hielt jeden Sonntag in der Lichterfelder Dorfkirche einen Gottesdienst für Amerikaner und Deutsche. Da war es dann bald so überfüllt, daß er damit in die große Kirche in Lichterfelde umziehen mußte. Mitte 47 wurde er plötzlich nach Amerika zurückberufen, wegen Verstoßes gegen das Fraternisierungsverbot. Er war wohl einigen Amis ein Dorn im Auge mit seinen guten Kontakten zu den Deutschen.

Der Mann war für uns eine absolute Ausnahmeerscheinung gewesen. Er trat uns völlig vorurteilsfrei entgegen, dadurch habe ich die Amerikaner von dieser guten Seite kennengelernt.

CHRISTEL SCHNEIDER · SCHON GANZ ANDERS

Und dann hieß es plötzlich, Berlin ist aufgeteilt in vier Sektoren, und im Bezirk Tiergarten sitzt der Engländer. Alle Leute, die wieder zurück wollen, sollen so schnell wie möglich sehen, daß sie wieder da hinkommen. Und dann hieß es sogar, ihr *müßt* wieder zurück.

Meine Mutter fuhr dann nach Berlin und kam und kam nicht wieder. Ich heulte ständig, und die Frau des Sargtischlers quälte mich zusätzlich, indem sie immer sagte, deine Mutter kommt nicht wieder zurück. Es war schrecklich für mich.

Schließlich kam sie aber doch wieder und erzählte, jetzt geht es zurück nach Berlin, da sitzen die Engländer, und auf dem Rathaus ist es schon ganz anders. Die Engländer ließen die reinen Kommunisten wohl nicht mehr in der Verwaltung, die ja die Verfolgung von Leuten, die in der Nazizeit was gewesen waren, besonders scharf betrieben hatten. Unter den Engländern lief das alles dann viel lascher. Hauptsache: Geld. Wer viel Geld hatte, ging da hin, gab zwei-, dreihundert Mark ab und war kein Nazi mehr. Die kriegten einen Stempel und waren entnazifiziert. Manche arbeiteten das auch ab, ich hatte eine Tante, die arbeitete das als Trümmerfrau ab.

IRMA SCHADE · VON ALLEM WAS

Wir haben hier mit den Engländern direkt nicht viel zu tun gehabt. Nur die Kinder, die haben sie beschenkt, mit Schokolade und allem, die hatten ja von allem was. Zu denen waren sie wirklich nicht häßlich, die haben sie in rauhen Mengen beschenkt, auch mit Bonbons. Die waren ganz ordentlich. Nur die, die eben hier sich in irgendwelchen Häusern einquartiert hatten, haben teilweise eine ganz schöne Wirtschaft hinterlassen.

JOHANNA WREDE · UNSERE FREUNDE

Mit der Blockade kamen, wenn auch sehr knapp, das erste Mal wirklich gute Lebensmittel zu uns. Denn die Amerikaner brachten natürlich nicht verfaulte Kartoffelschnitzel, sondern die hatten so eingeweckte Kartoffeln, wie man sie heute noch kaufen kann. Die Amis waren auch nicht dumm, die waren von da an eben unsere Freunde. Eigentlich erst seit dieser Zeit haben wir die Amerikaner wirklich gern in unserer Stadt gesehen. Die haben eben die Luftbrücke durchgeführt.

Auf die Idee, sich im Ostsektor Lebensmittel zu holen, ist aus meinem Bekanntenkreis kein Mensch gekommen. Wir wollten uns nicht freiwillig in so eine Abhängigkeit begeben. Wir dachten, umsonst geben die uns nichts, und wir wollten ja auch nicht kommunistisch sein. Wir waren uns da alle einig, wir haben oft gesagt, wir wissen nicht, wofür wir sind, aber wir wissen, wogegen wir sind. Eben gegen diese Art von Kommunismus, der uns begegnet war, nach dem Motto: und willst du nicht mein Bruder sein, schlag ich dir den Schädel ein. Wir haben dann auch immer gesagt, der Hitler hat sich das alles von denen abgeguckt, die ganzen Methoden, daß man vor Angst zitterte, wenn es klopfte. Mit einem Wort, wir wollten nicht mehr in Unfreiheit leben. Wir hatten ja solche Situationen auch von Kind an erlebt, daß man immer Angst haben mußte, gleich passiert was, wenn du mal den Schnabel aufmachst.

Andererseits, als damals eine Freundin in die USA ging, fanden das viele auch furchtbar. In ihren alten Briefen, da schreibt sie über Amerika so, wie wir heute vielleicht Berlin erleben, also die Selbstbedienungsläden, und so.

Ich hab in der Zeit als Studentin mal in so einem Ami-Club gearbeitet: die Ketchup-Soße über jedem Essen, und daß die so viel weggeworfen haben – ich fand das makaber, daß man mit guten Sachen so umgeht. Also, diesen *american way of life* fand ich kulturlos ...

MARLIES SCHADE · DAS WAR ES EIGENTLICH SCHON

Hier in Lühnde hat man von den Engländern kaum was gemerkt. Die sind, wie gesagt, hier durchgezogen, haben so eine Kommandantur eingerichtet, und das war es eigentlich schon. Ich habe von denen praktisch nichts gemerkt, ich hatte nichts zu tun mit denen, ich war ja auch erst fünfzehn.

Aber mein Vater hatte mit denen zu tun, der hatte im Krieg in der Munitionsfabrik gearbeitet, auf Hohenfels, als Magazinverwalter.

Mein Vater war ja Nazi gewesen, der war vor 33 schon in die Partei eingetreten. Und nach Kriegsende haben meine Eltern natürlich geschwitzt, was da jetzt passieren würde.

Eines Tages mußten alle Arbeiter antreten auf Hohenfels, und der englische Kommandant da hat gefragt, wer von denen in der Partei war. Keiner ist in der Partei dringewesen, nur mein Vater. Und der trat nun vor und sagte: Hier, ich. Diese Ehrlichkeit hat dem Kommandanten so imponiert, daß er ihn sofort zum Vorarbeiter gemacht hat. Also, er hat viel Glück gehabt dabei, das hätte auch schiefgehen können.

KARL LÜHNING · NUR VOM BESTEN

Als ich also hier angekommen war, wollte ich gerne arbeiten, als Friseur. Aber womit? Ich besaß nichts, absolut nichts. Ich begann nun durch Berlin zu latschen, ziellos, auf der Suche nach Arbeit und Holz und Kohlen. Und eines Tages kam ich auch in die Stresemannstraße. Hier hatte es den Anhalter Bahnhof gegeben und das »Excelsior«, das größte Hotel Europas, und es lag jetzt fast alles in Trümmern. Um diese Zeit, im September, waren die Fahrbahnen praktisch aller Straßen in Berlin schon von Trümmern geräumt, die Gehsteige noch nicht. Vom Anhalter Bahnhof stand nur noch das Gerippe und ein Teil vom Portal, aber daneben standen noch einige Gebäude, und an einem hing unten an einem Laden ein Schild: *Friseur gesucht*. Das war Anfang Oktober.

Ich hab mich da also vorgestellt, und den Laden hatte ein alter Kollege, der dreiundzwanzig Jahre Friseur im Hotel Excelsior gewesen war. Der hatte dort Fürsten, Grafen, Barone bedient, und auch den Dr. Ley, den Führer der Arbeitsfront, der ist oft, besoffen und nur in Unterhosen, brüllend durch die Gänge gerannt. Ich fing dann dort an. Die Kundschaft bestand zum großen Teil aus Ausländern, Staatenlosen, Schiebern und Schwarzhändlern. Der Anhalter Bahnhof war nun nicht unbedingt ein bevorzugter Platz für Schieber, aber wo Amis waren, waren auch Schwarzhändler.

Das hat gar nicht lange gedauert, dann sollten wir raus aus diesem Haus, weil die Amerikaner da rein wollten. Die haben uns aber schnell zurückgeholt, weil sie Friseure brauchten. Auch die Reste vom »Excelsior«, die noch standen, waren voll mit Amis belegt. Die haben noch die letzten Teppiche aus den Gängen verschoben und zu Geld gemacht. Das waren überhaupt dolle Geschäftemacher, die Amis. Wenn die bei dir einen Ring gesehen haben oder so was, haben sie dir sofort eine Stange Zigaretten dafür geboten. Aber weggenommen haben sie einem nichts, da habe ich nur einen einzigen Fall erlebt, wo das mal passierte. Die sind ja hier auch unter ganz anderen Bedingungen reingekommen als beispielsweise der Russe. Sie sind hier nicht kämpfend reingekommen, als kämpfende Sieger. Die Russen haben ja Berlin erobert, die Amis kamen erst später rein. Aber trotzdem haben sich viele von denen wie Sieger benommen, recht rüpelhaft.

Angst hatte ich allerdings nie vor denen. Die Russen und die Amis haben sich fast alle erst mal als Sieger gefühlt damals und haben uns Deutsche für kulturlos gehalten. Sie dachten, sie sind uns kulturell weit überlegen.

Jetzt waren wir also Friseure bei den Amis. Wir bekamen nichts zu essen von denen, aber die mußten bezahlen und gaben auch Trinkgelder, meistens Zigaretten, und das war wichtig. Ich habe in der Woche 50 Mark verdient, das war schon ganz schön viel für die Zeit damals, aber es reichte trotzdem hinten und vorne nicht, weil die Preise ja immens hoch waren. Nun habe ich aber täglich rund acht Zigaretten Trinkgeld gekriegt, und eine Zigarette war 10 Mark wert. Da hatte ich also jeden Tag 80 Mark zusätzlich zu meinen 50 wöchentlich. Da konnte ich mir für 600 Mark einen Zentner Kartoffeln kaufen.

Und Weihnachten 45 habe ich für 50 Mark – ein Wochenlohn! – 50 Gramm Cadbury-Schokolade vom Ami für meine Frau als Weihnachtsgeschenk gekauft. Als ich Heiligabend auf dem Weg nach Hause war, stand vorne in der Stresemannstraße einer mit Tannenzweigen, die hat er gegen gewöhnliches Geld verkauft. Da hab ich ein paar gekauft, und ein paar Kerzenstummel hatten wir noch. Ich kam also mit Cadbury-Schokolade, Tannenzweigen, Bohnenkaffee und Zigarettenkippen zu Hause an.

Die Kippen hatte ich immer reichlich, weil die Amis die bei mir im Aschenbecher natürlich liegen ließen, wenn ich sie bediente. Ich kam da also ganz bequem ran. Andere Leute sammelten die ja auf der Straße auf. Wo ein rauchender Ami lang ging, da schlichen Leute hinterher. Da spielten sich manchmal dolle Szenen ab, die Deutschen prügelten sich regelrecht um diese Kippen. Es gab dann auch Amerikaner, die sich einen Spaß daraus machten und ihre Kippen ganz genüßlich zertraten, so daß sie nicht mehr zu gebrauchen waren.

An meinen Bohnenkaffee kam ich folgendermaßen: Die Amis im Hotel bekamen jeden Morgen und jeden Abend einen Riesenbottich voll mit frischem, dampfendem Kaffee, und da blieb immer viel übrig. Diese Reste füllte ich in solche Literbehälter, in denen Friseurseife gewesen war, und trug die nach Hause. Oft brachte ich da vier Liter an, vier Liter Bohnenkaffee zum Aufwärmen! Das war eine ungeheure Sache, wer hatte denn so was damals! Und dann kamen immer die ganzen alten Tanten aus der Nachbarschaft und fragten, ob wir nicht mal wieder ein Täßchen Kaffee für sie hätten.

Auch andere Sachen fielen für uns ab, die Amis hatten ja wirklich nur vom Besten. Haarwasser, After Shave, Shampoo, und so weiter. Aber die konnten sich auch fürchterlich anstellen. Ich hab irgendwann mal ein Stück Seife mitgenommen, das einer auf der Toilette hatte liegenlassen. Das war eine Seife, die kostete lumpige 5 Cent. Und daraufhin ließen die das gesamte Personal des Hotels antreten, wollten wissen, wer das gewesen war – natürlich meldete ich mich nicht – und drohten, wenn das noch mal vorkäme, würden sie das Personal austauschen. Und das wegen 5 Cent!

KARL SCHADE · ENTLASSEN LASSEN

Mitte 47 wurden wir nach Göttingen verlegt. Dort kamen wir in Kasernen und fuhren nur noch am Wochenende nach Lühnde, einige von uns hatten sich da ja inzwischen verlobt oder waren sogar schon verheiratet.

In Göttingen mußten wir Straßen ausbessern und bauen. Ich war zuerst beim Vermessungstrupp und mußte dann auch mit Steine schleppen und schippen. Als wir mit dieser Arbeit fertig waren, konnten sich die, die das wollten, entlassen lassen. Die andern wurden fest angestellt und haben auch Geld verdient, und das nicht schlecht.

Ich hab mich aber entlassen lassen, bin nach Munster ins Lager gegangen, habe dort drei Tage gelegen, meine Entlassungspapiere gekriegt und 40 Mark Entlassungsgeld. Danach bin ich dann nach Lühnde zurückgegangen.

Einige von uns haben sich wegen des Entlassungsgeldes und der warmen Mahlzeiten, die es im Lager gab, ein paarmal durch das Lager schleusen lassen, die wurden drei- oder viermal entlassen.

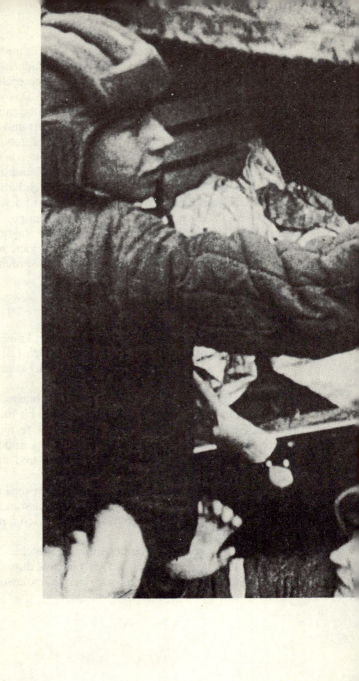

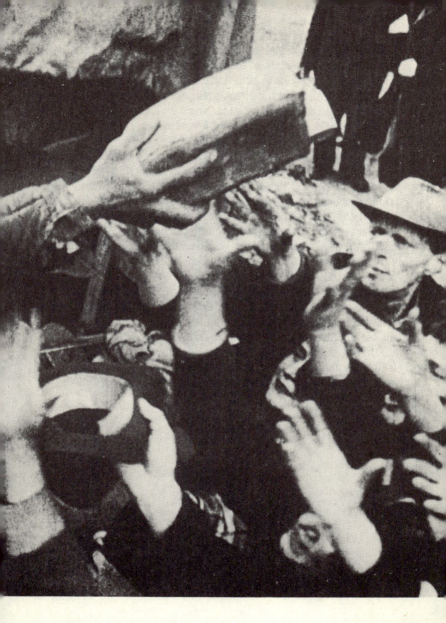

4
Was Menschen brauchen

Was wurde nun wichtig, was brauchten die Menschen, als der Krieg vorbei und die Sieger nicht so schlimm waren wie befürchtet?

Als wir die Gespräche begannen, hatten wir als Quintessenz dieser Jahre im Kopf: alle waren hungrig, krempelten aber sofort die Ärmel hoch und gingen daran, wieder aufzubauen, was durch zwölf Jahre NS-Herrschaft in Schutt und Asche gelegt worden war. Doch was wir hörten, klang anders.

Heute könnte man denken, mit dem Kriegsende wäre das Zittern vorbei gewesen. Doch für viele begann es jetzt erst richtig. Und setzte ungeheure Kräfte frei, den Willen zum Überleben, ohne den man noch Jahre danach an den Folgen des Krieges krepiert wäre. Widerstand: Organisieren, hamstern, klauen – mancher versuchte fast trotzig, die Überlebensmoral von damals vor seiner saturierten Moral heute zu rechtfertigen. Aber mit heutigen Moralvorstellungen kann man das alles in der Tat nicht messen. Wer sich mit dem begnügte, was ihm offiziell zugeteilt wurde, dem blieb nur Verhungern oder Erfrieren.

Vieles lag dicht beieinander: Leben und Tod, Würde und Erbärmlichkeit, Einsichten und Verbohrtheiten, Solidarität und Egoismus. Für die Mehrzahl blieb da nur wenig Zeit zum Nachdenken, und: die Geschäftigkeit des Überlebens half sicher auch, denn sie erleichterte das Vergessen. Elementarer Hunger, der einen ausfüllt von oben bis unten – ein Gefühl, das die meisten von uns, die nach 45 geboren sind, so nicht kennen – läßt wohl oft nur wenig(en) Raum für andere Gedanken.

IRMA SCHADE · HOLT EUCH WAS

Direkt nach dem Ende wurde irgendwie bekannt, daß es in Ummeln ein großes Lager gab mit allem möglichen Zeug. Wir standen vorm Haus, und irgendeiner kam vorbei und sagte, Mensch, fahrt da hin und holt euch was.

Mein Mann glaubte immer noch daran, daß wir den Krieg gewinnen. Der sponn noch immer herum, dabei war schon alles zu Ende. Er sagte: Nachher kommt es doch noch anders. Ich sagte: Überall hängen die weißen Fahnen, glaubst du noch an den Weihnachtsmann? Alle holen sie was, und ich soll da nicht hingehen? Du kannst mich mal gern haben, andere gehen, dann geh ich auch.

Inzwischen kamen andauernd Leute mit Säcken und Kisten bei uns vorbei, und wir hatten so viele Sachen so dringend nötig. Ich

hab mir also mein Fahrrad geschnappt und bin damit nach Ummeln. Und als ich da ankam, war da ein Rädermeer. Ich hab gedacht, mein Gott, wie machst du das nun, findest du dein Rad überhaupt wieder? Ich stellte das dann irgendwo da hin, und tatsächlich, als ich wiederkam, war es weg! Da hab ich mir dann das schönste rausgesucht und bin damit nach Hause.

Ich bin dann aber erst in dieses Lager, und am Tor stand der Wachmann an einem Regentuppen und hat sich das Gesicht abgewaschen. Der hat mir leid getan. Die Leute aus Ummeln wußten von diesem Lager, und als alles zu Ende war, sind sie mit Pferdewagen hin und wollten plündern. Aber dieser Wachmann stand davor und wollte nicht aufmachen. Den haben sie dann total vertrümmert und verhauen, das ganze Gesicht war geschwollen, der konnte kaum noch aus den Klüsen gucken. Ich seh den heute noch am Regentuppen stehen, das Taschentuch immer ins Wasser und sein Gesicht gekühlt. Ich sagte zu dem, warum haben Sie denn nicht aufgemacht und lassen sich erst so kaputt kloppen? War meine Pflicht, ich durfte nicht, sagte er. Er hätte keinen Befehl gehabt aufzumachen. Da haben sie ihn also verhauen, ihm die Schlüssel weggenommen und aufgemacht. Und dann ist da geräubert worden, mein lieber Mann, da ist was rausgekommen.

Da gab es alles, was du dir überhaupt denken konntest. Schnaps von allen Sorten, Sekt, Zeug, Bettwäsche, Mäntel, Hüte, Anzüge, Handtücher, und, und, und.

MARLIES SCHADE · DIE BESTEN SACHEN

Unmittelbar danach war auch die Sache mit den Lagern. Ringsum gab es welche, in Ummeln, in Sarstedt. In einem gab es Bekleidung und Spirituosen, in Sarstedt gab es Schuhe, und in einem andern Lager gab es Seife und so was. Meine Mutter ist dann ein paarmal nach Ummeln, und ich war auch mal mit.

Da sind die Bauern hin mit Pferdewagen und haben Wagenladungen voller Klamotten weggeholt, lauter Sachen, die man nirgends kriegte zu der Zeit. Wir sind zuerst zu diesen Wagen hin und haben uns da die besten Sachen rausgesucht. Nachher waren die aber so schlau, daß die jemand dabei stehen ließen, da konnten wir dann nicht mehr ran.

Wir sind dann selbst ins Lager gegangen und haben da Sachen rausgeholt, vom Wintermantel angefangen bis zu Bettwäsche und Wolldecken. Jedenfalls sind uns erst mal die Augen aufgegangen, was es alles noch gab, was da so alles lagerte, wovon kaum einer was wußte, wir zumindest nicht.

IRMA SCHADE · VOLL MIT KLAMOTTEN

Einmal ist mein Mann mitgewesen. Ich sag zu ihm, geh du in den Keller, da liegt Futterseide, ich geh nach oben. Wenn ich meine Säcke voll habe oben, ruf ich, dann schmeiß ich sie runter, und du kannst sie zu den Fahrrädern bringen. Ich bin also in den ersten Stock hoch, mit Mühe, die ganze Treppe lag voll mit Klamotten. Man mußte richtig hochkriechen. Als ich meine Säcke voll hatte, bin ich ans Fenster, und da stand er auch schon unten. Ich hab die Säcke runtergeschmissen, und er ist damit zu den Rädern gegangen. Ich bin dann die Treppe wieder runtergerutscht und auch raus. Ja, und was war? Als ich zu den Rädern kam, fragte ich ihn, wo hast du denn deine Säcke? Er: Ich hab alles dagelassen.

Scheiße die Wand lang! Da hat er ein paar Ballen Futterseide gehabt, die waren mit einem Bindfaden zusammengeschnürt, der hat ihm in die Finger geschnitten. Er war schon wieder halb raus aus dem Keller, da hat er alles stehen und liegen lassen. Einen Kasten Sekt hatte er, den ihm jemand vor die Füße gestellt hatte. Ich sagte, mein Gott, ob ich dich mitnehme oder klappe mir mit der Hand vorn Arsch. Ich fahr nach Hause, sagte er, scheiß was.

MARLIES SCHADE · TAUSCHEREI

Danach ging dann die große Tauscherei los. Du hast in dem Lager ja nicht groß geguckt bei den Sachen, passen sie oder passen sie nicht. Du hast einfach nur reingestopft in den Sack. Und wenn du wieder hier warst, hat die Hälfte nicht gepaßt. Aber wir konnten uns trotzdem neu einkleiden, das war wichtig, weil es damals ja nichts gab, auch nicht auf Bezugsscheine. Die waren oft nur wertloses Papier.

Mit dem, was nicht paßte, haben wir also getauscht. Da kamen dann die Leute, die Schuhe gekriegt hatten oder Seife und was anderes dafür haben wollten. Da war man unheimlich großzügig, da gab es einen Wintermantel für ein Paar Schuhe, oder zehn Stück Seife für ein Paar Schuhe, und so ging das immer hin und her mit der Tauscherei.

IRMA SCHADE · EINE EINZIGE

Der Sekt ist uns dann auch noch geklaut worden. Ich hab die Flaschen unten in einen Handkarren gepackt und hab Mist drübergetan. Wenn die mich mit diesen Pullen auf der Straße getroffen hätten, hätten die mich ja einkassiert. Ich bin mit dem Handwagen zu unserm Garten gefahren, habe zwischen den Himbeeren ein großes Loch gemacht und da ein paar Flaschen reingetan. Ein paar Flaschen habe ich im Komposthaufen versteckt und ein paar unterm Fußboden unserer Bude. Und als ich die irgendwann wiederholen will, sind die alle weg.

Eine Flasche habe ich gerettet, eine einzige habe ich noch unter dem Fußboden gefunden. Ich wollte die zum Tauschen benutzen, und irgendwer hatte mir die jetzt alle geklaut.

Vor unserm Haus hier hatte ich noch welche in den Regentuppen geschmissen, die waren auch weg. Wer die da rausgenommen hat, weiß ich auch nicht.

THEA WALTER · ALLES VERDORBEN

Kurz nach Kriegsende war ich mit meiner Mutter einmal unterwegs, um eine Tante zu besuchen. Und so beim Bethanien-Krankenhaus rannten die Leute plötzlich schwer bepackt mit Taschen.

Da erfuhr ich, daß da ein riesiges Kühlgebäude war, voll mit eingefrorenem Obst und Gemüse. So was kannten wir damals überhaupt nicht. Heute hat das ja jeder in seiner Tiefkühltruhe, aber damals hatten wir ja noch nicht einmal Kühlschränke.

Und die Leute kamen da mit vollen Taschen raus. Ich wollte da nun auch was holen und stellte deshalb meine Mutter erst mal an eine ruhige Stelle, wo sie niemand umrannte, man sah ihr nämlich nicht gleich an, daß sie blind war.

Dann bin ich in dieses Gebäude gegangen, und die Leute rannten da treppauf, treppab, und ich bin auch nach oben. Und da haben sie mir auch schon gesagt, ich müßte aufpassen. Wenn die Pakete schon weich sind, sind sie verdorben.

Ich hab Riesenhallen in Erinnerung. Hab mir da was rausgesucht, Erbsen und Erdbeeren. Als wir es dann zu Hause hatten, war nichts mehr genießbar davon. Alles war verdorben, wir konnten es nur noch wegschmeißen.

Aber ich möcht mal wissen, wozu das da gelagert war. Die Bevölkerung hat davon jedenfalls nichts gesehen, wir kannten solche tiefgekühlten Sachen überhaupt nicht.

RUTH WERGAU · EMPFINDLICHE SINNE

Auf dem Görlitzer Bahnhof hatte die Reichsbahn viele Mitropa-Speisewagen abgestellt. Die waren voll mit Lebensmitteln. Als dann die deutschen Bewacher weg waren, haben wir da die herrlichsten Sachen rausgeholt. Unser Opa organisierte ein ganzes Faß Butter, die wurde dann brüderlich zwischen allen geteilt. Da haben alle im Haus immer zusammengehalten.

Bei dem, was wir aus den Wagen rausholten, waren auch Piccolo-Flaschen dabei, jede Menge. Wir haben ein richtiges Mieterfest veranstaltet, und die dicke Anita hat für uns alle Pfannkuchen gebacken. Die waren so voller Butter, daß mir fast übel wurde. Die Reste wurden unter alle verteilt, das war selbstverständlich. Aber das betraf nur unser Haus, wehe, es wäre ein Fremder gekommen und hätte was haben wollen, den hätten wir weggescheucht.

Ich weiß aber auch noch, daß wir einmal was für uns behalten haben. Das war so im Juli 45, da schickte uns eine Tante mit irgendwelchen Leuten eine Kiste mit zwei lebenden Gänsen nach Berlin. Als die Kiste bei uns in der Küche stand, jammerte die Oma: Was soll ich denn jetzt machen? Ich kann die Dinger nicht schlachten, da muß der Opa ran. Na, als der nach Hause kam, hat er die Kiste aufgemacht. Da stürzten ihm zwei Ganter entgegen und kämpften in unserer Küche um ihr Leben. Opa hat sie dann schließlich doch totgekriegt, aber die Küche war völlig verwüstet.

Nun sollte ja niemand merken, daß es bei uns Gänsebraten gab. Aber wie willst du das machen in so einem Mietshaus? Da hat doch in so einer Zeit jeder ausgesprochen empfindliche Sinne für Essensdüfte. Oma hat dann die toten Ganter mitten in der Nacht eingepökelt und ein paar Stückchen gebraten. Die haben wir dann in aller Heimlichkeit runtergeschlungen. Das schmeckte aber nicht besonders. Wir hatten auch ein ziemlich schlechtes Gewissen unseren Nachbarn gegenüber, aber der Hunger trieb's rein.

ANNI MITTELSTAEDT · ZWEI EIMER WASSER

Wir hatten in der Zeit kein Wasser. Wir haben stundenlang an der Pumpe nach Wasser angestanden mit zwei Eimern. Wenn wir dann endlich das Wasser im Eimer hatten, legten wir solche Frühstücksbrettchen oben drauf, damit beim Gehen das Wasser nicht rausschwappte. An so einer Pumpe haben immer fast hundert Menschen gestanden, zwei Stunden lang wegen zwei Eimern Wasser. Unsere Pumpe war auf einem Hof, sechs Häuser weiter.

KARL LÜHNING · KOCHTOPFANGELN

Ein besonderes Kapitel damals waren die Zettelaushänge, ganz Berlin hing voller Zettel. Wenn jemand irgendwas suchte oder haben wollte, dann brachte er irgendwo einen Zettel an. Solche Zettel hingen an Hauswänden, an Bäumen, in Schaufenstern. Es gab Leute, die vermieteten ihre Schaufenster dafür. Für eine oder zwei Mark konntest du in deren Schaufenster einen Zettel anbringen.

Nicht nur Sachen, auch Leute, die von Angehörigen oder Bekannten vermißt wurden, wurden durch solche Zettel gesucht. Da stand dann drauf: Wer hat Nachricht vom Unteroffizier XY? Bitte melden bei…

Ich habe mein erstes Paar Schuhe nach dem Krieg über einen solchen Zettel gekriegt. Und eine Angelrute. Ich war ja ein Angler vor dem Herrn und ich wollte jetzt auch wieder angeln, um was in den Kochtopf zu kriegen. Der Begriff *Kochtopfangeln* ist nach dem Kriege entstanden, den gab es vorher nicht. Ich hängte also einen Zettel auf: Suche Angelrute. Gebe Brot! Und für ein Dreipfundbrot kriegte ich dann auch tatsächlich eine Rute.

Von früher besaß ich noch Haken und Angelschnur, und damit ging ich nun angeln, mit Brotkügelchen als Köder, und hab mir manche Mahlzeit geangelt. Im Winter haute ich mir ein Loch ins Eis irgendeines Sees und holte auch da viele Fische raus. Die Seen waren teilweise übersät im Winter mit solchen Kochtopfanglern.

Kochtopfangeln auf dem Wannsee. Vorn Karl Lühning

Meine Frau hatte angefangen, Käscher zu stricken. Und auch eine Senke, mit der fing ich dann Köderfische. Ich holte dann auch viele Ukeleie aus dem Wasser, die räucherten wir, bei einem Freund im Garten. Schmeckte fast wie Sprotten. War nur nicht so fett.

JOHANNA WREDE · SCHLIMME FÄLLE

Ich begann dann bald wieder im Krankenhaus in Potsdam zu arbeiten. Da war ja nun auch genug zu tun. Wir haben alle Patienten entlassen, die irgendwie laufen konnten, weil wir völlig überfüllt waren. Die Leute brachten uns viele Sterbende ins Krankenhaus, es wurden dann Massengräber geschaufelt.

Es gab wirklich schlimme Fälle, Kinder, die auf Tellerminen gelaufen waren, und so. Die kamen alle ins Massengrab, wenn man die Angehörigen nicht finden konnte.

Wir hatten auch überhaupt kein Verbandsmaterial. Jede freie Minute saßen die Schwestern und haben das ganze Zeug auseinandergezogen, also die eitrigen Verbandsreste sortiert. Was aus Papier war, wurde verbrannt, die Stoffverbände wurden von den Nonnen gekocht und liebevoll wieder aufgewickelt. Es wurde alles x-mal wiederverwendet. Das war eine Arbeit!

Viele Schwestern waren wirklich einmalig. Die verteilten sogar ihr Essen unter den Kranken. Aber auch der Chefarzt war toll, der hat für drei gearbeitet.

RUTH WERGAU · FESTESSEN

Einmal hatte ich was in Stadtmitte zu erledigen, in der Nähe der Museumsinsel. Da sah ich einen Pferdewagen, das war kein besonders kräftiges Pferd, das den Wagen zog, eher so ein alter Klepper. Als ich mir das so angucke, fällt das Pferd plötzlich um und bleibt reglos auf der Straße liegen. Und auf einmal kommen Leute aus den Häusern und stürzen sich auf das Tier.

Die haben da mit ihren Messern rumgemacht, das war fürchterlich. Ich glaube, das Pferd wurde bei lebendigem Leibe zerteilt. Ich weiß gar nicht, wo die Leute auf einmal alle herkamen. Die waren plötzlich da und schnitten sich Fleischstücke aus dem Tier. Zum Schluß war da nur noch der Kopf und eine riesige Blutlache.

Ich sehe noch, wie der Kutscher versuchte, die Leute abzuhalten, aber der kam überhaupt nicht durch. Die hätten den auch noch abgemurkst, wenn der sich ernsthaft eingemischt hätte. Bei uns war das für die Männer ja auch immer ein ziemliches Festessen, wenn es mal Sauerbraten aus Pferdefleisch gab. Aber ich wäre wohl lieber verhungert.

THEA WALTER · GLATT VOR DER NASE WEG

Ich war ja in einer kirchlichen Jugendgruppe gewesen, schon während der Nazi-Zeit, und wir hatten ein kleines Häuschen draußen bei Erkner, das gehörte der Kirche. Da sind wir auch jetzt hingefahren und hatten so Lagerleben.

Jeder mußte ein paar Kartoffeln mitbringen oder im Winter Kohlen. Wir hatten überhaupt nicht genügend zu essen. Ich besinne mich auf einen Sommerabend. Wir waren alle so achtzehn, neunzehn Jahre alt, und alle hatten Hunger.

An diesem Abend war der eine Teil unserer Gruppe in einem Boot auf dem Wasser, und wir anderen kochten. Wir hatten einen Topf auf dem Feuer, in den haben wir alles geschmissen, wovon wir dachten, es sei eßbar. Wasser mit Kräutern, und dann noch Kartoffeln reingerieben, das war wirklich eine schreckliche Brühe. Aber bis die anderen vom See zurück waren, hatten wir schon alles aufgegessen, denen glatt vor der Nase weg. Und wir hatten noch nicht mal ein schlechtes Gewissen dabei. Wir hatten alle so einen Kohldampf.

Thea Walter (Mitte): Unsere Jugendgruppe, 1947

JOCHEN LEHMANN · EINE ART SUPPE

Wir haben einiges unternommen, um satt zu werden. Auf dem Weg zum Bäcker beispielsweise kam ich an einem Kornfeld vorbei. Das war so im Spätsommer 45, da hatte der Bauer gerade geerntet und den Roggen so in Bündeln zusammengestellt. Als ich das spitzgekriegt hatte, hab ich mir immer eine große Schneiderschere mitgenommen, bin auf das Feld geschlichen und hab Ähren abgeschnitten. Ich bin nie dabei erwischt worden, da hab ich Glück gehabt.

Meine Mutter hat die Körner dann in der Kaffeemühle zu Roggenmehl verarbeitet, daraus haben wir eine Art Suppe gekocht.

Manchmal haben wir auch Stearinkerzen aufgelöst und mit dem Mehl vermischt. Das ergab einen nicht sehr schmackhaften Brotaufstrich, aber wir haben es gegessen.

JOHANNA WREDE · AUF GUT DEUTSCH

Unser Hauptproblem im Krankenhaus war, wie ernähren wir die Patienten? Die Kranken bekamen Lebensmittelkarte V, also die Karte der Rentner. Unser Arzt sagte damals, warum operieren wir die Leute eigentlich noch, die verhungern uns ja doch.

Wir hatten eine sehr lustige und resolute Stationsnonne, die sagte eines Tages zu uns: Heute habe ich mit dem lieben Gott mal auf gut deutsch geredet. Wir pflegen hier die Leute und die verhungern uns, jetzt muß was zu essen her. Sprach's und ging was klauen. Es war einfach herrlich. Tag für Tag brachte sie, immer fröhlich, Taschen voller Eier und andere leckere Sachen mit. Nur der liebe Gott weiß, woher sie das alles hatte.

Aber nicht nur die Patienten, auch wir Schwestern hatten Hunger. Wir haben uns manchmal das Essen aufgebessert, indem wir schlafenden Schwestern die Kartoffeln vom Teller pickten. Jeder von uns bekam im Krankenhaus fünf Pellkartoffeln und etwas Soße, woraus immer die auch zusammengekocht war. Unser Hunger war groß. Und so kam es eben vor, daß man dem Nachbarn, der vor Müdigkeit beim Essen eingeschlafen war, mal was unter der Nase wegzog und sich selbst genehmigte.

THEA WALTER · ERFINDUNGSGEIST

Dann habe ich ein Praktikum als Gemeindehelferin gemacht, in einer Gemeinde im Bezirk Lichtenberg. Der Pfarrer dort war enorm findig, der hat sich viele Sachen ausgedacht für seine Gemeinde. Der hat auf dem Hof seiner Wohnung ein Gebäude aufgestellt, ohne Genehmigung, so eine Baracke, richtig aus Stein, und hat da ein Altenheim draus gemacht. Ohne irgend jemanden zu fragen.

Zuerst hatte er die alten Leute im Gemeindesaal untergebracht, und jetzt hatte er diese Baracke. Die starben fast alle nach kurzer Zeit, die waren wirklich schon am Ende, als wir sie dort aufnahmen. Aber ohne dieses Heim wären sie auf der Stelle verkommen, denn das waren alles Menschen, die keine Wohnung und nichts mehr hatten.

Das Essen war sehr gering, noch 48. Wenn da ein Eintopf gekocht wurde, dann wurden die Kartoffeln nicht reingeschnitten, sondern reingerieben, dann quillt das noch mehr auf und wird noch dicker. Und die in dem Heim arbeiteten, haben davon auch nichts abbekommen, so wenig war das.

Dann hat der Pfarrer zwei Drittel seiner Kirche zugemauert. Er bekam dadurch einen ganz kleinen Raum und sagte, das ist jetzt meine Winterkirche. In seinem Büro hatte er einen Kanonenofen, von dem aus legte er Rohre durch diesen Raum, so daß man den beheizen konnte und die Leute es im Winter während der Andacht einigermaßen warm hatten.

Der hatte wirklich einen richtigen Erfindungsgeist.

IRMA SCHADE · DIE LACHEN MICH AN

In den Gärten und auf den Feldern ist viel geklaut worden. Deshalb wurden Leute eingesetzt, die nachts wachestanden, auch in der Feldmark, wo Kohl stand und alle diese Sachen. Ja, Hunger tut weh. Da wurde geklaut noch und noch.

Einmal war die Schwägerin meines Nachbarn hier zu Besuch. Hinter der Straße vor unserem Haus waren lauter Gärten, und in einem standen auch Stangenbohnen. Und die Schwägerin sagte, Menschenskind, die Bohnen, die lachen mich an, da geh ich heute abend hin und hole mir welche. Gesagt, getan, sie holt sich Bohnen, und pflückt und pflückt, und auf einmal hört sie es rascheln. Und da stand auch schon einer hinter ihr und hat sie geschnappt. Was dann daraus wurde, weiß ich aber nicht.

Das war alles schlimm, so eine Zeit möchte man nicht wieder mitmachen, es war zu schlimm. Es gab ja gar nichts mehr, und wer noch was hatte, der hat nichts hergegeben. Wer zum Beispiel Obst hatte, konnte sich dafür Kohlen holen. Unten am Kanal hielt immer ein Schiff, das hatte Kohlen geladen, und die wollten Obst haben dafür.

Wer aber kein Obst hatte, konnte nicht tauschen. So hat es doch ausgesehen.

JOCHEN LEHMANN · ANFECHTUNG

Als wir alles auf Marken bekamen, mußte ich von Lankwitz nach Marienfelde zum Bäcker laufen, um das Brot, das uns zustand, abzuholen. Da stellte ich mich dann in die Reihe und wartete, oft sehr lange. Wenn man nun an hundertzehnter Stelle stand, der Bäcker aber nur hundert Brote hatte, dann ist man mit knurrendem Magen wieder nach Hause gelaufen.

Aber fast noch schlimmer war es, wenn ich mit dem frischen Brot unterm Arm den ziemlich langen Heimweg antreten mußte. Das waren echte Anfechtungen, da standzuhalten und nicht unterwegs alles aufzuessen.

JOHANNA WREDE · IN KLEINEN STÜCKEN

Als dann der Russe da war, gab es auch gleich wieder in den ersten Tagen Lebensmittelkarten. Der Fehler war nur, in Potsdam gab's nichts von dem, was da draufstand.

Es gab allerdings jeden Tag ein Brot für jeden, der sich anstellen konnte. Für uns bedeutete das, daß sich von den Gesunden jeder mindestens einmal stundenlang am Tag nach dem Brot anstellen mußte. Der Bäcker gab jedem, der kam, ein Brot, egal, wieviel man für seine Karten hätte bekommen müssen. Jede Woche standen uns pro Person drei Pfund Brot zu. Das bekam ich in kleinen Stücken, jeden Tag etwas.

ANNI MITTELSTAEDT · SCHLANGESTEHEN

Als die Russen da waren, war die Ernährungssituation schlecht. Die hatten ja selbst nichts zu fressen. Manchmal haben sie auf unserem Hof in ihrer Feldküche eine Graupensuppe gekocht.

Wir haben unser Essen nur auf Lebensmittelkarten gekriegt, wer zuerst kam, mahlte zuerst. Da hab ich oft Schlange gestanden. Ab fünf Uhr morgens durften wir aus unseren Wohnungen raus.

Ich erinnere mich, daß es einmal bei einem Roßschlächter Pferdeleber gab, nach der stellten wir uns an. Und plötzlich kamen die Russen und schossen in die Luft und schrien: Zurück, zurück! Die wollten das Zeug selber haben.

Der russische Arzt, der bei uns einquartiert war, sorgte zum Glück für meinen Sohn. Der konnte an die Lebensmittel ran und hat uns Wurst und Butter gebracht. Was ich noch einigermaßen tauschen konnte, habe ich für Butter und Öl weggegeben, weil der Arzt sagte, den Jungen rettet nur Fett. Leider ist dieser Arzt nicht lange geblieben, weil er mit seiner Truppe weiter mußte.

GERDA SZEPANSKY · TUCHFÜHLUNG

Ich lebte nun mit meinen Eltern und Großeltern in unserer Laube in Adlershof, und bei uns waren noch etliche andere Leute. Wir hatten ja alle mitgenommen, die wir in dieser Schreckensnacht in Treptow in dem Haus da kennengelernt hatten. Die wußten ja auch nicht wohin. Da lebten dann in der kleinen Laube so an die fünfzehn Menschen.

Eine Frau mit einem Säugling war dabei, der war es sehr schlecht ergangen, die weinte ununterbrochen. Die tat uns sehr leid und wir haben versucht, der zu helfen. Die hat sich auch richtig an uns geklammert, die konnten wir doch nicht einfach allein lassen. Für die war es schlimm, daß sie ihren Säugling kaum stillen konnte. Wir haben dann irgendwas Süßes gemacht aus Marmeladen, die meine

Nissenhütten in Berlin-Charlottenburg

Großmutter noch in der Laube stehen hatte, eine Art Obstbrei. Damit haben wir das Kind gefüttert.

Dadurch, daß mein Vater und mein Großvater dabei waren, fühlten sich die anderen etwas sicherer, denn es waren fast alles Frauen, die mit uns kamen, deren Männer noch nicht zu Hause waren oder so. Wir haben zusammen ein paar Wochen in der Laube gewohnt, immer auf Tuchfühlung. Wir brauchten auch so ein Gefühl, da sind noch andere bei mir, die ich kenne und die mir notfalls helfen.

Da wäre auch niemand auf die Idee gekommen, dem anderen was wegzunehmen, wir haben da eiserne Disziplin gewahrt. Sonst hätten unsere knappen Vorräte auch nicht so lange für alle gereicht. Mein Vater hat immer gesagt: So, wir sind hier alle gleich. Jeder bekommt etwas ab, und wem das nicht reicht, der muß gehen und sich woanders was suchen. Dann verteilte er das, was wir hatten, gerecht unter alle. Es kam uns gar nicht in den Sinn, irgendwelche Sachen für uns zu behalten.

THEA WALTER · WÜRDE
Am jetzigen Käthe-Kollwitz-Platz war eine Art Auffanglager eingerichtet für Flüchtlinge, da sind wir mit der Jugendgruppe hingegangen, um ein bißchen zu singen, es war Weihnachten 45. Da lernten wir eine alte Dame aus Leningrad kennen, bei der lernten wir dann das erste Russisch.

Aber diese alte Dame wollte uns jetzt nicht nur etwas Russisch beibringen, die wollte es uns auch ein bißchen schön machen, sie wollte uns auch bewirten. Es gab immer eine Tasse Tee, und außerdem hat sie eine Scheibe Weißbrot in lauter kleine Würfel geschnitten, die hat sie auf einem Öfchen gebraten und auf jeden einen kleinen Tropfen Rumaroma oder so was geträufelt. Das hat sie uns erst serviert, dann hat sie ihre Russischstunde gehalten. Man muß sich das vorstellen, es gab ja absolut nichts damals.

Die hatte gar nichts mehr, aber auch die Älteren haben versucht, sich ihre Würde zu erhalten, damals.

CHRISTEL SCHNEIDER · ETWAS BESSERES
Meine Mutter hat dann angefangen in einer kleinen Metallfabrik in Moabit. Natürlich nicht wegen des Geldes, das war ja kaum was wert, sondern wegen der Lebensmittelkarte.

So hilfsbereit meine Mutter auch immer war, sie hatte in ihrem Innersten doch das Gefühl, etwas Besseres zu sein. Nun ging sie also in eine Fabrik arbeiten. Einmal kam sie nach Hause und erzählte, ich hab ja nun was gelernt. Ich geh immer zu dem Meister und sage: Würden Sie mir bitte mal den Hammer reichen? Und ich werde dauernd ausgelacht. Dann habe ich heute was anderes erlebt. Ich hab mir gedacht, so, jetzt passe ich mich den Arbeitern an. Ich hab mir beim Kaffeetrinken eine Tasse genommen und hab mir die so hingestellt. Da kommt einer an und sagt zu mir: Nee, nee, Frau Schröder, wenn wir auch Arbeiter sind, aber Proleten sind wir nicht. Nehmen Sie man schön eine Untertasse für Ihre Tasse.

Das haben die vielleicht auch bewußt gemacht. Sie fühlte sich da jedenfalls nicht sehr wohl, hat dann da auch gekündigt und hat Arbeit bekommen in einer Papierwarenfabrik, da hat sie Tüten gefaltet. Da hörte sie aber auch wieder auf und fing in einer Wäscherei an. Dort war die Arbeit sehr schwer, sie konnte das körperlich kaum verkraften. Und wurde krank. Sie arbeitete dann zuletzt in einer Schuhfabrik und gleichzeitig auch noch als Putzfrau im Büro des Besitzers. Da mußte sie schwere Möbel rücken und verhob sich dabei so sehr, daß sie arbeitsunfähig wurde. Nun hatten wir noch mehr Probleme, uns zu ernähren.

MARIA BRIESEN · MUNDRAUB

Als Frau mußtest du dich vor den Russen ein bißchen in acht nehmen, denn Vergewaltigungen sind viel und oft vorgekommen. Ich mußte mich manchmal verstecken. Wenn ich gehört habe, daß Russen im Haus sind, habe ich mich zusammen mit anderen jungen Frauen, die da wohnten, ganz oben unters Dach verkrochen, wo wir uns dann mucksmäuschenstill verhielten, bis die wieder weg waren. Das kam aber nur in der ersten Zeit vor.

Als das aufgehört hatte und man sich wieder weiter raustraute, fing ich an, aufs Land zu fahren, um an was zu essen zu kommen. Man mußte sich ja selber helfen. In der Stadt war kaum was zu kriegen, für ein Pfund Brot mußte man sich einen halben Tag lang anstellen. Wenn ich zum Beispiel irgendwo einen Kartoffelacker gesehen habe, bin ich hin und hab da Kartoffeln rausgeholt. Eigentlich kann man das nicht als Stehlen bezeichnen, das war Mundraub, damals, denn es ging ja um unser nacktes Leben.

Dann bin ich aber hauptsächlich zu den Bauern und habe gebettelt. Die Bauern waren damals für uns Städter die einzige Hoffnung, weil sie die einzigen waren, die noch was zu essen hatten. Von einem kriegtest du dann vielleicht eine Handvoll Roggenkörner, da war man dankbar drum. Denn die haben wir zu Hause durch die Kaffeemühle gedreht und haben daraus eine Suppe gekocht oder einen Brei. Andere gaben dir vielleicht etwas Mehl oder auch mal ein bißchen Gemüse oder so. Aber sehr viele Bauern jagten uns Städter vom Hof.

Ich hatte auf diesen Hamsterfahrten immer meine Tochter dabei. Das war auf der einen Seite natürlich eine ziemliche Belastung, die immer zu schleppen oder im Wagen zu schieben, aber es war auch manchmal von Vorteil. Denn einige Bauern wurden doch weich, wenn sie das Kind sahen, und gaben uns dann was. Auf einer Fahrt hatte ich so ein Glück! Ich kam zu einer Mühle, und der Müller gab mir tatsächlich ein ganzes Brot.

Nun war es ja so, daß das Hamstern verboten war. Wenn man mit dem Zug wieder im Bahnhof war in Dresden, stand da die Polizei und kontrollierte. Die guckten in die Taschen, und wenn sie was fanden, nahmen sie einem das weg. Ich hatte nun dieses Brot, über das ich so froh war, und überlegte, wie ich das ungesehen nach

Maria Briesen mit ihrer Tochter, Spätsommer 45

Hause kriegen konnte. Da habe ich das im Kinderwagen unter die Matratze gelegt, unter das Kind, und war wild entschlossen, das nach Hause zu kriegen. Ich hab mir gedacht, so, wenn ich da ankomme und einer will mir das abnehmen, den murkse ich ab!

Aber ich bin ungeschoren durchgekommen und war glücklich, daß ich für eine Weile mal wieder was hatte.

CHRISTEL SCHNEIDER · HAMSTERN
Als Mutter dann arbeitsunfähig war, wurde das Hamstern noch wichtiger für uns. Gemacht hatten wir das natürlich auch schon vorher, das ging gar nicht anders. Wir sind oft gemeinsam los, ich hab dann eben die Schule geschwänzt.

Wir fuhren meistens auf Güterzügen raus, sie ist dann zu den Bauern gegangen und hat bei denen gebettelt, teilweise. Mal hat sie auch ihren Ehering für ein Brot getauscht. Das Schlimme war dann, daß man immer Angst haben mußte, das Gehamsterte nicht bis nach Hause zu kriegen. Denn man kam mit der S-Bahn in Berlin an, hatte vielleicht den Rucksack voll, und dann standen die Russen da und nahmen einem das alles wieder ab, weil das Hamstern ja verboten war.

THEA WALTER · TAUSCHOBJEKT
Nach Kriegsende gab es Lebensmittel, aber sehr, sehr wenige, und jetzt versuchten die Leute, entweder zu plündern oder zu tauschen. Viele versuchten auch schon, außerhalb von Berlin an was zu essen zu kommen. Aber das kam für mich nicht in Frage, weil ich meine Mutter nicht allein lassen konnte.

Einmal hab ich einen solchen Tausch versucht. Es gab in unserer Nähe eine Butterfabrik, die tauschten Butter gegen andere Sachen. Da machte ich mich mit der kleinen goldenen Uhr meiner Mutter auf den Weg. Aber als ich da ankam, tickte die nicht. Die war immer gegangen, aber in dem Augenblick ging sie nicht, die haben sie mir also nicht abgenommen, und ich mußte ohne Butter wieder abziehen.

Es gab ja dann Lebensmittelmarken, aber es gab eben sehr wenig, und ich besinne mich, wir sind alle irgendwie krank geworden, Infektionskrankheiten oder Schwächezustände und so was.

Ein Tauschobjekt hatten wir mit unseren Zigaretten- und Schnapsmarken, weil wir die nicht brauchten.

Rotarmisten verteilen Suppe in Berlin SO, 1946. Aber die Kinder sangen: Deutschland, Deutschland ohne alles,/ ohne Butter, ohne Speck./ Und das bißchen Marmelade/ frißt uns noch der Russe weg.

IRMA SCHADE · DAS MAUL AN DEN HAKEN GEHÄNGT

Öfter sind wir auch über Land gefahren, um was zu essen zu kriegen. Käse habe ich zum Beispiel von Harsum geholt. Da hatte ich eine Bekannte, ihre Mutter arbeitete in Harsum in der Käsefabrik. Diese Bekannte hab ich besucht und hab dann gesagt, so ein bißchen Käse hätte ich auch mal ganz gern. Man kriegt ja sonst gar keinen.

Ja, sagt ihre Mutter, wieviel wollen Sie denn haben? Och, sag ich, wenn ich man eine Rolle habe.

Da kam sie dann mit *so* einer Kiste an. Und sagte dann auch noch, wenn der alle ist, könnte ich jederzeit wiederkommen und neuen holen. Nun hatte ich auch wieder ein bißchen zum Kungeln, das war so viel, das konnten wir gar nicht alleine aufessen. Einen Teil habe ich gegen andere Sachen getauscht.

Mein Mann war ja nun Schuhmachermeister. Aber der hat sich nie was anderes als Geld geben lassen für seine Arbeit. Der hätte sich lieber den Finger abgebohrt, als was einzutauschen. Ich konnte ruhig sagen, nimm doch mal was anderes dafür, das hat er nicht gemacht. Aber für Geld allein kriegtest du damals so gut wie nichts.

Wenn es nach meinem Mann gegangen wär, hätten wir das Maul an den Haken gehängt. Wenn ich nicht losgefahren wäre und so viel rangeholt hätte, was hätten wir nur gemacht. Da war ich diejenige, die den Karren immer wieder aus dem Dreck zog.

Und was haben wir so gegessen damals? Oft Graupensuppe, mit Schwarten, wenn wir welche hatten. Und viel Pellkartoffeln. Und Topfkuchen haben wir gebacken aus Kartoffeln, der schmeckte nicht schlecht, der war schön saftig. Und »Honig« haben wir aus Sirup gekocht.

KARL LÜHNING · KLEINE FISCHE

Ich habe also viele Fische gefangen in dieser Zeit, 46, 47, 48. Aber natürlich meist kleine. Die haben ja nun viel Gräten, und wenn du die im Wasser kochst, zerfallen die wie nichts und man hat überhaupt nichts von ihnen.

Pfiffige Leute haben mir dann gezeigt, wie man mit denen umgeht. Du nimmst einen großen Kochtopf und spannst ein Leintuch drüber. Während du unten im Topf Wasser zum Kochen bringst, legst du die kleinen Fischchen auf dieses Leintuch und stülpst einen großen Deckel drüber. Jetzt werden die Fische gedämpft und fallen nicht auseinander. Du kannst sie vorsichtig mit einer Gabel zerteilen, und wenn du das geschickt machst, bleibt das ganze Skelett zurück.

Wenn wir dann so ein Pfund Fisch vor uns liegen hatten, nachdem wir mehrere Ladungen gedämpft hatten, kam Majoran dazu, etwas von der letzten Fettzuteilung, und dann wurde das durch den Wolf gedreht. Ha, was das für Buletten gegeben hat!

Ähnliches haben wir mit Miesmuscheln gemacht. Eines Tages beobachtete ich an der Dahme einen Jungen, der mit einem Käscher Miesmuscheln fing. Ich ging hin und fragte den, was man damit machen kann, und er erzählte mir, daß man die kochen kann oder Klopse daraus machen, und so weiter. Und als das mein Freund Horst hörte, sagte der: Mensch, der Notte-Kanal besteht doch nur noch aus Miesmuscheln. Wir machten uns also auf zum Notte-Kanal, der lag bei Zossen, und holten da Miesmuscheln raus.

Die haben wir dann erst mal geschrubbt zu Hause, dann wurden sie in kochendes Wasser geschmissen, nur so lang, bis sie sich öffneten. Dann schälten wir sie mit einem kleinen Messer aus ihrer Schale, schnitten den Magen weg und wuschen sie noch mal. Und dann hatten wir Fleisch, Muschelfleisch. Hundert Muscheln ergaben 600 Gramm Fleisch! Stellt euch mal vor, was das bedeutete damals!

Dieses Muschelfleisch nahmen wir dann und drehten es durch den Wolf, und dann konnte man richtige Königsberger Klopse daraus machen. Das Fleisch war richtig fest, anders als bei den Fischklopsen, die schnell auseinanderfielen. Das machten wir nun einmal pro Woche, und oft brachten wir dreihundert Muscheln vom Kanal mit! Und dazu gab es Brennesselspinat, Löwenzahnsalat und all das.

Um an irgendwas Eßbares zu kommen, hat es die tollsten Sachen gegeben, die Moral war auf dem Tiefstand. Du mußtest die Ellenbogen gebrauchen, um zu überleben. Der andere gebrauchte sie auch. Anstand gab es nur zwischen Verwandten und Freunden. Aber es gab sogar Ehen, die sind auseinandergegangen, weil die Eheleute sich nicht einig waren über die Verteilung der Lebensmittel, die sie auf ihre Karten bezogen. Es ist vorgekommen, daß der Mann sich seine eigenen Lebensmittel geholt hat und sich die selbst zubereitete, weil er glaubte, seine Frau könnte ihn um einige Gramm betrügen.

JOCHEN LEHMANN · KÖNIGSKERZEN

Wir sind bei uns in Lankwitz die Bahngleise abgelaufen. Da fuhr nun nichts mehr, und zwischen den Gleisen wuchsen Königskerzen. Die haben wir mitsamt der Wurzel ausgebuddelt, und dann war da, wenn die im Frühling rauskamen, so eine Art Salatrosette dran, ganz einfach. Wir haben die gesammelt und im Gemeindehaus in Lankwitz abgegeben, dort war so eine Art Volksküche.

Wenn unser eigener Hunger zu groß war, haben wir die auch schon mal behalten und uns selbst was zu essen draus gemacht.

MICHA EVERS · BRENNESSELN

Ich sehe mich in diesen Wochen, so gegen Ende des Sommers, noch durch Berlin laufen. Es schoß schon wieder so viel aus der Erde. Aber obwohl es rundrum so etwas wie einen ersten Aufbau gab, habe ich noch Brennesseln in den Ruinen gepflückt, um mir zu Hause eine Suppe daraus zu kochen.

MARLIES SCHADE · NICHTS ALS SIRUP

Wir haben waschkesselweise Sirup gekocht. Wir haben Sirup gegessen, bis er uns aus Nase und Ohren wieder rauskam. Und ich wußte ja genau, daß die Bauern genug zu essen hatten, das hatte ich im Pflichtjahr gesehen, bis März 45, bei einem Bäcker, der auch Landwirtschaft hatte. Bei dem waren mir bald die Augen übergegangen, wenn ich sah, was die auf dem Tisch hatten, und uns damit verglich.

Wenn wir jetzt bei diesen Bauern arbeiteten, kriegten wir dafür jedesmal nichts als Sirup. Irgendwann habe ich dann gesagt, so, jetzt reicht mir das. Ich hatte die Nase voll von Sirup. Dadurch ist meine Mutter dann etwas davon abgekommen, bei denen zu arbeiten. Mein Vater hat ja sowieso kaum gearbeitet. Diese dicken Bauern fraßen sich die Wampe voll, und uns speisten sie jedesmal mit einem Eimer Sirup ab!

Meine Oma ist Weihnachten noch ab und zu hingegangen. Diese Bauern hatten ziemlich viele Gänse, die dann zu Weihnachten alle geschlachtet wurden, und da machte meine Oma mit. Das war auch ziemlich viel Arbeit, die mußten geschlachtet werden, gerupft und ausgenommen. Und da kriegte sie dann auch schon mal eine Gans dafür, aber sonst gab es nichts von den Bauern ... außer Sirup.

IRMA SCHADE · TROPFEN FÜR TROPFEN

Ich arbeitete nach dem Krieg öfter beim Bauern, auf dem Feld oder im Stall. Dafür kriegte ich Raps oder Mohn, und daraus konnten wir uns Öl machen. Eine Nachbarin hatte eine Presse, zum Durchdrehen, da gingen wir hin.

Das war eine Arbeit zum Verrücktwerden, aus diesem Zeug Öl zu machen. Ganz langsam ging das, Tropfen um Tropfen kam da raus. Ich hab gedreht und gedreht, bis ich da eine Flasche voll hatte. Einmal kriegte ich fünfundzwanzig Pfund vom Bauern, da habe ich stundenlang an dieser Mühle gestanden, bis ich das durch hatte. Aber wir waren froh, daß wir das Öl hatten.

JOHANNA WREDE · JEDEN TAG EIN SPIEGELEI

Meine Schwester saß jetzt im Rollstuhl, kam also auch langsam wieder auf die Füße. Der Arzt sagte uns, das ist jetzt nur noch eine Frage der Ernährung, wie wir sie wieder hinkriegen. Sie brauchte eben vor allem Eiweiß und Fett und so.

Wir wohnten in Potsdam an der Straße, auf der alle vorbeiliefen, die nach Berlin wollten. Und eines Tages brach direkt vor unserm Haus eine Frau mit einem leichten Schlaganfall zusammen. Wir holten sie zu uns rein, damals war das ganz selbstverständlich. Da wäre wohl niemand auf die Idee gekommen zu sagen, holt einen Krankenwagen. Das muß so in der Zeit gewesen sein, als die Russen ungefähr einen Monat bei uns waren.

Wir haben diese Frau also gepflegt und behandelt, so gut es ging, und die hat nun gesehen, daß meine Schwester nicht hochkam. Und da sagte sie zu uns, Kinder, jetzt mache ich mal meinen Koffer auf. Es stellte sich heraus, daß der Koffer voller Speck und gut verpackter Eier und anderer leckerer Sachen war.

Jetzt konnten wir meiner Schwester jeden Tag ein Spiegelei mit Speck braten. Es war für uns sagenhaft, daß die Frau alle diese Sachen mit uns teilte. Aber so war es, man hat sich geholfen.

KARL SCHADE · SO KNICKRIG

Ich habe ja in Lühnde erst bei Bauern gewohnt. Um von denen ein bißchen zu essen zu kriegen, habe ich da abends immer noch mitgeholfen, Rüben abladen und so. Aber die waren so knickrig, daß ich eines Tages da auf dem Rübenwagen zusammengebrochen bin vor Hunger.

Danach bin ich dann zu meiner späteren Frau ins Haus ihrer Eltern gezogen. Da hatte ich es dann besser. Obwohl die es ja nun wirklich nicht so dicke hatten.

MARLIES SCHADE · LIEBE NACHBARN

Wir hatten ja immer Schweine gehabt, auch im Krieg. Solange es Marken gab, also auch nach dem Krieg, durfte jede Familie nur ein einziges Schwein halten. Und dieses Schwein wurde auf die Lebensmittelmarken angerechnet, das heißt, das Schwein wurde abgezogen. Deshalb wurde viel schwarz geschlachtet, obwohl es mächtig bestraft wurde.

Wir haben auch einmal schwarz geschlachtet. Da wurde im Stall alles verhängt, die Fenster, die Türen, alles wurde dicht gemacht, so gut es ging. Aber Geruch war trotzdem da, den konntest du gar nicht ganz vermeiden, und wenn du liebe Nachbarn hattest, dann haben die dich angeschwärzt bei der Kommandantur, und dann konnte es böse werden. Bei uns hat zum Glück niemand was gemerkt.

Viele haben auch Ferkel gekauft und die zu Pökelfleisch gemacht. Aber um Ferkel zu kaufen, brauchtest du was zum Tauschen.

HANS KUNTER · EINMAL AUF DEM SCHWARZMARKT

Ich bin einmal in Hannover auf dem Schwarzmarkt gewesen, aber wir haben zu der Zeit gar keine Möglichkeit gehabt, irgendwas einzutauschen. Wir hatten ja nicht die Möglichkeit, irgendwas zu organisieren. Später, als wir die Möglichkeit hatten, haben wir die organisierten Sachen meist an Bekannte verscheuert. Da haben wir ja schon wieder richtig gearbeitet und hatten keine Zeit, das Zeug zum Schwarzmarkt zu bringen. Die Schwarzhändler müssen auch meist Leute gewesen sein, die sonst nicht gearbeitet haben, die mußten ja die Zeit haben, da ihre Geschäfte abzuwickeln. Ich bin also praktisch nur so darüber geschlendert. Was es da gab, war oft auch so teuer, daß du es gar nicht bezahlen konntest.

Was ich mal gemacht habe war, etwas in der Tauschzentrale in Kleefeld zu tauschen. Das war eine ganz legale Einrichtung, von irgendwelchen privaten Geschäftsleuten betrieben, die natürlich auch was dran verdienen wollten. Ich glaube, man mußte eine Gebühr bezahlen. In dieser Tauschzentrale konnte man Klamotten tauschen.

Schuhe, die nicht paßten, oder Anzüge oder Mäntel. Das konnte man da abgeben und bekam eine Quittung dafür. Und wenn sich nun jemand fand, der dein Zeug mitnahm, dann konntest du dir was anderes dafür nehmen. Das konnte mitunter aber lange dauern, bis du was Passendes gefunden hast.

KARL SCHADE · EIN RIESIGER BETRUG

Einen schwarzen Markt gab es auf dem Dorf nicht, den gab es nur in der Stadt, wo die Leute ja noch mehr gehungert haben.

Ich bin ein paar Mal drübergelaufen, vor dem Bahnhof. Das war teilweise ein riesiger Betrug, da sind die tollsten Sachen passiert. Da haben sie den Leuten Fahrradspeichen als Feuersteine angedreht. Oder Wurstdosen, in denen oben etwas Schmalz war und darunter nur noch Sand. So haben die da die Leute angeschmiert.

Es ging da auch alles ganz stikum zu, du hörtest da kaum was. Wenn du schlecht gehört hast, hast du gar nichts mitgekriegt. Im Vorbeigehen haben die geflüstert: Zigaretten, Seife? Schinken, Speck? Das hast du gar nicht alles so mitbekommen, fix ging das.

IRMA SCHADE · GANZ STIKUM

Einmal war ich in Hannover auf dem Schwarzmarkt, vorm Bahnhof. Ich war mit meiner Freundin Frieda da, wir hatten beide ein paar Lebensmittelkarten übrig, hauptsächlich die Mehlkarte, weil ein Müller uns Mehl ohne Marken gegeben hatte. Ich wollte dafür ein bißchen Zucker haben und Nudeln.

Ich hab dann also da gekungelt. Aber ich sage dir, das ging alles ganz stikum, einer rempelte den andern an, ganz leise, und ganz schnell mußte das alles gehen. Ich habe auch was gekriegt. Aber zuletzt wurde mir das unheimlich. Ich hatte noch ein oder zwei Marken. Da habe ich gesagt, Frieda, ich hau hier ab, guck mal die vielen Polizisten, die dahinten stehen, mir ist das nicht geheuer.

Ich bin dann abgehauen. Und kaum war ich weg, da kamen zwei große Laster mit Polizisten drauf. Die sprangen runter und sammelten alle ein, die da auf dem Platz waren. Da habe ich gedacht, Gott sei Dank, wenn du nicht nach Hause gekommen wärst heut abend, hättest du die Hölle auf Erden gehabt. Mein Mann war ja überhaupt nicht für so was, der hätte mich zur Schnecke gemacht.

RUTH WERGAU · GEBURTSTAGSGESCHENK

Also ich persönlich war ja viel zu feige, um größer in dieses Schwarzmarktgeschäft einzusteigen. Aber ich habe einmal zu Mutters Geburtstag bei einem Ami am Görlitzer Bahnhof eine Uhr gegen zwei Pfund Speck, ein paar Candys und etwas Schokolade eingetauscht. Das war schon ein tolles Geburtstagsgeschenk.

MICHA EVERS · MIT GEWINN

Um auf dem schwarzen Markt zu handeln, fehlten mir zum einen die nötigen Mittel, und zum anderen hätte ich mich das wahrscheinlich auch gar nicht getraut.

Aber ich wohnte 45 bei meinem Vater, und der lebte mit einer Österreicherin zusammen, der Susi. Die war äußerst pfiffig. Die hatte den Einfall, Micky-Mäuse als Hampelmänner herzustellen und an amerikanische Besatzungssoldaten zu verhökern, die uns dafür hauptsächlich mit Zigaretten bezahlten. Die wieder konnten wir gegen Lebensmittel eintauschen.

Die Susi hat aber auch den zugeteilten deutschen Tabak gut verwenden können. Sie hat den mit dem Inhalt von alten Matratzen gestreckt, dann mit so einer kleinen Maschine Zigaretten draus gedreht und die mit Gewinn auf dem Schwarzmarkt verkauft.

CHRISTEL SCHNEIDER · GUT FÜR DIE NASE

Auf dem Schwarzmarkt verkaufte meine Mutter mal ein silbernes Armband. Und öfter verscherbelte sie dort Dinge, die sie von Bekannten in Kommission gekriegt hatte. Vom Erlös bekam sie dann einen Teil ab.

Einmal war sie am Reichstagsgebäude, und da stand eine Frau, die hatte Staubtücher, die sie nicht loswurde. Meine Mutter beobachtete die eine Weile, ging dann zu ihr hin und sagte: Sie müssen das ganz anders machen. Sie nahm die Staubtücher und ging zu einem Russen, der wohl einen mächtigen Schnupfen hatte und dauernd niesen mußte. Die Russen hatten damals auch kaum was und waren deshalb häufig auf Schwarzmärkten zu finden. Sie ging also zu diesem Russen, die Staubtücher in der Hand, und sagte zu dem: Hier, schnief, schnief, schön warm, schön weich, gut für die Nase, Taschentücher, Taschentücher. Na ja, der kaufte der Frau die Tücher ab, alle.

GERDA SZEPANSKY · EXPERTEN

Viele haben damals gar nicht erst Arbeit gesucht. Für die war es einfacher, auf dem schwarzen Markt Sachen zu verhökern und sich so die notwendigen Dinge zu beschaffen. Da gab es ja auch gleich einige Experten, die beinah noch als Helden gefeiert wurden, weil sie sich an der Armut der anderen bereicherten.

Mir war jedenfalls klar, daß wir als Volk jetzt keine Ansprüche zu stellen hatten, wir mußten erst mal was tun. Die Franzosen und Polen und Russen, die haben ja auch alle gehungert, das war ja nicht auf Deutschland beschränkt. Und hier wollten sich nun die Leute dem Hunger entziehen, das fand ich nicht richtig. Es gab da eben nur einen politisch bewußten Teil der Bevölkerung, der wirklich an den Aufbau gegangen ist. Das waren Leute, die wußten, wofür sie arbeiteten, oder eben solche armen Menschen wie die Trümmerfrauen, die sich nicht anders ernähren konnten.

CHRISTEL SCHNEIDER · KLEINER PROZENTSATZ

Mein Bruder fühlte sich damals verpflichtet, uns über die Runden zu bringen. Der hatte mit der Schule nichts im Sinn gehabt, hatte dann eine Lehre angefangen, die aber schief gelaufen war, weil sein Chef in krumme Geschäfte verwickelt war.

Und nun fing er so Schwarzmarktgeschäfte an, war aber so unerfahren und gutgläubig, daß er alles falsch machte. Er sollte zum Beispiel für einen Mann Weizen verkaufen, den der im Westhafen klaute, und dachte, er könnte den für sich verkaufen und das Geld behalten. Aber das war natürlich Quatsch, er sollte nur einen kleinen Prozentsatz kriegen.

Da gab es viel Ärger, und Mutter mußte einiges ausbügeln.

JOCHEN LEHMANN · NICHTS DAMIT ZU TUN

Mein Studium habe ich hauptsächlich durch die Zigaretten- und Schnapsmarken finanziert. Eine Zeitlang bekamen wir für jede Dekade dreißig Zigaretten auf Marken, die hab ich dann an Freunde oder Bekannte verscherbelt, und von dem Geld konnte ich die Studiengebühren, das Fahrgeld und ab und zu mal ein Buch bezahlen.

Aber das hatte nichts mit Schwarzmarkt zu tun. Auf dem richtigen Schwarzmarkt war ich nie, also Potsdamer Platz oder so. Ich hatte ja nichts, was ich dort anbieten konnte.

KARL SCHADE · EINE KLEINE FREUDE

Niemand ist auf den Gedanken gekommen, sich das Rauchen abzugewöhnen, das war wenigstens noch eine kleine Freude. Stattdessen ist man auf die tollsten Ideen gekommen. Um Zigaretten zu kaufen, brauchte man ja viel, viel Geld, denn die waren teuer, so sechs, sieben Mark das Stück.

Auf Hohenfels standen Waschwagen, die sahen aus wie solche Toilettenwagen heute. Die hatten Gummireifen, und die waren unheimlich begehrt bei den Bauern, weil es natürlich keine gab. Einmal hab ich mit einem Kumpel die Reifen von so einem Waschwagen abmontiert, nur, um Geld zu kriegen für Zigaretten. Ich stand Schmiere, man mußte unheimlich aufpassen wegen der Jugoslawen, die da mit Gewehren das Lager bewachten. Mein Kumpel bockte den Wagen auf Benzinkanister und montierte die Reifen ab. Dann ließen wir die den Hang runterrollen in ein Feld und ließen sie da erst mal liegen. An der Sache haben wir fast die ganze Nacht gearbeitet.

Als die Engländer das am nächsten Morgen entdeckten, gab es einen riesen Aufstand. Wir mußten alle antreten, und die versuchten rauszukriegen, wer das gewesen war. Später sind wir dann runter in das Feld und haben die Reifen erst mal vergraben. Als sich alles wieder beruhigt hatte, haben wir sie ausgebuddelt und an einen Bauern verscheuert.

Wir haben ein paar tausend Mark dafür gekriegt, die fast nur für Zigaretten draufgegangen sind. Das muß man sich mal vorstellen, ein paar tausend Mark für Zigaretten!

JOCHEN LEHMANN · ZWÖLF TABAKPFLANZEN STEUERFREI

Man kann sich gar nicht vorstellen, wie erfinderisch der Mensch in Notzeiten wird.

Meinen Tabakbedarf habe ich in unserem kleinen Garten durch eigene Anpflanzungen zu decken versucht. Wir haben uns vom Gärtner so kleine Tabakpflanzen geholt. Man durfte damals zwölf Tabakpflanzen steuerfrei anbauen. Das Problem war, daß einem ab und zu ja auch mal welche eingingen. Deshalb hat man immer ein paar mehr in die Erde gesteckt, so dreizehn oder vierzehn, auch auf das Risiko hin, entdeckt zu werden. Das konnte dann ganz schön teuer werden. Die Leute von der Steuer liefen nämlich rum und zählten die Pflanzen.

Wenn dann die ersten gelben Blätter runterfielen, dann hatte man die ersten frischen Proben. Das Zeug schmeckte aber nicht. Ich habe mir sogar eine Schneidemaschine angeschafft, um die Blätter zu zerteilen. Vorher hatten wir die Blätter, in Wachstuch eingerollt, zum Trocknen in die Bratröhre gelegt. Dann fermentierten wir sie mit den Resten von unserem Eingeweckten. So bekam man ein bißchen Pflaumen- oder Kirschgeschmack in die Sache.

KARL SCHADE · EIN BISSCHEN GESCHMACK

Was das Rauchen angeht, hat mein Schwiegervater mal einen kleinen Sack voll »Sehnder Gold« gekungelt. Abends haben wir dann immer gesessen und die Blätter geschnippelt.

Später haben wir dann auch selbst Tabak angebaut im Garten. Die Blätter haben wir auf dem Boden an Bindfäden zum Trocknen aufgehängt. Die haben aber überhaupt nicht geschmeckt, und wir haben da viel versucht, um ein bißchen Geschmack reinzukriegen. Wir haben die Blätter in Kisten gepackt und die in Pferdemist gesteckt. Oder haben sie mit Honigwasser fermentiert. Man konnte das Zeug dann rauchen, aber wir haben sowieso alles geraucht damals, Rosenblätter und schwarzen Tee, alles, was ein bißchen gelb aussah.

Deutsche Zigaretten gab es überhaupt nicht, nur englische und amerikanische, und für so ein Ding hast du sechs oder sieben Mark bezahlt.

JOHANNA WREDE · GEMEINSAM EINE ZIGARETTE

Das Rauchen habe ich mir in dieser Zeit irgendwie verkniffen. Wenn eine Zigarette zehn Mark kostet, dann überlegt man sich das

schon. Später, so 49, da haben wir uns als Studenten öfter mal gemeinsam eine Zigarette gekauft. Damals gab es Zigaretten einzeln, und später auch in Dreierpackungen, auch in den ganz schicken Geschäften am Kudamm.

MICHA EVERS · ZWISCHEN SCHUTT UND ASCHE

Als ich das erste Mal nach Kriegsende bei Mutter war, das war unmittelbar, nachdem ich in Berlin angekommen war, habe ich das zerstörte Potsdam gesehen. Bis zum Wannsee konnte man schon mit der Bahn fahren, aber der Fußmarsch durch den Wald nach Potsdam war immer mit etlichen Gefahren verbunden. Es wurden viele Leute überfallen, und zum andern gab es sehr viele Kontrollen, weil dieser Wald ja eine Nahtstelle zwischen West und Ost war. Das war also nicht so angenehm, da durch zu müssen. Vor allem die Innenstadt von Potsdam sah sehr schlimm aus. Die Menschen lebten da so zwischen Schutt und Asche, und es wirkte auf mich alles noch kaputter als in Berlin.

Zum Glück waren meine Mutter und meine Großmutter gesund. Ich bin dann aber zu meinem Vater nach Berlin gezogen, weil ich dachte, dort besser Arbeit finden zu können. Ich wollte endlich arbeiten.

JOHANNA WREDE · MIT KLETTERN UND HANGELN

Am 30. Mai machte ich mich von Potsdam aus auf den Weg nach Berlin, um nach meinen Freunden und Verwandten zu sehen. Mein Onkel und ich sind an der Avus lang bis zum Funkturm gelaufen. Das war ein ganz schöner Weg. Im Rucksack ein Brot und ein paar Socken, ein Handtuch und was man sonst eben noch so mitnehmen konnte.

Jedenfalls habe ich meine Verwandten gefunden, soweit sie noch lebten. Meine Cousine hatte sich das Leben genommen, sie wollte nicht dauernd vergewaltigt werden. Ihr Vater hatte sich ebenfalls umgebracht.

Später, im Juni, habe ich mich noch ein zweites Mal auf den Weg gemacht, da wollte ich meine Freunde aus der Jugendgruppe in Tempelhof besuchen. Das war eine kirchliche Jugendgruppe der Stadtmission. Während der Nazizeit haben wir sehr zusammengehalten, wir trafen uns immer am Halleschen Tor, dort waren die Gemeinderäume. Ich bin wieder die ganze Strecke gelaufen. Am abenteuerlichsten war, über die Brückenreste zu kommen. Am Teltowkanal habe ich mich mit Klettern und Hangeln über Wasser gehalten.

Auf dem Rückweg waren meine Füße dann total entzündet und kaputt, weil ich nur meine drei Jahre alten Einsegnungschuhe hatte. Da hörte ich irgendwo, daß die S-Bahn von Schöneberg nach

Wannsee fährt. Na, das war ein Glück. Als ich aber in Wannsee angekommen war, stand ich nun da, ich konnte für alles Geld der Welt keinen Schritt mehr laufen. Da kam ein Pferdewagen, der sofort von vielen Leuten umlagert wurde, die mitfahren wollten. Manche haben dem Mann hundert Mark geboten, aber er hat sie nicht mitgenommen. Ich hab Glück gehabt, ich hatte drei amerikanische Zigaretten, dafür hat er mich dann mitgenommen, bis nach Hause.

HANNA LEHMANN · NACH ARGENTINIEN
Ganz zuerst, in der Zeit nach dem Krieg, war der Tag wichtig, an dem man gerade lebte, und dann kam der nächste. Später hat man auch wieder etwas weitergedacht. Man hat dann in den Kopf gekriegt, daß man wieder mehr Kontakt bekommt zur Familie und wieder mit denen zusammenkommt. Da stand mir dann so als Ziel vor Augen, nach Argentinien zu kommen, wo der Großteil unserer Familie ja inzwischen lebte.

ANNI MITTELSTAEDT · NOCH SPITZEN DRUMGENÄHT
Anfang September starb ganz plötzlich mein Mann. Der sagt nachts zu mir, hol mir doch mal ein Glas Wasser, und wie ich wieder reinkomm, ist er tot.

Ich bin drei Tage lang gelaufen wegen einem Sarg. Am Hohenzollernplatz hätte ich einen gekriegt, aber genau zu dem Zeitpunkt holten die Amis bei dem Schreiner die Maschinen weg. Dann war ich bei einem in der Flughafenstraße, der sagte zu mir, liebe Frau, eben ist der letzte rausgegangen.

Dann bin ich mit meinem Sohn nach Treptow, da war eine Kistenfabrik, da hat ein Sarg 600 Mark gekostet, das waren nur ein paar dünne, mit Karbolineum gestrichene Bretter. Den habe ich ausgeschlagen mit neuer Bettwäsche, die ich noch hatte, und einem Sofakissen, und hab noch Spitzen drumgenäht.

JOHANNA WREDE · EIN RICHTIGER SARG
Inzwischen war meine Großmutter gestorben. Sie hatte schon für fünfzig Jahre ihre Grabstelle in Charlottenburg bezahlt, aber das nützte nun nichts mehr, es war ja unmöglich, sie nach Berlin zu transportieren. Nun mußten wir sehen, wie wir in Potsdam einen

Sarg bekommen konnten. Das war sehr schwer, aber durch allerhand Glück und Beziehungen ist es meiner Mutter gelungen, einen Tischler aufzutreiben, der uns einen richtigen Sarg herstellte, so daß wir nicht auf einen Leihsarg angewiesen waren.

Es gab nämlich Särge, die klappte man nach der Beerdigungsfeier über dem Grab unten auf und dann fiel der Tote unten raus, so daß der Sarg wieder für den nächsten zu gebrauchen war. Das war damals in Potsdam sehr verbreitet.

Wir wollten für Oma aber einen richtigen Sarg, dafür haben wir dem Tischler einen Schrank geben müssen, aus dem er den Sarg zusammenzimmerte. Oma konnte dann bei uns eingesargt werden, blieb bis zur Beerdigung bei uns im Haus liegen und wurde dann unter die Erde gebracht. Das war im Sommer 45. An der Beerdigung hat nur der engste Familienkreis teilnehmen können.

THEA WALTER · VERLÖSCHT

Die alte Dame aus Leningrad, bei der wir Russisch gelernt hatten, ist nachher einfach verlöscht, sie war so hinfällig und schwach. Und als sie starb, im Winter 45/46, gab es nicht genügend Särge, da wurden die Leichen in so eine Art Tüte gesteckt und darin begraben. Als wir am Grab standen, war sie schon unten, die Leute sollten wohl diese Tüte nicht sehen.

RUTH WERGAU · IRGENDWAS NAHRHAFTES

Mutters Geburtstag, Anfang August, haben wir zünftig gefeiert. Die Familie hat damals noch ganz anders zusammengehalten. Da kamen dann so an die zwanzig Leute, und jeder hat irgendwas Nahrhaftes mitgebracht.

Kuchen haben wir aus Kartoffeln gebacken. Eine Tante brachte einen Topf voll Schmalz mit. Das hatte sie aus Hartgries, Majoran und Salz fabriziert. Wir aßen auch falsche Leberwurst, aus Hefe-Ersatz und Majoran. Überhaupt haben die Frauen damals aus allen möglichen Sachen noch was Nahrhaftes gemacht. Kartoffeln wurden gebraten mit den Resten vom Muckefucksatz. Das war zwar nicht fett, aber die Kartoffeln waren schön braun und knusprig.

Ich wollte auch mal was Phantasievolles herstellen, dabei bin ich aber ganz schön reingefallen. Ich wollte Fondants machen, das ist so ein süßes Zeug, so eine Art Konfekt. Ich hatte Mandelöl und etwas Puderzucker organisiert, und nun fehlte mir nur noch etwas Fett.

Ich bin dann zu einer Bekannten gegangen, von der ich wußte, daß die im Fensterschrank noch einen Topf mit Fett hatte. Als die mal einen Moment rausging, habe ich mir ein paar Löffel davon abgefüllt. Das habe ich dann für meine Fondants verwendet. Mann, haben wir uns darauf gefreut! Als das Zeug dann fertig war, haben wir davon gekostet: das schmeckte ganz stark nach Wurst! Unser schöner Puderzucker war überhaupt nicht mehr zu spüren. Das Fett, das ich geklaut hatte, war der Rest von Wurstkonserven gewesen ...

HANNA LEHMANN · CARE-PAKETE

Überhaupt Argentinien. Ich wäre sehr gerne rübergegangen, die Familie meiner Mutter war ja fast vollständig nach Südamerika ausgewandert. Aber damals habe ich meinen Mann kennengelernt, und der wollte hier nicht weg. Wir haben dann auch Care-Pakete bekommen, die haben unsere Verwandten in Argentinien bezahlt.

Ein Teil unserer Familie ist 1938 nach England geflohen, nach der sogenannten Reichskristallnacht, die hatten noch Glück. Als dann der Krieg zu Ende war, besuchte uns eines Tages mein Cousin, er war inzwischen englischer Soldat, bei so einer jüdischen Spezialeinheit, und gehörte zur Rheinarmee. Wir hatten an diesem Tag ein Care-Paket aus Argentinien bekommen. *Da haben wir zusammen geschmaust:*

KONFIRMATIONEN, UNHEIMLICH SCHÖN

Zu meiner Konfirmation schickte mir eine Tante, die in der Nähe von Usedom wohnte, den Stoff für das Konfirmationskleid. Die Tante verdiente sich ihren Unterhalt mit Nähen. Sie bekam von den Bauern Mehl oder auch mal was anderes dafür. Die Stoffreste konnte sie manchmal behalten, und die bekamen wir dann. Das war natürlich nicht alles Stoff von einer Sorte.

Meine Mutter hat mir also aus drei verschiedenen Stoffen ein Konfirmationskleid genäht. Ich fand mich unheimlich schön darin. Irgendwoher hatte meine Mutter auch noch ein bißchen Flieder organisiert, und ich ging ganz stolz zur Kirche. [*Hanna Lehmann*]

Zur Feier meiner Konfirmation kam nur noch eine Großtante, die hier in Berlin lebte. Zu essen gab es Nudeln, die meine Mutter aufgespart hatte, und ein Gulasch aus Büchsenfleisch. Geschenkt gekriegt habe ich nichts. [*Christel Schneider*]

Das größte Geschenk zu meiner Konfirmation war für mich ein Tuschkasten, der noch aus Friedenszeiten stammte, der war irgendwo übriggeblieben. Außerdem bekam ich ein umhäkeltes Taschentuch. Andere Geschenke gab es nicht, es war auch nichts da.

Wir haben in ganz kleinem Kreis zu Hause gefeiert. Dazu habe ich meinen ersten Kuchen gebacken, im Frühjahr 46. Meine Freundin hatte mir ein Rezept geschrieben, der Kuchen sollte also so aussehen:

1 1/2 Tassen Kaffeeschrot (Gerstenkaffee, echten hatten wir natürlich nicht)
2 Tassen flüssiger Gerstenkaffee
3 Tassen Mehl (dafür haben wir Roggenähren durch die Kaffeemühle gedreht)
2 Tassen Zucker (war ziemlich schwierig, den zu bekommen)
Backpulver
Rumaroma
Mandeln und Marzipan, je nach Geschmack

Meine Freundin hat noch dazugeschrieben:
»Liebe Hanna! Recht gutes Gelingen wünsche ich Dir zu Deinem ersten Backversuch. Immer mutig ans Werk...Ich backe diesen Kuchen stets selbständig. Deine Gila.«

Diesen Kuchen habe ich also zu meiner Konfirmation gebacken. Er hat mir unheimlich gut geschmeckt. [*Hanna Lehmann*]

Irgendwoher hatte meine Mutter ein Kleid für mich aufgetrieben, das war angeblich aus Fallschirmseide. Es hatte aber nun deshalb den Nachteil, daß es nicht schwarz war, sondern hellblau. Glücklicherweise wohnte bei uns in der Straße ein Chemiker, dem gab meine Mutter ein Pfund Zucker, und dafür färbte er uns in seinem Labor dieses hellblaue Kleid schwarz. [*Christel Schneider*]

GERDA SZEPANSKY · SCHNELL VERGESSEN

Ende Mai war Vater zu seiner alten Firma nach Mariendorf gelaufen. Arbeit gab es für ihn als Dachdecker ja nun genug. Sein Chef hat dann auf dem Amt auch eine Wohnung für ihn besorgt.

Allmählich bröckelte die Laubengemeinschaft auch ab. Da sind wir mit einem Handwagen losgezogen in die neue Wohnung, ein paar Sachen aus der Laube haben wir mitgenommen. Wir hatten auch Papiere bekommen, die uns bescheinigten, daß wir umziehen durften, sonst hätten wir da gar nicht weggekonnt. Obwohl es noch keine Westsektoren gab, mußte jeder, der umziehen wollte, das bei der Militärkommandantur melden.

Vor unserm Umzug hatten wir noch erlebt, wie die Russen den Tag der Kapitulation feierten. Sie schossen Leuchtraketen in die Luft. Aber vom Knallen hatte ich genug.

Der Krieg war ja nun zu Ende, aber so wie mein Mann, der dieses Ende als *Befreiung* aus der KZ-Haft erlebte, hat es keiner angesehen von den Leuten, mit denen ich zusammen war. Die meisten haben das eher als großes Unglück erlebt. Meine Eltern, die sehr gerecht waren, haben zwar immer gesagt, daß wir ja schließlich den Krieg angefangen haben. Aber als Chance für einen Neuanfang haben auch sie das nicht gesehen. Viele haben auch gesagt: Ja, was haben wir denn damit zu tun? Warum müssen wir unter dem leiden, was die Nazis angerichtet haben? Die haben nur ihr eigenes Schicksal bejammert, ohne an das zu denken, was unsere Leute in anderen Ländern angerichtet haben. Das war schnell vergessen.

NACHHOLBEDARF · FESTE FEIERN

Wir haben viel gefeiert, wir sind immer von einem zum andern gezogen. Wenn einer Geburtstag hatte, haben wir gefeiert, und Silvester ging es abwechselnd einmal hier, einmal da. Wir sind auch jeden Sonntag weggewesen, einmal bei dem, einmal bei dem.

[*Irma Schade*]

Wir haben damals oft kräftig gefeiert, Maskeraden haben wir mitgemacht und Sport- und Schützenfeste. Es gab in der Zeit noch nichts Vernünftiges zu trinken, nur so ein komisches Warmgetränk, das schmeckte wie Bonbonwasser. Und deshalb wurde auch viel schwarz gebrannt. In Ahrbergen, wo wir Gefangenen in der Zeit nach Hohenfels arbeiteten, standen haushoch aufgetürmt Kupfer-

kessel, in denen vorher Pulver gewesen war. Die haben wir da rausgeschleust, eine Destillationsschlange angebracht, Feuer drunter, und dann wurde gebrannt, was das Zeug hielt.
 Gerade die Landser hatten ja einen großen Nachholbedarf
[*Karl Schade*]

Alle Fenster wurden vorher zugehängt und abgedichtet, damit keiner was sieht und riecht. Das war ja genauso verboten wie das Schwarzschlachten. Wenn es fertig war, wurde das Zeug verfeinert mit Fruchtsäften und Essenzen, die es zu diesem Zweck zu kaufen gab. Man konnte also so eine Art Likör daraus machen. Das haben wir sogar noch zur Hochzeit von der Marlies, 49, getrunken.
 Das war immer schön damals. [*Irma Schade*]

Mein Mann und ich haben uns ja auf so einer Tanzveranstaltung kennengelernt, in einer Gastwirtschaft. Mit der Tanzerei fing das nach dem Krieg sofort an, die Leute waren ausgehungert nach Vergnügungen, vorher war ja Tanzverbot. Jetzt ging das voll los.
 Wir haben uns also beim Tanzen kennengelernt. Und dann kam ja der Gag, ich hieß Schade, und er auch. Als wir uns vorstellten, haben wir vielleicht beide dumm geguckt. Das war ein toller Zufall. Ich wollte meinen Namen eigentlich immer ganz gern los werden, aber das klappte nun nicht. Im Grunde ist der Krieg daran schuld, denn ohne den hätten wir uns wahrscheinlich nie kennengelernt, mein Mann wäre ja sonst nicht nach Lühnde verschlagen worden.
[*Marlies Schade*]

Aus Sirup haben wir Schnaps gebrannt. Die Kessel und Rohre dazu hatten wir uns vom Engländer geholt, und mehr brauchte man dazu gar nicht. Der Sirup wurde mit Hefe angesetzt, die wir vom Bäcker hatten, das haben wir dann gären lassen. Die gärende Masse kam in den Behälter, der Behälter kam aufs Feuer. Auf den Behälter kam die Kupferrohrschlange, die wurde mit Wasser gekühlt. Die Masse im Behälter wurde erhitzt, der Alkohol verdampfte und schlug sich an den kühlen Kupferrohren nieder. Unten kam dann der flüssige Alkohol raus. Das kann natürlich auch mal gefährlich werden. Wenn die Leitung verstopft ist oder der Kessel voll, dann kann das in die Luft fliegen. Aber das ist uns zum Glück nicht passiert. Das Ganze war natürlich verboten. Wir haben das in der Wohnung gemacht, draußen sind laufend Polizisten vorbeigekommen und haben geschnuppert. Allerhand Leute sind hochgenommen worden damals und mußten Strafe zahlen, aber das Geld hatte ja sowieso keinen Wert.

Den fertigen Schnaps haben wir manchmal eingetauscht gegen Lebensmittel, den meisten haben wir allerdings selbst getrunken, auf Tanzveranstaltungen und so. Wir haben ganz schön gebechert damals, wir brauchten das. Es gab manche, die sich oft total betranken, bis zur Besinnungslosigkeit. Die mußten wir dann immer auf einen LKW packen und nach Hause fahren. [*Hans Kunter*]

Wir waren alle arm, wir haben alle geteilt, wir hatten alle füreinander Zeit. Da war ein ganz anderer Zusammenhalt als heute. Wenn wir gefeiert haben, kam die ganze Familie. Da haben bei uns im Zimmer an die zwanzig Leute gesessen. Es war sicherlich ziemlich eng, aber unheimlich gemütlich. Jeder hat was mitgebracht, und wir waren immer sehr ausgelassen. Die Alten und die Jungen feierten zusammen. Wir Jüngeren fanden das herrlich, wenn mal was los war, und die Alten freuten sich, mit uns zusammen zu sein. Da wurde getanzt und rumgetobt, so was habe ich später nicht mehr erlebt.

Getrunken haben wir damals so ein Gesöff, das nannte sich Alkolat. Das war so eine Art vergorener Obstwein, schmeckte gar nicht mal so schlecht. Also, komisch... zu saufen hatten wir immer.

[*Ruth Wergau*]

Ich weiß nicht, wie oft wir zusammensaßen, Musik hörten und uns gegenseitig Tanzschritte beibrachten. Wenn man dann abends jemand nach Hause brachte, hat man noch auf der Straße, zwischen all den Trümmern, eine Melodie vor sich hin gesummt und vielleicht einen Walzer getanzt. [*Jochen Lehmann*]

MICHA EVERS · SCHÖNE SCHUHE
Kleidung spielte in der Zeit für mich nur eine untergeordnete Rolle. Ein Problem waren allerdings die Schuhe. Ich hatte ja über zweihundert Kilometer barfuß zurückgelegt, als ich nach Berlin lief, jetzt wollte ich doch wieder ein Paar Schuhe an den Füßen haben. Ich hab von einem Paar schöner Lederschuhe, die ich bei meiner Mutter fand, vorne die Kappe abgeschnitten, so daß die Dinger halbwegs paßten. Das hört sich heute vielleicht komisch an, aber damals war das so üblich. Es war ja auch Sommer, und man mußte nicht frieren.

KARL LÜHNING · NICHT FARBECHT

Irgend ein Bekannter hatte nach Kriegsende ein Lager mit SA-Hemden entdeckt. Und die hat er verkauft. Allerdings erst, nachdem er sie schwarz gefärbt hatte. Schwarz konntest du rumlaufen, nur braun nicht. Der hat die also gefärbt. Ich habe mir auch so ein Ding zugelegt und bin dann also immer in einem schwarzen Hemd rumgelaufen. Das war soweit ganz gut, die Dinger hatten nur einen Nachteil: das Schwarz war nicht farbecht. Wenn man geschwitzt hat, hast du dich mit dem Hemd selbst eingefärbt.

THEA WALTER · DIE ERSTEN KNÖPFE

Es gab ganz wenig zum Anziehen. Damals war es immer mein Wunschtraum, mal irgendwas kaufen zu können, was ich gerne hätte oder was ein bißchen hübsch war. Wir haben natürlich aus allem, was wir überhaupt besaßen, ständig was anderes genäht. Ich hab zum Beispiel einen Pullover geschenkt bekommen, den hatte meine Cousine aus dem Garn von Zuckersäcken gestrickt.

Unser Zimmer war damals unterteilt mit einer riesigen Portiere, eine Stange quer durchs Zimmer mit wahnsinnigen Metern Stoff. Diese Portiere wurde nun mit der Zeit immer kleiner, weil wir andauernd was davon abtrennten und was draus nähten, einen Rock zum Beispiel.

Dann fand ich noch alte Kinderkleider von mir, die reichten aus, um eine Bluse daraus zu machen.

Irgendwann gab es dann auch wieder die ersten Knöpfe, die stammten von Soldatenuniformen und waren in irgendeiner Farbe angemalt. Aber das war dann alles furchtbar zusammengestoppelt, alles, was man hatte, wurde zu irgendwas zusammengesetzt. Es gab dann auch solche Modenhefte, die Anleitungen brachten, wie man zum Beispiel aus drei alten Kleidern ein neues machen konnte.

MARLIES SCHADE · ICH GLAUBE, MIT GELD

In dieser Zeit mußte man sich wirklich was einfallen lassen wegen der Klamotten. Es wurde viel aus alten Sachen gemacht, praktisch aus zwei Kleidern eins, und immer wieder mal ein bißchen geändert. Wir haben in der Schneiderei viele Sachen hergestellt für diese ehemalige Munitionsfabrik in Wehmingen, da gab es jetzt viele Krankenschwestern und Feuerwerker und so. Die haben Kartuschenbeutel aufgetrennt, die wurden gewaschen, und aus diesen

Stücken haben sie sich Blusen nähen lassen und so was. Einige Leute haben Wehrmachtswolldecken gefärbt, und wir haben ihnen daraus Wintermäntel oder Jacken genäht.

Wir waren eine Maßschneiderei, wer also sich was machen ließ von uns, mußte erst mal das Material dafür mitbringen, und bezahlen mußte er dann natürlich auch. Womit die Kunden aber bezahlt haben, kann ich gar nicht sagen, aber ich glaube, mit Geld. Naturalien hatte meine Chefin nicht so nötig. Die hatten selber einen Garten und haben auch selber geschlachtet.

JOHANNA WREDE · JUNGMÄDCHENTRÄUME

Ich habe angezogen, was so da war, was ich noch hatte. Meine Einsegnungsschuhe beispielsweise haben zehn Jahre halten müssen, weil ich keine anderen hatte. Man ging auch vorsichtig mit den Sachen um.

Aber in unserem Alter, damals, spielte natürlich die Kleiderfrage eine große Rolle. Wir haben auch unsere Jungmädchenträume gehabt. Wir haben uns immer an dem Vorhandenen die tollsten Sachen einfallen lassen und auch viel an unseren Frisuren rumgebastelt. Solche Dinge waren bei mir irgendwie völlig unabhängig von all den Sachen, die sonst so um uns rum waren.

KARL LÜHNING · WINTERMÄNTEL, VERSCHOBEN

Im Friseurladen in der Hermannstraße hatten wir eine Kundin, die war Schneiderin und hatte eine Werkstatt. Sie schneiderte Zivilmäntel für die Russen. Die wurden aus so einem Pfeffer-und-Salz-Stoff hergestellt, das war eine unheimlich schlechte Qualität. Einen Teil dieser Mäntel verschob sie schwarz, für 500 Mark das Stück. Wir nahmen sie, weil es nichts Besseres gab. Ich kaufte ihr auch zwei von diesen Dingern ab, einen für mich und einen für meinen Bruder, denn wir brauchten beide einen Wintermantel. Das war im Sommer 47, ich hab also vorgesorgt.

Und danach hatte ich Urlaub und bin fleißig angeln gegangen. Nach dem Urlaub komme ich in den Friseursalon und mein Chef sagt zu mir: Herr Lühning, war die Kripo schon bei Ihnen? Nee, sag ich, warum sollte sie? Ja, unsere Mäntel sind schwarz an uns verschoben worden, die Olle hat die praktisch alle geklaut.

Mein Chef hatte eine ganze Menge von den Mänteln gekauft, der wollte sie weiterverkaufen. Aber die Kripo hatte die jetzt alle beschlagnahmt. Die Schneiderin saß im Kittchen, die hat später einseinhalb Jahre Gefängnis gekriegt. Mein Chef sagte zu mir: Wenn Sie ganz schlau sind, gehen Sie selbst zur Kripo, ehe die zu Ihnen kommen.

Ich also hin, und da sitzt so ein Dicker.
Tach. Ich bin der Gehilfe von Kramer.
Ach, ist ja toll, da brauch ich nicht noch selber kommen. Na, Kleiner, hast du die Mäntel mitgebracht?
Nee.
Na, wo sind die denn geblieben?
Ja, ich war in Verlegenheit, ich mußte die wieder verkaufen.
Ach. Du schiebst, was? Schwarzhandel.
Nee, ich hab das gleiche Geld wiedergekriegt, das ich dafür bezahlt hab.
So, an wen hast du sie denn verkauft?
Den kenn ich nicht, der hat neben mir geangelt.
Also mir kann doch keiner erzählen, daß einer ohne Verdienst was verkauft.
Na gut, ich hab was verdient. Der hat mir ein Hemd gegeben, das hab ich dran verdient.
Na, der hat das zu Protokoll genommen, ich hab unterschrieben. Und als ich in der Tür bin, sagt er: Hallo, Kleener, wenn du denkst, ich glaub dir ein Wort, bist du auf dem falschen Dampfer.

Man hätte mich zwar nicht belangen können in dieser Sache, aber sie hätten immerhin die Mäntel beschlagnahmen können. Sie haben aber keine Haussuchung gemacht bei mir, und ich hatte einen Mantel. Den hab ich lange getragen.

THEA WALTER · DAUERND AM STOPFEN

Wann ich meine ersten Nylonstrümpfe hatte, weiß ich nicht mehr. Die bekam ich bestimmt mit irgendeinem der Care-Pakete, die durch die Gemeinde verteilt wurden. Heute wirft man solche Strümpfe ja sofort weg, wenn sie kaputt sind, das machte man zu der Zeit natürlich nicht. Ich hab noch in Erinnerung, daß ich dauernd am Stopfen war. Im Unterricht oder sonstwo, immer hatte ich irgend so ein Zeug dabei. Der Hacken wurde zum Beispiel gestopft, und wenn er wieder durch war, dann wurde er noch mal gestopft, denn das sieht doch gemein aus, wenn da so der Hacken rausguckt. So wurde das so oft wie nur möglich gestopft, kürzer genäht, immer noch eine Naht, bis es nicht mehr ging.

LÜHNDER MISCHUNG

Ich hab in Lühnde lange Zeit Zivilschuhe getragen, die mir nicht paßten. Die waren mir zu klein, deshalb habe ich heute so krumme Zehen. Dieses Paar Schuhe habe ich gewissermaßen mit einem Kumpel geteilt. Das heißt, wenn der eine zum Tanzen wollte, zog er die Schuhe an, der andere mußte dann zu Hause bleiben ...

Obenrum hatte ich erst mal nur die alte Uniform. Dann fingen wir ja in dem Lager, in dem wir arbeiteten, mit dem Klauen an. Wir sahen zu, daß wir unsere Schäfchen ins Trockene brachten. Da gab es zum Beispiel englische Uniformen, die haben wir uns umarbeiten lassen, Keile in die Hosen... [*Karl Schade*]

Da haben die mich überschwemmt mit diesen Hosen. Ich mußte überall unten so Keile reinsetzen, weil damals so ein Schlag modern war, untenrum. Die Tommy-Hosen waren aber unten ganz eng. [*Marlies Schade*]

Lederwesten haben wir uns auch umarbeiten lassen, da wurden Arme reingesetzt, so hatten wir Jacken.

Viele Wollsachen haben wir auch geklaut auf Hohenfels. Es war natürlich wichtig, damit man im Winter was Warmes hatte. Die Engländer hatten so weiße Wollsocken, die organisierten wir massenweise. Zu Hause wurden die aufgeribbelt, und dann wurden Pullover draus gestrickt.

Einer klaute diese Socken kiloweise, indem er sie sich um den Leib band. Einmal wurde er abends am

Irma Schade

Tor kontrolliert mußte seine Jacke ausziehen. Da hing ihm hinten eine Socke oben aus dem Hemd. Wir schwitzten alle Blut und Wasser. Wenn er erwischt worden wäre, wären wir alle dran gewesen. Aber der Tommy, der ihn kontrollierte, hielt das wohl für einen Schal und ließ ihn durch.

[*Karl Schade*]

Ich hatte bei Stade noch einen Anzugstoff liegen. Den hatte ich irgendwie organisiert, als wir da oben lagen, und hatte den da gelassen, gut versteckt natürlich. Als sich alles so ein bißchen beruhigt hatte, habe ich den da weggeholt. Das war so ein braun gestreifter, da haben wir hier einen Anzug für mich draus gemacht.

[*Karl Schade*]

Das war, als eine Schulfreundin von mir heiratete. Da wollte man ein bißchen was zum Anziehen haben und nicht in den ollen Klamotten auf das Fest gehen. Ich hatte mir dazu aus einem Stoff, den wir in diesem Lager in Ummeln geklaut hatten, ein schwarzes Kleid gemacht. Das war eine tolle Mischung von uns beiden, schwarzes Kleid und brauner Anzug, aber es gab halt damals nichts anderes, und irgendwie ging das auch.

[*Marlies Schade*]

Marlies und Karl Schade.
Marlies im Rock aus Zuckersackleinen, Karl im »Braungestreiften«

1. Herren Lühnde

Karl Lühning, 1947

KARL LÜHNING · IMMER SONNTAGS

1947 habe ich mir für 1600 Mark einen schönen Anzug gekauft, den habe ich gehütet wie meinen Augapfel. Gekauft hab ich den bei einem Schieber, der bei uns Kunde war. Eine silberne Uhr mußte ich dafür verkaufen und noch etwas Geschirr, das wir gerettet hatten.

Das war eine schöner grauer Anzug, so richtig Pfeffer-und-Salz, den hab ich immer sonntags getragen. Ansonsten hatte ich meine gefärbte Uniform an.

THEA WALTER · WIE IM PARADIES

Es wurden dann von der Kirche nach Bedürftigkeit solche Bezugsscheine für Kleidung verteilt. Wenn man zum Beispiel einen Wintermantel brauchte, konnte man den sich aussuchen bei so einer Stelle. Das war so ähnlich wie die Altkleidersammlungen heute. Das war fast ein bißchen Schlaraffenland. Ich arbeitete damals schon länger in der Kirche, hatte aber auch nichts anzuziehen, und irgendwann kriegte ich dann auch so einen Schein und konnte da hinfahren. Ich suchte dann da unter Aufsicht so lange rum, bis ich was hatte, was mir einigermaßen paßte.

Als unsere älteste Tochter 52 geboren wurde, bekamen wir auch so ein richtiges Baby-Paket mit einer Decke zum Einwickeln und Jäckchen und Windeln und so was. Wir kamen uns wirklich vor wie im Paradies, als wir das kriegten.

RUTH WERGAU · ARBEIT UND ZWISCHENHANDEL

Ich habe mich sofort, als alles wieder etwas ruhiger wurde, um meine Arbeit gekümmert. Das war für mich sehr wichtig. Nicht wegen des Geldes, sondern ich wollte jetzt unbedingt wieder was tun. Meine Firma befand sich am Kudamm. Da bin ich hingelaufen, zuerst fuhren ja überhaupt keine Verkehrsmittel. Das war eine ganz schöne Strecke von SO, Kreuzberg, bis zum Kudamm. Am schlimmsten war dabei die Angst, daß man überfallen wird. Ich mußte die Möckernstraße lang, da waren überall nur Ruinen, das sah alles fürchterlich aus. Jedenfalls wurden da oft Frauen überfallen, denen hat man die Taschen geklaut oder auch die Kleider weggenommen. Das müssen ganz arme Hunde gewesen sein, die sich zu so was haben hinreißen lassen.

Ich war froh, daß ich so bald wieder Arbeit hatte. Wir hatten auch Glück, denn die Firma hatte noch Material und Werkzeug. Wichtig war vor allem, daß die Stumpen da waren, aus denen die Hüte gemacht wurden. Wir haben fast nur für Ausländer gearbeitet.

Als da nichts mehr zu tun war, bin ich durch eine Bekannte zu einem Friseur gekommen, bei dem hab ich ausgeholfen. Mir ging es darum, von der Straße wegzukommen, denn sonst hätte ich enttrümmern müssen, dazu hatte ich natürlich keine große Lust.

Bei diesem Friseur war es ganz toll, da habe ich einen lebhaften Zwischenhandel mit allen möglichen Sachen aufgezogen. Der Laden war am Savignyplatz. Ich lernte dort auch ein italienisches Ehepaar kennen, und die Frau fragte mich, ob ich ihr nicht ein wenig helfen will. Für mich sollte natürlich auch was dabei abfallen. Die hat alles mögliche Zeug besorgen können, das ich an die Kunden im Laden weiterverhökert habe. Von den paar Mark, die ich im Laden verdiente, hätte ich mich auch kaum über Wasser halten können.

Das Ganze fing damit an, daß mich eine Kundin fragte, ob ich ihr etwas Wolle besorgen könnte. Ich fragte daraufhin diese Italienerin,

Immerhin war ich 1947 Fotomodell bei Ruth Wagani

und die hat mir welche beschafft. Wenn du erst mal ein paar Leuten geholfen hast, dann warst du auch im Geschäft. Ich mußte natürlich aufpassen, daß niemand rauskriegte, woher ich die Sachen holte, denn ich wollte ja das Geschäft alleine machen. Das ging so über ein Jahr und ich konnte wirklich eine Menge für unsere Familie abstauben dabei.

Weihnachten 46 machte ich ein besonders gutes Geschäft, da bin ich vollbeladen nach Hause gekommen. Ich hatte so viele Lebensmittel eingetauscht, daß wir uns alle richtig gut satt essen konnten. Sogar englische Bonbons und Schokolade waren dabei, das war ein richtig schönes Fest.

Im nächsten Sommer habe ich bei dem Friseur aufhören müssen. Aber ich weiß noch aus dieser Zeit, daß wir bei Stromausfall die Kundinnen samt Lockenwicklern zum Trocknen in die Sonne auf die Straße gesetzt haben. Das war vielleicht ein komisches Bild.

JOHANNA WREDE · ZUZUG

Meine Schwester kam dann wieder auf die Beine. Eines Tages hörte sie, daß hier im Haus eine Wohnung frei würde. Sie rannte sofort zum Wohnungsamt und beantragte für uns die Genehmigung, da einziehen zu können. Das war wirklich ein tolles Ding, das Haus galt zu sechzig Prozent als zerstört.

Wir konnten uns ohne weiteres in Berlin anmelden, weil wir ja aus Berlin nach Potsdam evakuiert worden waren. Aber so einfach war das alles doch nicht. Meine Mutter wohnte zwar dann mit hier, aber angemeldet war sie bei ihrem Vater in Charlottenburg, weil die Wohnung hier nur für eine gewisse Personenzahl zugelassen war.

Wir brachten dann nach und nach unsere Möbel von Potsdam hierher. Wir trieben einen Pferdewagenbesitzer auf, für den organisierten wir bei Bauern in der Nähe einen Sack Zuckerrüben, und dafür transportierte er unsere Möbel so Stück für Stück nach Berlin. Das war Anfang Oktober.

Da wir unsere Möbel aber nur so nach und nach aus Potsdam wegkriegten und unsere Wohnung dort deshalb erst mal noch brauchten, blieb ich noch da angemeldet. Der Horror, wie ich nun versuchte, aus Potsdam nach Berlin zu meinen Eltern zu ziehen, der sitzt mir heute noch in den Knochen.

Die Leute damals im Bezirksamt hatten ja kaum eine Ahnung von Verwaltungsarbeit. Die waren einfach der Meinung, in dieser Wohnung können nicht mehr Menschen wohnen, basta. Die hatten natürlich auch ihre Auflagen. Ich dachte mir nun, den Mann im Amt, den mußt du weich machen. Ich bin also jeden Morgen, wenn der in sein Büro kam, angeflitzt und habe meinen Zuzug beantragt. Zu Anfang hat er sich sehr ablehnend verhalten, aber ich bin immer wieder hin, weil ich bis zum 1. 1. 46 in Tempelhof gemeldet sein mußte. Dann lief die Frist ab, daß man als Altberliner wieder zurückkommen konnte.

Nachdem ich den nun drei Wochen lang jeden Tag belagert hatte, war er so weit, daß er sagte: Gebt dem Mädchen den Zuzug, damit wir hier endlich auch mal zu was anderem kommen. Tja, steter Tropfen höhlt den Stein. Damals hatte ich noch Nerven.

RUTH WERGAU · NOCH GAR NICHT RICHTIG TOT

Was die Wohnung betrifft, hatten wir wohl auch Glück. Unser Opa war ja Maurer, und als wir dann so eine ausgebombte Wohnung zugewiesen bekamen, hat der die wieder ausgebaut. Das ging ganz gut, er hatte Beziehungen und kam an Material ran.

Ich erinnere mich noch gut, wie wir im Frühjahr 46 jeden Tag auf dem Wohnungamt zugebracht haben. Und wie in unserer Straße die Leute immer fragten, ob der oder der nicht bald sterben würde. Manche waren noch gar nicht richtig tot, da hatten sich schon -zig Leute um deren Wohnung beworben. Wenn sich so einer wieder erholte, hatten die natürlich Pech gehabt, die sich schon vorher um die Wohnung gekeilt hatten. Aber es war üblich, daß jeder immer nachfragte: Wer ist krank, wer liegt im Sterben, wo wird eine Wohnung frei? Das ging so in einem Atemzug, da wurde überhaupt nicht lange gefackelt.

THEA WALTER · WOHNUNGSSUCHE

Beim Thema Wohnungssuche habe ich noch eine ganz schlimme Erinnerung, es gibt kaum was, was mich ähnlich belastet hat.

Als ich verheiratet und unsere Tocher unterwegs war, hatten mein Mann und ich noch keine eigene Wohnung, wir wohnten noch bei meiner Mutter. Das war im Ostsektor, und es war irrsinnig schwierig, da eine Wohnung zu kriegen. Wir mußten da aber unbedingt raus, es war nicht vorstellbar, daß in dieser Wohnung nun auch noch ein Kind leben sollte.

Viele Leute sind in dieser Zeit illegal in den Westteil gegangen, viele haben einfach alles stehen- und liegenlassen, andere haben versucht, ein bißchen von ihren Möbeln mit rüber zu schmuggeln. Und in dieser Situation erzählte mir unsere Ärztin unter der Hand, daß da jemand flüchten will, die Wohnung aufgibt. Manchmal war es so, wenn man beim Wohnungsamt eine leere Wohnung nachweisen konnte, daß man da dann einziehen konnte. Ich bin hingegangen zu den Leuten, die wegwollten, die waren natürlich erst beunruhigt, noch ein Mitwisser mehr, hatten dann aber doch Vertrauen. Die wollten alles stehen- und liegenlassen. Das wär für uns sehr schön gewesen.

Ich habe dann naiverweise einem auf dem Wohnungsamt, zu dem ich Zutrauen hatte, gesagt, da würde eine Wohnung frei, ob wir die nicht haben könnten. Ach, und nachher ist mir ganz elend geworden, weil ich mir plötzlich ausgemalt habe, was wäre, wenn die

Leute jetzt verhaftet würden. Das war ganz schrecklich, ich hab eine Wahnsinnsangst gehabt, diese Leute könnten durch mich in Gefahr kommen.

Glücklicherweise ist nichts passiert, die Wohnung haben wir allerdings auch nicht bekommen.

CHRISTEL SCHNEIDER · WOHNGEMEINSCHAFT, ZWANGSWEISE

Wir waren also nun in diesem Zimmer in der Elberfelder Straße. Die Wohnung gehörte einem Zahnarzt, ich weiß nicht, wo der abgeblieben war. Sie bestand aus vier Zimmern, Küche und Flur. Die Zimmer wurden von einer zentralen Stelle verwaltet und verteilt. Mit uns wohnten noch drei andere Parteien in dieser Wohnung. Wohngemeinschaften hat es also damals schon gegeben, allerdings keine freiwilligen, nur zwangsweise.

Wir waren also nun zu dritt in diesem Zimmer, und als erstes organisierte meine Mutter Betten, Luftschutzbetten aus einem Luftschutzkeller. Und dann Stühle und einen Tisch, also die primitivsten Sachen, die wir erst mal brauchten. Zu unserem Zimmer gehörte noch die sogenannte Mädchenkammer, die richteten wir uns als Schrank, Vorrats- und Rumpelkammer her. In der Küche gab es dann einen Kochherd mit Feuerung und zwei Gasflammen an der Seite.

Ganz zuerst wohnte dort mit uns nur ein Ehepaar, die waren sehr nett. Er war verkrüppelt, und ich fand es ganz toll, wie die Frau ihn pflegte und sich immer um ihn kümmerte. Da erlebte ich nun mal was anderes, als ich sonst kannte. Die gingen sehr liebevoll miteinander um. Meine Mutter verstand sich mit denen sehr gut. Dies Paar zog dann aber aus, und es zog eine Mutter mit ihrer Tochter ein. Die Mutter arbeitete nicht, die Tochter war Angestellte, unverheiratet.

In das dritte Zimmer zog eine junge Frau mit ihrem kleinen Kind. Diese junge Frau war so ein Tommyliebchen. Und mittlerweile hatte sie nun selbst so einen kleinen Tommy zu Hause, ein kleines, niedliches Baby. Die kriegte jeden Abend von dem Tommy Besuch, was meine Mutter unheimlich ärgerte, die sagte dann immer, das ist unmoralisch, und wir sind doch keine Absteige hier, und wir können uns Krankheiten holen, und so was.

Im letzten Zimmer wohnte eine Krankenschwester, eine starke, große Frau, der ging es gut, die hatte immer was zu essen. Ich weiß nicht, woher, vielleicht aus ihrer Krankenhausküche, die war auf jeden Fall groß und stark und gesund. Die kochte sich auch Essen in der Küche, das roch immer so gut. Wir hatten ja da unsere Schwierigkeiten, es gab fast nichts. Meine Mutter unterhielt sich immer mit dieser Frau, ich war dann sauer, weil sie nie Zeit für mich hatte.

MICHA EVERS · NOTLÖSUNG
Zusammen mit englischen Pionieren legten wir den künstlich überdeckten Lietzensee wieder frei. Der war zur Desorientierung bei Luftangriffen mit riesigen Planen überspannt worden, auf die Grün und so was aufgemalt war. Das wurde jetzt wieder abgebaut, und dabei konnte man helfen. Dafür bekam man das Holz, das bei diesen Abrißarbeiten anfiel. Wir brauchten, wie viele andere auch, schon im Sommer Holz, denn wir hatten in der Wohnung meines Vaters nur einen Gasherd, und der war kaum oder gar nicht in Betrieb, weil das Gas streng rationiert wurde.

Mein Vater hatte auf dem Balkon einen kleinen Herd gebaut, auf dem wir uns ab und zu etwas kochen konnten oder auch mal die Wäsche wuschen. Für den brauchten wir das Holz. Das war eine dieser Notlösungen, die einen damals über Wasser hielten.

ANNI MITTELSTAEDT · DAS GROSSE LOS
Zu der Zeit, als die Amis schon da waren, hingen an Häusern und Bäumen und Litfaßsäulen große Plakate, da stand drauf: Wir suchen Bauhilfsarbeiterinnen. Und darunter dann die Firma. Alle Berliner Baufirmen wurden Enttrümmerungsfirmen.

Ich hab das also gesehen und hab am 10. 9. bei der Firma Matrowitz in Tempelhof angefangen. Steuern, Krankenkasse, Versicherung, das lief alles, bloß Geld gab es kaum, es gab 65 Pfennige für die Stunde. Der Buchhalter hat manchmal drei Wochen auf der Bank gesessen, bis er mal Geld gekriegt hat. Es gab keins.

An Lebensmittelkarten hatten wir die Karte II, die Arbeiter-Karte. Arbeitszeit war von sieben bis fünf, und sonnabends von sieben bis zwei, 48 Stunden.

Meine erste Baustelle war am Tempelhofer Damm/Ecke Dorfstraße. Aus diesem Haus haben wir erst mal den Schutt rausgebracht, dabei haben wir so wunderschöne Liebesbriefe gefunden, von so einem richtigen Kavalier. Auf dieser Baustelle waren wir sechzig Frauen. Das waren zwei Häuser, von denen die Außenmauern noch standen. Türen, Fenster, die eingedrückt waren, und Schutt und Dreck aus den einzelnen Etagen und dem Keller haben wir da rausgeholt. Dann gingen wir zur Manteuffel-/Ecke Kaiserin-Augusta-Straße, und da waren wir zwei Jahre beschäftigt. Die ganze Gegend da mußten wir enttrümmern.

Natürlich war diese Arbeit eine ganz schöne Umstellung für mich, aber man war ja so im Tran damals, froh, daß man durch den ganzen Schlamassel überhaupt durchgekommen war, und so gut noch. Da meinte man, man hätte das große Los gezogen.

Wir Frauen waren zumindest am Anfang ein bunt zusammengewürfelter Haufen. Da waren Kinderärztinnen, Krankenschwestern, Beamtenfrauen, da war alles. Es ging dabei hauptsächlich um die Lebensmittelmarken, die wir kriegten. Na ja, und mit der Zeit haben wir uns an die Arbeit gewöhnt. Es gab eine Kameradschaft, die war einmalig, obwohl wir uns eigentlich gar nicht kannten. Wenn morgens eine kam und sagte, ich komm nicht mehr, mein Mann ist wieder zurück, dann haben wir uns mit der gefreut. Und wenn eine kam und sagte, ich habe heut die Nachricht gekriegt, mein Mann ist gefallen, dann haben wir alle mit der geheult.

Wenn wir was in den Trümmern gefunden haben, was noch zu gebrauchen war, mußten wir das dem Bergungsamt melden. Die sind dann gekommen und haben das abgeholt. Bis wir eines Tages dahinter kamen, daß die Männer, die das holten, das meiste für sich behielten. Von da an haben wir kaum noch was gemeldet und haben alles unter uns aufgeteilt. Wir haben mal eine Drogerie enttrümmert, in der haben wir eine ganze Kiste mit Bierhefe gefunden.

Wenn die paar Männer, die bei uns waren, was fanden, haben die uns nichts abgegeben. Sie haben uns auch nicht geholfen, wenn uns mal eine Lore aus den Schienen sprang. Wenn wir sagten, helft uns mal, die wieder reinzuheben, dann sagten die: Gleicher Lohn für gleiche Arbeit, macht doch euren Dreck alleine. Wir haben dann Gleiches mit Gleichem vergolten und haben denen auch nichts mehr abgegeben. Es herrschte da immer so ein bißchen eine Spannung zwischen den Männern und Frauen.

Gleich zu Anfang hatten wir ein älteres Ehepaar da. Der Mann reparierte das Werkzeug, machte neue Stiele an die Hacken und Schaufeln und so was. Und eines Tages, ganz plötzlich, starb die Frau. Wir saßen morgens beim Frühstück, und er weinte. Wir sagten zu ihm, wein doch nicht, wir helfen dir auch, waschen mal deine Hemden mit und so.

Der hatte sich in dem Haus, das wir gerade enttrümmerten, unten eine kleine Werkstatt eingerichtet und ging nach dem Frühstück da an seine Kreissäge. Und kaum ist er drin, da bricht das ganze Haus zusammen und er hat solche Brocken auf sich liegen und ist tot. Ein anderer hatte sich schnell zwischen eine Wand und einen Ofen gestellt, der ist heil geblieben.

Als die Feuerwehr kam, haben die als erstes gefragt, ob der alte Mann ein Nazi war. Wenn das ein Nazi gewesen wär, hätten sie den nicht rausgeholt.

Das war also so ein Mann, der keinen besonderen Posten hatte, der genauso arbeitete wie wir Frauen. Ansonsten, die Poliere und Vorarbeiter waren alle Männer, Frauen gab es unter denen nicht. Es gab nur die Lieblinge der Poliere, die mußten etwas weniger arbeiten.

CHRISTEL SCHNEIDER · ANSTÄNDIGES MÄDCHEN

Diese Tommy-Frau war sehr nett an und für sich. Wir unterhielten uns oft mit ihr in der Küche, und die erzählte auch viel und lachte viel. Und einmal, während wir uns unterhielten, hat ihr kleines Kind die Tür ihres Zimmers von innen zugeriegelt, und die kam nun nicht mehr rein. Da mußte die versammelte Mannschaft das Kleinkind überreden, die Tür doch wieder aufzuriegeln, damit Mutter wieder in ihr Zimmer konnte.

Diese Frau heiratete dann einen Deutschen, wurde eine ganz nette, solide Ehefrau, nachdem sie das zweite englische Kind noch geboren hatte. Den zweiten Vater habe ich noch kennengelernt, der machte ihr immer Vorwürfe, daß sie nicht genug aß. Sie sollte immer viel Weißbrot essen mit was drauf. Und sie sagte dann: Na, du hast gut reden, ich hab ja nichts, dann besorg mir das mal. Ihr habt es ja. Sie hat den dann auch mal besucht in England, dessen Eltern haben sie aber gar nicht angeguckt. Sie kam zurück und war ganz traurig. Er hatte zu ihr gesagt: Na ja, wenn du ein anständiges Mädchen gewesen wärst, hätte ich dich geheiratet.

Auch sonst gab es schon Berührung bei uns in der Wohnung, man unterhielt sich oft und heulte sich auch mal aus. Aber so richtige Hilfe untereinander gab es eigentlich kaum. Jeder kriegte zwar vom anderen so mit, was bei dem ablief, doch offen war das nie so richtig. Jeder paßte auf den anderen nur auf, daß der auch ja seine Pflichten erfüllte. Wehe, einer hatte mal nicht richtig sauber gemacht, dann kriegte der auch gleich was reingewürgt: Sie sind heute dran... Man entzweite sich dann auch richtig. Es gab irgendwelche

Dinge, über die man sich gezankt hatte, und dann hat man nicht mehr miteinander gesprochen.

ANNI MITTELSTAEDT · LOREN

Die Trümmerberge, die wir wegräumen mußten, waren teilweise zwei, drei Stockwerke hoch. Wir mußten uns als erstes Platz schaffen für die Schienen. Das war schon eine gefährliche Sache. Wir wußten ja zuerst überhaupt nicht Bescheid, wie man das macht. Die Herren Poliere wußten auch nicht Bescheid. Wir nahmen oft unten was weg, wo die Hauptlast drauflag, und dann rutschte das von oben nach, plötzlich kam alles runter. Wir hatten vierundvierzig Tote während meiner Enttrümmerungszeit. Viele Verwundete gab es auch immer. Wir hatten aber Glück, weil wir in der Nähe vom Wenckebach-Krankenhaus waren, da konnten wir immer schnell hin und waren auch fast jeden Tag ein- bis zweimal da. Ich hab mir mal eine Zehe gebrochen.

Wir haben also zuerst einen Platz freigelegt und haben da die Schienen verlegt für die Loren, das waren solche Kipploren. Die Schienen führten in eine Halle, und in dieser Halle wurden die Steine geputzt. Wir haben die heil gebliebenen Steine mit den Loren in die Halle transportiert, und da saßen meist etwas ältere Frauen, für die die Arbeit im Freien zu schwer war – wir mußten ja bei jedem Wetter arbeiten, auch bei Frost – und säuberten die Steine. Anschließend wurden die gestapelt und wurden gleich wieder abgeholt zum Wiederaufbau. Diese Halle ist uns immer nachgerückt. Wenn wir fertig waren und woanders hingingen, wurde die wieder hingestellt am neuen Platz.

Meine Arbeit bestand im Loren. Ich habe die Loren gefüllt und in die Halle geschoben. Vier Frauen haben immer eine Lore geschoben. Die Loren sind öfter aus den Schienen gesprungen, besonders, wenn wir über die Drehscheibe fuhren, die die einzelnen Schienen mit der Halle verband. Dann mußten wir die Lore wieder in die Schienen heben, das war eine Arbeit! Und die Männer weigerten sich, uns zu helfen.

JOHANNA WREDE · BEEFSTEAKS

Ich brachte unsere Lebensmittelkarten das erste Mal *hier* zum Händler, das werde ich nie vergessen, da habe ich Hackfleisch gekauft und ein Ei, und dann habe ich hier auf dem Herd Beefsteaks gemacht. Das war ganz toll. Es war für uns wie im Himmel. Es schien mir phantastisch, daß wir nun im amerikanischen Sektor von Berlin leben konnten.

CHRISTEL SCHNEIDER · IMMER SAMSTAGS
Das Zusammenleben mit den Leuten in der Wohnung war so, daß wir öfter Schwierigkeiten hatten, durch den gemeinsamen Gas- und Stromverbrauch, die gemeinsame Küche, und die Reinigung der Küche, des Flures und des Bades. Wir regelten das so, daß immer abwechselnd eine Partei an der Reihe war, Flur, Bad oder Küche zu wischen. Immer samstags.

Mit dem Gas haben wir es so gemacht, daß, bevor einer anfing zu kochen, er zum Zähler ging, den Zählerstand ablas und ihn aufschrieb. Wenn er fertig war mit Kochen, ging er wieder hin und schrieb den Stand auf. Das wurde dann am Ende des Monats zusammengezogen. Dann mußte man ausrechnen: so und so viel Pfennige, so daß jeder genau das Gas bezahlte, das er verbraucht hatte. Das war gerechter, als das einfach durch vier zu teilen. Wir hatten später einen Mann, der diese Rechnerei für uns gemacht hat. Eine Zeitlang hab ich das gemacht.

Ich weiß noch, daß ich das Gas auch als Licht benutzt habe. Wenn ich Schularbeiten machte und es gab eine Zeitlang keinen Strom, dann habe ich mich an den Gaskocher gesetzt. Es war halt nicht immer so, daß es gleichzeitig Strom und Gas gab, mal gab es Gas, mal gab es Strom.

Strom haben wir immer einfach durch vier geteilt, der war nicht so teuer wie Gas, und das wäre auch viel schwieriger zu berechnen gewesen.

JOHANNA WREDE · LINSENGERICHT
Irgendwann wollte ein Mann vom Wohnungsamt überprüfen, ob uns die Aufnahme einer weiteren Person tatsächlich zuzumuten sei. Verdrehte Welt, *wir* wollten die »Zumutung«, nicht nur faktisch, sondern auch auf dem Papier: Meine Mutter lebte ja in der Wohnung, sie sollte sich da aber auch anmelden dürfen. Das wurde ein richtiges Problem, denn auf dem Wohnungsamt sagte man uns, sie hätten eine lange Warteliste von Tempelhofern, die einen Platz suchten, Leute aus anderen Bezirken kämen ganz hinten dran. Wir benötigten also die »Zumutbarkeit« *und* den »Zuzug« für Mutter.

Also, an dem Tag habe ich alles Gute, was noch zu Hause war, zusammengekratzt und habe einen tollen Eintopf fabriziert, der auch wunderbare Düfte durchs Haus ziehen ließ. Während der Mann vom Amt nun unsere Wohnung besichtigte, schnupperte er immer in Richtung Küche, man sah richtig, wie dem das Wasser im Munde zusammenlief. Dann fragte ich ganz vorsichtig, ob er vielleicht mit uns essen würde. Anschließend hatten wir die Genehmigungen! Da haben wir hinterher immer drüber gelacht und gesagt, Muttis Zuzug war für ein Linsengericht. Na, das waren Zeiten!

ANNI MITTELSTAEDT · FUNDSACHEN

Wir haben natürlich auch öfter Verschüttete gefunden bei unserer Arbeit. Beispielsweise eine Frau in ihrem Keller. Die hatte in einem vierstöckigen Haus gewohnt, das total zusammengebrochen war bei einem Luftangriff, und die Frau galt als vermißt. Alle nahmen aber an, daß sie noch in dem Haus lag. Als wir da enttrümmerten, kam deren Mann gerade aus der Gefangenschaft zurück und trieb uns immer an: macht hin, seht zu, daß ihr meine Frau findet, und legte Blumen an das Haus.

Als wir an das hintere Ende kamen, fanden wir sie. Sie hatte da einen Keller, da war ein Sofa drin, ein Tisch und ein Stuhl. Als das Haus getroffen wurde, kam die Kellerdecke so schräg runter und versperrte den Ausgang. Die Frau lag auf ihrem Sofa und konnte nicht raus. Wir haben ihre Kratzspuren an den Wänden gesehen, die hatte auch kaum noch Nägel an den Fingern.

Wenn wir solch eine Leiche fanden, wenn uns dieser süßliche Geruch in die Nase stieg, mußten wir das Bergungsamt benachrichtigen, und die holten die dann ab. Die kamen mit Asbestanzügen, holten die weg und streuten Kalk. Wir durften dann erst mal nicht mehr hin, weil die Angst vor Seuchen hatten.

Wir haben natürlich nicht nur Verschüttete gefunden. Einmal fanden wir Wasserhähne, solche verchromten, französischen, die haben wir auch nicht abgegeben. Die haben wir aufgeteilt unter uns, mit nach Hause genommen und dort drangemacht, da hatten wir dann schöne Wasserhähne.

In einem andern Haus, das wir enttrümmerten, hatte ein Maler sein Atelier gehabt. Der kam jetzt und sagte, ich hab da noch vier Kästen Ölfarben und vier Flaschen Bilderöl drin. Wenn ihr das bei mir abliefert, dann kriegt ihr was von mir, dann geh ich für euch hamstern. Wir fanden die Farben tatsächlich und legten sie zur

Seite. Er kam dann und holte sie sich. Und am Tag darauf brachte er uns zwei Kannen guten Kaffee, ein Glas Marmelade und eine Wurst.

Geld haben wir nie gefunden, das hatten die Leute in ihren Koffern gehabt, mit denen sie bei Angriffen in die Keller rein sind. Wenn wir mal irgendwelche Papiere fanden, mußten wir die beim Bergungsamt abgeben. Aber das meiste, was wir rausholten aus den Trümmern, Möbel und so, war alles kurz und klein, alles Brennholz, da hat einem das Herz weh getan. Brennholz hatten wir dadurch natürlich mehr als genug, damit hatten wir keine Sorgen. Kaputte Möbel, Holz, Balken, das hat uns der Chef alles gegeben, wir mußten es nur selbst wegtransportieren. Ich war besonders auf Treppengeländer, Stufen und Türfüllungen aus, auf Kleinholz, das man nicht noch extra kleinhacken mußte.

Im übrigen arbeiteten wir auch im Winter voll durch. Wir sind nur einmal acht Tage lang zu Hause geblieben, da war ein derartiger Frost, daß man überhaupt nichts mehr los kriegte, alles war festgefroren.

JOHANNA WREDE · PROVISORISCH

Eines Tages kam wieder so ein Mensch vom Wohnungsamt, und kontrollierte unsere Behausung. Im vorderen Zimmer lebte ich mit meiner Freundin, die inzwischen auch noch zu uns gezogen war, weil sie keine Bleibe hatte. In diesem Zimmer hing die Decke sechzig Zentimeter durch.

Da dürfen Sie auf keinen Fall drinbleiben, sagte uns der Wohnungsamtsmensch. Ich sagte, ja, ja, ist gut, auf Wiedersehen. Wir sind natürlich geblieben. So spielte sich das eben ab.

Die Wohnungstür gab es nicht mehr, an deren Stelle hatten wir eine kleine Tür vom Badezimmer eingehängt, so provisorisch. Zwischen Flur und Toilette war dann nur ein Vorhang. Das war eben so. Die Fensterrahmen waren zum Teil auch kaputt, aber ein paar Scheiben waren heil geblieben.

RUTH WERGAU · APFELSINENKISTEN

In der Zeit habe ich auch meinen späteren Mann kennengelernt, der kam aus französischer Gefangenschaft. Wir träumten natürlich auch von einer eigenen Wohnung. Ich weiß noch, wie er eines Tages zu mir sagte: Du, wir schaffen uns gar keine richtigen Möbel mehr an, es gibt doch bald wieder Krieg. Ich besorge uns Apfelsinenkisten, damit richten wir uns ein. Ich hab nur gelacht und ihn gefragt, wo er denn Apfelsinenkisten hernehmen will. Denn die gab es natürlich auch nicht.

ANNI MITTELSTAEDT · WÄSCHEWASCHEN, NACHTS
Wir hatten immer Rückenschmerzen. Und kaputte Hände. Sonntags saßen wir und flickten wieder und wieder unsere Handschuhe, immer wieder neue Lumpen drauf, damit wir die Schaufeln anfassen konnten. Man war es doch nicht gewöhnt, und natürlich gab es damals auch keine Maschinen. Wir hatten nur Schaufeln, Spaten und Hacken, und zum Steinesäubern solche Maurerhämmer.

Es herrschte eine tolle Kameradschaft unter uns Frauen, aber außerhalb der Arbeit trafen wir uns praktisch nie, dazu hatten wir gar keine Zeit. Damals war ja Stromsperre. Tagsüber gab es drei Stunden lang Strom, aber davon hatten wir nichts, da waren wir ja nicht zu Hause. Dann gab es nachts noch mal drei Stunden, also mußten wir nachts noch mal aufstehen zum Wäschewaschen und Bügeln und so. Wir waren sowieso immer müde von der Arbeit, dann mußten wir auch noch nachts hoch. Da hatten wir gar kein Bedürfnis, sonst noch viel zu machen.

Aber zusammen gefeiert haben wir. Unser Chef bei der Firma, das war ein Filou. Der hat uns immer Sachen besorgt, einmal hat er uns sogar aus Paris Kleider mitgebracht. Weihnachten 46 haben wir die dänische Botschaft enttrümmert, da haben sie ihm tatsächlich zwei Säcke Erbsen, zwei große Speckseiten, Mehl und Schokolade gegeben. Damit hat er für uns Frauen ein tolles Weihnachtsfest organisiert. Wir haben zusammen gefeiert in einem großen Lokal am Kudamm, da waren Komiker dabei und die Claire Waldoff auch.

CHRISTEL SCHNEIDER · STORCH-AKTION
So im September/Oktober 45 wurde die Storch-Aktion gestartet. Die Engländer planten für die Berliner Kinder eine Verschickung, und so wie der Storch übers Land fliegt mit den Babys, nannte man diese Geschichte Storch-Aktion. So ungefähr ab zwölf Jahren konnte man sich aufs Land verschicken lassen. Die Hälfte meiner Klasse machte das damals. Die anderen waren meist die, die in den letzten Hitler-Jahren schon diese Evakuierungssachen mitgemacht hatten. Die hatten die Nase voll davon.

Ich kam in die Nähe von Osnabrück, nach Hasbergen, zu einer Familie, die eine Kuh hatte und ein bißchen Landwirtschaft. Und da ging es mir natürlich blendend, die hatten zu essen noch und noch, da gab es herrliche Sachen. Karamelpudding mit Schlagsahne, davon schwärme ich heut noch. Ich habe auch miterlebt, wie die ein Schwein schlachteten.

Wir gingen da in die Dorfschule. Da war ein toller Lehrer, der hat von der ersten bis zur siebten Klasse alle unterrichtet, in einem einzigen Raum. Vorne saßen die Kleinen, mit denen machte er Lesen und Schreiben, dann kam die zweite Klasse dran, die saß dahinter, und so weiter. Ganz hinten saßen wir. Alle, mit denen er gerade nicht befaßt war, waren mucksmäuschenstill und beschäftigten sich mit dem, was er ihnen aufgegeben hatte. Am Nachmittag wurden wir Berliner noch einmal extra hinbestellt, dann machte er mit uns Latein, Mathe und Englisch, alles, was wir fürs Gymnasium brauchten. Und es hat mir Spaß gemacht, der war wirklich toll. Der war liebevoll, aber er konnte sich auch durchsetzen, man hatte Respekt vor ihm.

In Hasbergen war ich ein Jahr, bis Ende 46. Ich bin gerne da gewesen. Ich hab radfahren gelernt, eine schöne Sonnenwendfeier mitgemacht, und Ostern. Weihnachten hab ich da auch gefeiert, da wurde die gute Stube aufgemacht, die sonst immer zu war. Die wurde sonst nicht geheizt, das war ein eisig kalter Raum, aber zu Weihnachten wurde eingeheizt.

Ich hatte damals nichts anderes anzuziehn als eine alte HJ-Hose meines Bruders, die vorne zugenäht war und die ich immer fleißig bügelte. Dazu eine alte, graue Jungvolk-Bluse. Weiter nichts. Keinen Mantel, keine Jacke. Ich hatte nicht einmal richtige Schuhe. Ich hatte solche Holzsohlen, die festgehalten wurden von Gurtriemen. Da gingen dann andauernd die Nägel raus, und ich mußte sie mit einem Stein wieder festklopfen.

Und nun strickte die Schwiegertochter dieser Leute zu Weihnachten einen Pullover für mich. Der hatte zwei Teile, vorne war er gestrickt, und hinten bestand er aus Stoff, das sah toll aus. Vorne rot und hinten grau. Den bekam ich also zu Weihnachten.

Am ersten Feiertag wurde dann ganz toll gegessen. Von dem geschlachteten Schwein wurde Braten gemacht, dazu gab es Kohl, dann diesen herrlichen Pudding, und Kaffee. Die hatten irgendwoher echten, richtigen Kaffee organisiert.

Es war alles unheimlich viel, und ich konnte mich richtig satt essen. Und ich nahm zu, ich wog da mit dreizehn Jahren hundertdreißig Pfund! Vorher war ich ganz spirrig, und so viel Pfund wiege ich jetzt nicht mal. Ich war da so dick, daß die Kinder hinter mir her sangen: Alle Möpse beißen, nur der kleine Rollmops nicht.

Das Allerschönste, was ich da erlebte, war das Klauen, und zwar haben wir Kohlen geklaut. Das war natürlich spannend. Wir fuhren mit so einem großen Wagen los, aufs Bahngelände rauf. Man wußte ganz genau, vorne stehen die Engländer und passen auf, daß nichts geklaut wird. Wir krabbelten auf die Wagen rauf und schmissen die großen Kohlenstücke runter auf den Bahndamm. Dann füllten wir sie in Säcke, und wenn es hieß: sie kommen, sie kommen!, ging es im Eiltempo über die Schienen weg, und wir rannten und rannten in der Dunkelheit. Aber es gab einem das Gefühl, du hast was geschafft, du hast was erreicht. Und diese Kohlen haben natürlich ordentlich geheizt.

Ja, und dann ging dieses Jahr vorbei, und ich kam in dem schlimmen Winter 46/47 nach Berlin zurück. Das war ein Unterschied wie Tag und Nacht. Ich wollte hier gar nicht bleiben, ich fand das alles so arm und traurig und furchtbar, daß ich mich sehr unglücklich fühlte zu Hause.

MARLIES SCHADE · SCHLIMMER WINTER

Die Winter nach dem Krieg waren teilweise schlimm, besonders der 46/47. Da hat es unheimlich viel geschneit.

Die Straße nach Bolzum, wo ich ja lernte, liegt ein bißchen erhöht, und durch die Verwehungen lag der Schnee tatsächlich bis zu den Zweigen der Apfelbäume hoch. Tja, was nun, mit dem Fahrrad kam ich da nicht durch. Ich bin zu Fuß losgegangen, immer am Rand der Straße lang. Und an der Böschung der Eisenbahnlinie bin ich dann richtig bis zu den Knien eingesackt, und unten drunter war schon alles Matsch. Ich war also patschnaß bis zu den Knien und bin also so zu meiner Lehrstelle getappelt. Meine Chefin sagte, mein Gott, du hättest doch umdrehen können. Ich hab erst mal meine Klamotten etwas getrocknet, dann durfte ich wieder nach Hause.

Das Arbeitskommando der Kriegsgefangenen schaufelte dann die Straße frei, und direkt hinterher setzte das große Tauwetter ein. Die Schneiderstube, in der ich lernte, war in einem alten Bauernhaus, das in einer Mulde lag. Der ganze Hof einschließlich der Schneiderstube stand schließlich unter Wasser, so daß wir die Nähmaschinen auf Tische stellen mußten, damit sie nicht naß wurden. Und nach dem Tauwasser kam sofort der große Frost, das heißt, das Wasser in der Schneiderstube wurde zu einer einzigen Eisfläche. Da hatte ich dann gezwungenermaßen drei Wochen Pause.

IRMA SCHADE · KEINE MUSIKE DRIN

In Lehrte wohnte eine Cousine von mir, die besuchte uns eines Tages, und unsere Bude war eiskalt. Da sagt sie, Menschenskind, bei dir ist es aber kalt. Ich sage, ja, wo soll ich denn die Feuerung hernehmen?

Wir kriegten nur nasses Holz, das wurde uns zugeteilt, und damit hatten wir schon unseren Bratofen kaputt gemacht. Und die Kohle konntest du sowieso vergessen. Das war Schmierkohle, die war so festgepreßt, naß und feucht, glomm nur, brannte gar nicht richtig, da war keine Hitze, keine Musike drin.

Meine Cousine sagte jetzt, ich sollte doch zu ihr nach Lehrte kommen. Die hatte den ganzen Keller voll Kohle. Gegenüber von ihrem Haus liefen die Eisenbahnschienen lang, da standen die Waggons mit Kohle. Man brauchte nur die Böschung hoch und auf die Waggons rauf, sagte sie. Wenn Polente kommt, muß man abhauen.

Ich bin dann ein paarmal da hin und hab Kohle geholt. Hab mir jedesmal ein paar Säcke mitgenommen und die vollgemacht. Aber von wegen nur die Böschung hoch! Die Waggons standen nicht gleich vorne, die standen auf dem hintersten Gleis. Du mußtest erst über alle anderen weg und noch unter anderen Waggons drunter durch. Das war eine Arbeit, die vollen Säcke da wegzuschleppen! Ich hab es aber gemacht. Morgens um fünf bin ich dagewesen, aber wenn ich kam, waren auch schon andere da. Dann habe ich getragen, bis es hell wurde, danach konnte man auch mehr gesehen werden. Beim ersten Mal hatte ich auch Glück, da kam so viel Polente nicht, ab und zu mußte man mal weg, aber wir sind dann immer wieder hingegangen. Dann hatte ich meine Säcke voll.

KARL SCHADE · AUCH SCHISS

Polizei kam eigentlich nur ab und zu mal zu den Kohlenwaggons in Lehrte, die machten dann immer so Stichproben. Dann mußte man flitzen, damit die einen nicht schnappten. Bewacht wurden die Waggons hauptsächlich von Jugoslawen. Die waren zwar bewaffnet, aber die hatten auch Schiß. Auf jedem Waggon saßen nämlich drei, vier Mann, die da Kohle in ihre Säcke schaufelten, und mit so vielen hätten die sich gar nicht anlegen können. Das ganze Gelände wimmelte ja nur so von Leuten, die hin- und herhuschten mit ihren Säcken. Da hätten diese Wachen gar keine Chance gehabt. Nur vor der Polizei, da türmte man.

IRMA SCHADE · ERST MAL ZUM FRISEUR

Da war noch ein Eisenbahner, der auf dem Gelände wohnte, der bewunderte mich regelrecht. Der klopfte mir auf die Schulter und sagte, ich muß Sie bloß bewundern, was Sie für eine Ausdauer haben, über die Schienen weg, unter den Waggons durch, das ist doch eine Strapaze, aber ich freu mich, wenn Sie es schaffen. Tja, sag ich, was soll ich machen!

Nun hatte ich meine Säcke voll, aber wie sollte ich die da wegkriegen? Da sagt meine Cousine, nebenan ist ein Fuhrmann, der hat zwei Kinder, der ist froh, wenn du ihm eine Dose Wurst gibst oder ein schönes Abendbrot machst. Wenn du ihm dann noch den Sprit bezahlst, fährt der dir das. Der hat das auch gemacht. Ich hab ihm dann zwei Dosen Wurst gegeben und auch noch ein schönes Abendbrot gemacht. Ah, sagt er, das war mal ein Abendbrot, da bin ich aber mal wieder richtiggehend voll.

In der nächsten Woche bin ich dann wieder hingefahren. Aber vorher mußte ich erst mal zum Friseur. Meine Haare haben ja ausgesehen! Mein Kopfkissen war ganz schwarz vom Kohlendreck.

JOHANNA WREDE · ADVENT
Den furchtbaren Winter 46/47 vergess ich bestimmt nicht. Ich bin irgendwann in der Adventszeit losgezogen, um das Weihnachtsoratorium zu hören, und an dem Abend recht spät nach Hause gekommen. Unsere Haustür wollte aber nicht aufgehen, da habe ich mich dagegen geworfen und bin mitsamt der Umrahmung in den Hausflur gefallen, natürlich zur Freude der gesamten Mieterschaft. Also hatten wir in diesem eisigen Winter einen offenen Hausflur. Aber die anderen waren nicht allzu böse, denn die Tür hatte sowieso bloß noch eben im Rahmen gehangen, und irgendwann wäre sie sicher auch ohne mein Zutun rausgefallen. Aber ich hatte nun doch die Situation noch etwas dramatischer gestaltet.

Vom 10. Dezember bis zum 10. März war, glaube ich, keine einzige Minute ohne Frost. Und das war in dieser Zeit besonders unangenehm, denn wir hatten kaum etwas zum Heizen. Die paar Kohlen, die wir zugeteilt bekamen, reichten natürlich nicht aus. Mit der Zentralheizung konnten wir sowieso nichts anfangen. Aber wir hatten uns vorsorglich einen eisernen Ofen aus Potsdam mitgebracht. Der hat uns gute Dienste geleistet, der hat auch alles verheizt, was man in ihn reinwarf. Mit dem Abzug gab es kein Problem, wir haben in der Küche ein Rohr an den Schornstein angeschlossen. Im Ofenzimmer durfte schlafen, wer sehr krank und schwach war.

Gekocht haben wir meistens in einer Kochkiste. Das Essen wurde im Topf angekocht und kam dann samt Topf in diese gut isolierte Kiste. Dort wurde es dann gar. Das Ganze funktioniert ungefähr wie eine Thermosflasche. In diesem Winter haben wir jeden Tag Eintopf gekocht. Der bestand hauptsächlich aus ein bißchen Preßgemüse und ein paar Kartoffeln. Zu ganz besonderen Glückstagen gab es mal ein wenig Fleisch, aber das war ganz selten.

Unsere Küche hatte keine Wand zum Korridor, der war durch die Badezimmertür nur notdürftig nach außen abgeschottet, und nun fehlte die Haustür auch noch, da haben wir hier im Hochparterre ganz schön gefroren, wenn wir nicht gerade in dem Zimmer sein konnten, in dem der kleine Ofen stand. Nun mußten wir in der Küche aber heizen, um zu kochen und Wäsche zu waschen, dabei ging die schöne Wärme immer gleich nach draußen, das tat weh. Andere Leute saßen gern in ihrer Küche, bei uns war das eben kein so schöner Platz. Wir hatten den ganzen Winter über Frost in der Wohnung.

Das Gas war auch genau zugeteilt. Es war laut alliierter Anordnung bei Todesstrafe verboten, mehr Gas zu verbrauchen als zugeteilt war. Die haben das auch regelmäßig abgelesen, und wir hatten höllische Angst, daß mal die Verplombung kaputtgehen könnte.

IRMA SCHADE · KOHLEN
Ich bin dann wieder mit zehn Säcken nach Lehrte. Die Kohlen auf den meisten Waggons waren solche Riesenbrocken, die mußte man erst runterschmeißen, damit sie kaputt gingen, sonst kriegte man die gar nicht in den Sack. Ich hab immer ein paar runtergeschmissen, bin dann runtergeklettert und hab eingesammelt. Dann zu meiner Cousine ins Haus getragen. Einmal wollte ich grad wieder rüber, da hörte ich schon, wie einer rief: Polente kommt! Da bin ich schnell zurück und hab mir erst mal in Ruhe angeguckt, wie die da zwischen den Schienen rumkrochen. Es dauerte dann auch nicht lange. Nachdem die weg waren, gingen die ersten schon wieder rüber. Dörchen, sagte ich zu meiner Cousine, ich geh auch wieder, desto eher habe ich meine Säcke voll.

Ich wollte aber jetzt Eierkohlen haben, und dafür brauchte ich ein Kehrblech, um die in den Sack zu schaufeln. Und Dörchen sagte, ich gebe dir meins, aber das darfst du mir da nicht liegen lassen, es gibt keine. Ich sage: Scheiß auf dein Kehrblech, wenn es wegkommt, kriegst du eben ein anderes, ich werd schon eins auftreiben. Ich bin dann wieder rüber und hab geschaufelt. Auf einmal wurde mir so mulmig, ich sah die ersten Leute wegrennen, und da rief plötzlich eine Frau: Kommen Sie runter, kommen Sie runter, Polente!

Na ja, ich also runter und weg da... und lasse das Kehrblech da liegen. Vom Fenster aus habe ich die Polente dann wieder beobachtet. Die haben das Kehrblech auch gefunden. Ich sage zu Dörchen, die wissen, daß es deins ist, die lassen es liegen.

Als die Luft rein war, war es Nachmittag. Alle sind wieder rüber, und ich hab weiter meine Säcke geschleppt, bis es dunkel war. Abgeholt hat sie mir dann ein Landser, der bei den Engländern einen Laster fuhr. Dem hab ich dafür auch Abendbrot gemacht. Und meine Schulter tat weh, oh, oh! So ein Sack wog ja gut einen Zentner. Aber ich hatte jetzt einen schönen Vorrat.

Und Dörchen hatte noch zu mir gesagt, weißt du, wo noch schöner Koks liegt? Im Lokschuppen. Oh, das lockte ja nun wieder. Ja, sag ich, wenn ich noch mal Lust habe, komm ich.

JOHANNA WREDE · UNSER BAUM AUS POTSDAM
Wir hatten auch noch unseren Baum aus Potsdam. Die Russen hatten dort jeden zweiten Straßenbaum gefällt, und die Bevölkerung durfte sich dann das Holz zersägen. Das haben wir natürlich gern gemacht. Das Holz haben wir beim Umzug dann mit nach Berlin geschafft. Das haben wir im Ofen verbrannt, der hat uns wirklich das Leben gerettet in diesem Winter.

Die Alliierten wollten dann auch hier Bäume fällen, aber wir Berliner haben stark dagegen protestiert. In diesem Winter hatte ich auch das Glück, in einer Zahnarztpraxis zu arbeiten. Da bekamen wir viel Gas, vor allem für das Labor. Ich besorgte einen großen Kessel und wusch unsere ganze Wäsche dort aus.

Es war jedenfalls in diesem Winter sehr heikel. Viele Menschen sind ja erfroren. Ich erinnere mich noch, wie wütend wir auf die Amerikaner waren, die rissen ihre Fenster auf, weil ihnen zu heiß war, während gleichzeitig rundum die erfrorenen Menschen eingesammelt wurden. Mit der Freundschaft zu den Amis war das in dieser Zeit noch nicht so toll.

IRMA SCHADE · NOT AM MANN
Das nächste Mal bin ich dann zu diesem Lokschuppen, da war noch mein Nachbar mit und der Landser mit dem Lastwagen. Der setzte uns da ab und fuhr dann ins Müllinger Holz, Holz holen. Er wollte uns dann wieder abholen.

Der Lokschuppen lag ziemlich hoch. Wir machten die Säcke erst voll und schmissen sie dann runter. Dann brachten wir sie auf die andere Straßenseite und stellten sie an einen Zaun. Und da wohnten so ein paar alte Jungfern, die haben das gesehen. Und nach einer Weile, wer kam? Die Polente! Ich sage, oh nee, das fehlt uns gerade noch. Unser Nachbar mußte mit zur Wache, aber die haben Verständnis gehabt. Lassen Sie das da stehen, wir machen weiter nichts. Wir wissen, es ist Not am Mann.

Wir wollten die Säcke natürlich trotzdem mitnehmen. Aber nun kam der Laster nicht! Wir warteten und warteten, und verkrümelten uns da ein bißchen, weil wir nicht noch mal geschnappt werden wollten. Als er dann endlich kam und wir aufladen wollten, waren die Säcke weg! Die hatten bestimmt die Jungfern, diese Biester, reingeholt. Da war so schöner Koks drin, anderthalb Zentner pro Sack! Ich sage, das gibt es doch nicht, diese Biester haben uns den Koks geklaut. Da mußten wir natürlich ohne was nach Hause fahren.

Dann war aber Feierabend. Meine Schulter tat weh, das kann man sich nicht vorstellen. Das ganze Fell war weg von der Schlepperei, da habe ich lange mit zu tun gehabt, bis das wieder heil war. Meine Mutter meinte zu mir: Mädchen, Mädchen! Ich sagte, so sieht es aus, ihr wärmt euch hier den Arsch und ich muß meinen Buckel dafür herhalten. Ich bin dann nicht mehr hingefahren. Es hat gelangt für den Winter.

Ich hätte natürlich lieber den Koks gehabt, weil der so schön anhält. Aber einen kleinen Beutel davon hatte ich doch gerettet, den habe ich in den Ofen getan. Oh, das war eine Wärme!

THEA WALTER · SCHLIMMER FROST

In den Wintern haben wir alle schrecklich gefroren, weil wir auch nicht die richtigen warmen Sachen zum Anziehen hatten. Ich hab ganz schlimmen Frost in den Händen und Füßen gehabt, das ist wirklich eine üble Sache. Das fängt damit an, daß die Gelenke schwellen, so dick und rot werden und furchtbar jucken. Wenn das stärker wird, platzt es auf, fängt an zu suppen und zu eitern.

Ich hab eine Freundin gehabt, die hatte das ganz schlimm an ihren Füßen, die kriegte keine Schuhe mehr an. Die hat sich da irgendwelche Lappen drumgewickelt und Pantoffeln darübergezogen, damit ist sie dann auch Straßenbahn gefahren. Die stand immer mit diesen Pantoffeln an der Haltestelle, weil sie eben gar nichts anderes mehr tragen konnte. In meiner Verwandtschaft gab es ein kleines Kind, dem sind die Finger erfroren im Kinderbettchen.

HANS KUNTER · SCHLEICHWEGE

Wir sind im Winter mit dem Schlitten losgefahren und haben jeden Baum, der am Wegrand stand, abgesägt. Dann haben wir ihn fein säuberlich zerkleinert und nach Hause gefahren. Aber alles auf Schleichwegen, denn erwischen lassen durfte man sich dabei nicht. Das war verboten, einfach so Bäume umzusägen. Aber mit dem bißchen Holz, das man zugeteilt kriegte, konnte kein Mensch weit kommen.

Später, als unser Kommando in Göttingen arbeitete, haben wir eines Nachts mit ein paar Mann den ganzen Dachstuhl von einem Reitstall abmontiert und haben die Bretter und Balken nach Hause gefahren. Einmal mußten wir für den Engländer mit einigen LKW aus einer Kaserne in Hildesheim Koks holen. Da dachten wir uns natürlich, so eine Gelegenheit kommt nicht so schnell wieder. Wir haben kurzerhand einen ganzen LKW voll Koks für uns abgezweigt und zu uns nach Hause gefahren, abgeschippt in einen Schuppen, rein, und weg war es. Die Engländer haben davon nichts gemerkt, die hatten keine Kontrolle über solche Sachen. Und wir mußten halt zusehen, wo wir blieben.

CHRISTEL SCHNEIDER · MAN FROR DOPPELT

Im Winter 46/47 war es sehr schlimm hier in Berlin. Es gab eine Zuteilung von einem Kasten Holz, den holte man sich bei einer Holzhandlung. Das Holz war feucht und fing im Ofen fürchterlich zu qualmen an. Wir mußten das Fenster aufmachen, und so kam die ganze Kälte wieder rein. Mein Bruder hatte zum Glück vorm Winter noch viel Trümmerholz organisiert. Es gab ja überall Trümmer und in den Trümmern Holz. Das holten sich viele Leute.

Wir hatten zusätzlich durch einen Zufall auf einem Ruinengrundstück einen Kokskeller entdeckt. Aus dem schleppten wir säckeweise die Kohlen ab, bis der auch von anderen entdeckt wurde und es da nichts mehr zu holen gab. Wir waren da auch immer mit Angst hingegangen: der gehört ja jemandem, ist das überhaupt erlaubt, was wir hier machen? Wir hatten ein schlechtes Gewissen dabei.

Trotzdem war es oft sehr kalt, und wir haben oft gefroren. Wir hatten ja auch keine Scheibe in unserem Fenster, das war nur mit Pappe vernagelt. Ich seh mich noch meine Schularbeiten im Bett machen zu dieser Zeit. Ich kam mittags nach Haus, stieg mit Handschuhen ins Bett und machte dort meine Schularbeiten.

Man fror quasi sogar doppelt damals, weil man ja auch nichts zu essen hatte, also in sich auch nichts verbrennen konnte.

THEA WALTER · AUF EINMAL SO HELL

Außerdem hatten wir keine Scheiben in den Fenstern, sonst wäre es vielleicht erträglich gewesen. Wir hatten ein großes, sechsteiliges Fenster bei uns im Zimmer. Das war vollkommen mit Pappe vernagelt, nur ganz oben war ein kleines Stück Drahtglas drin, da fiel ein bißchen Licht durch. Als wir nach vielen Jahren wieder richtige Scheiben bekamen, dachte ich, ich seh nicht recht, so hell wurde das auf einmal in dem Zimmer. Man hatte sich schon richtig an das Zwielicht gewöhnt.

Die Pappe hielt natürlich kaum was ab von der Kälte. Wir hatten sieben Grad im Zimmer. Ich bin mit einem Sack losgezogen auf die Trümmergrundstücke, um Holz einzusammeln. Ich hab auch oft im kaputten Turm der Immanuel-Kirche oben im Gebälk rumgesucht. Das war aber lebensgefährlich, du wußtest ja nie, ob nicht irgendwas mal nachrutschen würde, wenn du da rumgeklettert bist. Andere fuhren in die Wälder und hackten da ab, was eben ging. Alles, was man greifen konnte, wurde in den Ofen gesteckt.

KARL LÜHNING · HOBBY

Im Winter 46/47 war ich ja nicht mehr im Hotel »Excelsior«, das war aufgelöst worden. Ich arbeitete jetzt schon einige Zeit bei der Firma Kramer auf der Hermannstraße. In diesem Winter gab es wohl schon Kohlenzuteilungen der Alliierten, aber die reichten natürlich hinten und vorne nicht. Damals arbeiteten wir nur an vier Tagen in der Woche, und an den anderen Tagen bin ich öfter mit dem Chef nach Babelsberg rausgefahren und habe Kohlen rangeschleppt. Zu Hause hatte ich schon vorgesorgt, da hatte ich Unmengen Holz rangeschafft. Das machte ich gerne, das ist auch heut noch ein Hobby von mir.

JOCHEN LEHMANN · STALINS HILFE

An der Straße Unter den Eichen standen alle paar Meter große Plakate, auf denen Stalins Ausspruch zu lesen war: *Die Hitler kommen und gehen, das deutsche Volk bleibt.* Die hatten die Russen gleich nach ihrem Einmarsch dort aufgestellt. Während des Winters 46/47 haben wir diese Plakate verheizt. Dadurch hat Stalin uns ganz schön geholfen, uns wurde wenigstens etwas warm.

WEIHNACHTEN

Weihnachten 45 gab es natürlich nicht viel, man hatte ja nichts. Ich kann mich noch drauf besinnen, daß Artur eine Schiebekarre gekriegt hat, die hat mir einer gemacht, der auf Hohenfels in der Tischlerei war. Dafür mußte ich aber Schmalz und Wurst hergeben. Und Marlies hat einen Pullover gekriegt. Das war wenig, aber es gab ja auch nichts, und du konntest ja nicht alles hergeben, das ging ja auch nicht. Ein paar Nüsse gab es noch, die hatten wir geklaut.

Einen Tannenbaum hatten wir aber, den hatte ich aus dem Müllinger Holz geholt. Da bin ich mit einem Spaten und einem Sack hingefahren, habe einen kleinen ausgebuddelt, in den Sack gesteckt und bin damit nach Haus gefahren. Dabei durftest du dich auch nicht erwischen lassen. Das war verboten.

Ich möchte das alles nicht noch mal mitmachen, es war zuviel, was wir damals unter Angst und Schrecken ranholen mußten. Man kann froh sein, wenn es keinen Krieg mehr gibt – aber dann würden wir sowieso nicht am Leben bleiben. [*Irma Schade*]

Zu Weihnachten 46 kriegten mein Bruder und ich von meiner Mutter jeder ein kleines Weißbrot geschenkt, so ein kleines Kastenweißbrot. Das war schön. [*Christel Schneider*]

46 habe ich mal alles Mögliche zusammengekratzt und hatte nun Zutaten gleich für mehrere Kuchen. Die habe ich nach sparsamstem Rezept gebacken, aber für einen habe ich nur die besten Sachen genommen, nur für meinen Vater zum Geburtstag, der ja Weihnachten war. Wenn schon, denn schon.

Wenn wir mal was hatten, wurde immer ein Fest daraus gemacht. Man hat auch immer einen Grund gefunden. Wenn man nicht viel hat, ist das Wenige unheimlich viel wert. Wir haben eben den Frieden genießen wollen, wenn es auch manchmal schwerfiel.

Weihnachten war für uns auch gerade in dieser Zeit ein besonderes Fest. Wir haben viel gesungen. Die Geschenke waren immer Sachen, die man selber machen konnte, wir haben sehr viel gebastelt. So haben wir zum Beispiel aus Reklamebildern Kalender gemacht, oder wir haben Wollreste zu Püppchen verarbeitet.

Die Plätzchen waren aus Roggenmehl und Wasser, aber sie haben uns prima geschmeckt. Das war eigentlich gar nicht mal schlecht.
[*Johanna Wrede*]

JOCHEN LEHMANN · ÜBERHAUPT GESCHENKE

Wir haben damals sehr viel selbst gemacht, ich habe oft etwas abgeschrieben. Für meine Frau habe ich mal auf der Schreibmaschine den »Cornet« von Rilke abgetippt, auf so gelbes Papier, und dann mit kleinen Zeichnungen ausgeschmückt. Das Abschreiben war eine recht beliebte Sache.

Besonders schön war es, wenn man mal ein Buch bekam. Wir haben sehr viel gelesen.

JOHANNA WREDE · UNIVERSAL

Nun kam so die Zeit, daß ich wieder daran denken konnte, irgendwas für mich zu tun. Ich hatte bei meinem Schulabgang so einen Reifevermerk erhalten und überlegte nun, was ich damit anfangen könnte. Ich ging zu einer Bekannten, die war Zahnärztin. Dort konnte ich erst mal als Sprechstundenhilfe anfangen. Da habe ich dann im Haushalt geholfen, die Patienten betreut und auch schon mal bei technischen Arbeiten assistiert. Man war damals so universal, weil man es eben sein mußte. Ich bekam dafür das stolze Gehalt von 100 Mark im Monat. Das war 46.

Mein Vater war inzwischen mit seinem Einkommen auf Null gesunken. Meine immer noch ziemlich kranke Schwester begann, an der Kirchlichen Hochschule Theologie zu studieren.

Jedenfalls habe ich als einzige Geld verdienen können. Hundert Mark waren für mich eine ganze Menge, bloß, dafür konnten wir ja in dieser Zeit nicht viel kaufen.

KARL LÜHNING · THEMA N° 1

Mit den Kunden im Friseursalon auf der Hermannstraße redeten wir fast nur übers Essen, in der Gefangenschaft nannten wir das *Magenonanie*. Das war absolut Thema Nummer eins.

Wir hatten einen Kunden, einen Bäckermeister, der gab als Trinkgeld immer zwei Schrippen. Um den haben wir uns immer fast gekeilt, wer den bedienen durfte.

Mittags holten wir uns oft einen Napf Suppe aus der Volksküche, die damals in den Kindl-Räumen war. Die Besitzerin hatte einen Freund, der war Kartoffelhändler. Und die gab nun jeden Tag eine Suppe aus, die bestand nur aus Wasser, Salz und ein bißchen Gemüse, kein einziges Fettauge obendrauf. Aber die war markenfrei und die Leute schlugen sich drum.

RUTH WERGAU · ABGEKRATZT

Ich hatte damals auch noch einen guten Job bei einer Lebensmittelhändlerin, die bei uns nebenan ihr Geschäft hatte. Abends haben wir im Laden gesessen und die Lebensmittelmarken mit selbstgemachtem Kleister aus Wasser und Mehl aufgeklebt, da mußte ja alles genau abgerechnet werden. Dafür hat sie mir dann was zu essen mitgegeben.

Besonders schön war es, wenn ich das Einwickelpapier von der

Butter bekam, da waren immer noch Reste dran. Die haben wir zu Hause sorgfältig abgekratzt, und hatten dann so ein paar Gramm Butter. Das war was ganz Besonderes.

THEA WALTER · KLEINER KÜRBIS
Ich hab dann so Puppen genäht, es gab ja auch kein Spielzeug. Die habe ich verkauft, möglichst nicht gegen Geld, sondern für Lebensmittel. Eine Frau hat mir für ein paar Puppen mal Pfirsiche versprochen, da hab ich mich riesig gefreut. Nachher wurde es dann ein kleiner Kürbis, sie hatte wohl keine Pfirsiche mehr.

Jeder dachte sich irgendwas aus, an was Eßbares ranzukommen. Schon, wer einen Garten hatte, dem ging es besser.

JOCHEN LEHMANN · GANZ SCHARF DRAUF
Ich lernte hier einen amerikanischen Soldaten kennen, dem ich das ganze Nazi-Zeug vermachte, das ich so hatte. Da waren die ja ganz scharf drauf. Zum Beispiel hat der von mir »Mein Kampf« bekommen, und meine Zigarettenbildsammlung von der Olympiade. Mein Hitlerjugend-Messer ist dabei auch nach Amerika gewandert. Dafür habe ich von dem Lebensmittel und vor allen Dingen Zigaretten bekommen. Ich hatte überhaupt keine Bedenken, all diesen Krempel wegzugeben für so tolle Zigaretten und Lebensmittel.

KARL SCHADE · HINTERM STACHELDRAHT
Wir Kriegsgefangenen wurden jeden Morgen nach Hohenfels gebracht zum Arbeiten und abends dann wieder zurück nach Lühnde. Das Lager war in Blöcke eingeteilt, in dem einen lagerten Klamotten, in dem andern Seife und Farben, und so weiter. Und wir klauten alles, was wir kriegen konnten, denn irgend jemand fand sich immer, der dir das gegen Lebensmittel eintauschte.

Wir mußten in der ersten Zeit einen Zaun um das Lager bauen. Das machten wir von außen, dazu packten wir so große Rollen Stacheldraht auf einen LKW und fuhren das raus. Und ganz hinten, direkt hinter die Fahrerkabine, stapelten wir unsere geklauten Sachen. Die Engländer kontrollierten jedes Fahrzeug, das aus dem Lager fuhr. Sie machten hinten die Klappe auf und guckten rein, aber vor lauter Stacheldraht sahen sie natürlich unser Zeug nicht.

IRMA SCHADE · OSTERFEUER

Auf Hohenfels hatten die Engländer ihr Zeug gestapelt, da war so viel, so viel! Da waren auch Landser, die Körbe flochten, und von denen hatte ich einen an der Hand, der sagte, ich hebe am nächsten Abend den Zaun an einer Stelle hoch, dann können Sie da drunter durch und sich was holen. Ich bin dann da mit meinem Handwagen hin und unter dem Zaun durch. Der hat mir zwei ganz stabile Körbe gemacht, die hab ich mitgenommen. Und dann noch solche getränkten Rollen, damit konnte man Feuer machen, die brannten wie Gift. Und einen Kupferkessel mit einem Druckdeckel drauf, da hab ich mir einen Einmachtopf draus machen lassen. Und solche runden Behälter, das waren früher Munitionsbehälter gewesen, da habe ich heute noch einen stehen, da habe ich mein Taubenfutter drin. Ich war zweimal da und habe was weggekarrt. Dem Landser hab ich was zu essen dafür gegeben, umsonst hab ich das auch nicht gekriegt.

Aber ich hatte nur einen Bruchteil. Da ist geklaut worden, das glaubt kein Mensch. Wenn man andere so hört, was die da geholt haben, das war ja enorm. Und später, als die Engländer das spitzgekriegt hatten, daß da so viel geklaut wurde, haben sie das ganze Lager ausräumen lassen, alles ins Freie schmeißen lassen, und haben es angesteckt. Da haben sie ein Osterfeuer gemacht. Wir sollten nichts mehr haben.

JOHANNA WREDE · HAMSTERFAHRTEN

Da wir kaum Geld hatten, haben wir einen Teil unserer Lebensmittelkarten verkauft, so Sachen, die wir nicht unbedingt brauchten, wie zum Beispiel Zigarettenmarken.

Meine Mutter hat unsere Ernährung durch Hamsterfahrten aufgebessert, sie war eine sehr geschickte Hamsterfahrerin. Sie hat damals Freundschaften geschlossen, die heute noch andauern.

Meine Mutter fuhr zum Beispiel zu ihren Verwandten nach Sachsen. Dort ging sie erst mal zum Müller und fragte den, was er wohl brauchen könnte, also vielleicht einen Teppich oder eine Uhr, so was hatte man ja. Dann hat sie beim nächsten Mal dem Müller die Sachen gebracht und gegen Mehl eingetauscht. Die Bauern nun waren wiederum ganz scharf auf das Mehl und gaben ihr dafür Eier oder auch Speck. Das ganze war so eine Art Ringtausch, so ist das gelaufen. Nachdem meine Mutter spitzgekriegt hatte, daß die Leute auf dem Land Mehl haben wollten, hat sie sich mit allen Müllern angefreundet, die sie so kennenlernte. Wir schicken heute noch an die Witwe eines solchen Müllers Päckchen in die DDR. Es ist also eine richtige Freundschaft zwischen unseren Familien daraus entstanden.

Daß das Hamstern verboten war, darüber habe ich nie nachgedacht. Das mit den Ge- und Verboten war sowieso so eine Sache, man durfte sich nicht unbedingt danach richten. Wichtig war sozusagen der gesunde Menschenverstand, das mußte man eben selber abschätzen. Ich erinnere mich, daß eines Tages kurz nach Kriegsende eine Bekanntmachung angeschlagen wurde, wo es hieß, daß sich alle Männer zwischen zwanzig und sechzig Jahren umgehend bei der russischen Kommandantur zu melden hätten. Wir mußten meinen preußisch gesinnten Vater mit aller Gewalt daran hindern, hinzugehen. Von denen aus unserem Bekanntenkreis, die dem Aufruf gefolgt sind, haben wir nie wieder was gehört, die sind einfach verschleppt worden.

MARLIES SCHADE · AUF ALLEN VIEREN

An dem Tag war ganz muckeliges Wetter, so regnerisch und diesig. Und da kommt Lieschen rüber und sagt, Mensch, heute abend ist es doch schön zum Klauen.

Ich sage, meinst du, wo willst du denn hin? Hinter den Mühlenberg, sagt sie, da ist dieses schöne Mohnfeld, neben dem die Haferstiegen stehen. Oh, sag ich, da hast du dir aber ein Feld ausgesucht, das ist mir überhaupt nicht geheuer, da können doch welche drinsitzen. Ach, Mensch, hör auf, sagt sie, bei diesem Wetter ist doch da keiner.

Na ja, sie lotst mich also mit, wir gehen los. Das ganze Feld war voll mit schönen dicken Köpfen. Und Lieschen rupft und rupft und rupft und geht immer weiter in dies Feld rein, sucht sich die besten Köpfe aus, guckt nicht nach rechts und nicht nach links. Ich bin oben am Ende geblieben, weil mir das so unheimlich vorkam den Abend. Ich denke, irgendwas stimmt doch nicht. Und auf einmal springt aus einer Haferstiege ein Mann mit einem Hund raus. Ich aber kattewitt weg und Lieschen hinter mir her. Sie war viel schneller als ich, sie war bald weg. Zum Glück war es schon ganz dunkel.

Ich bin nach Bolzum zu runter, da ist eine Kuhle, da haben wir als Kinder immer gerodelt. Ich die Böschung runter und hab mich hinter einen Busch gelegt, ganz mäuschenstill. Ich hab noch eine Weile gewartet, ob er noch kommt. Dann bin ich auf allen vieren auf dem Boden langgekrabbelt, ich hab mich gar nicht getraut aufzustehen,

Mein Gott, wenn ich an den Abend denke, mir ist das Herz aus dem Halse geschlagen. Aber wir brauchten uns nicht zu schämen, es war Mundraub. Wir haben ja nicht alleine geklaut, das haben alle gemacht. Alle hatten sie ja nichts. Wer erwischt wurde, der hatte eben kein Glück gehabt. Die Leute waren dazu gezwungen. Wo was war, da wurde es mitgenommen. Es war wirklich Not am Mann, und man möchte die Zeit nicht wieder erleben. Aber in so einer Zeit siehst du schon zu, daß du zurecht kommst, da nimmst du alles auf dich, egal, was kommt.

Auch aus Hannover sind damals viele gekommen und haben sich Obst geholt. Du fandest ja im Graben keinen Apfel mehr, die waren alle aufgelesen. Die kamen von der Stadt hierher und haben fleißig die Bäume geschüttelt. Die waren ja auch gezwungen, aufs Land zu kommen und sich was zu holen, in der Stadt war ja nichts. Das war eine harte Zeit, und wer nicht losgegangen ist, hat auch nichts gehabt.

RUTH WERGAU · SCHICKER ALS DIE AMIS

Mein späterer Mann kam eines Tages aus Frankreich zurück. Er hatte dort gearbeitet, nachdem man ihn aus der Gefangenschaft entlassen hatte. Der brachte fast eineinhalb Zentner Gepäck mit! Da hatten wir Speck, Mehl, Zucker, Stoffe und andere Sachen, die es bei uns kaum gab. Der hatte sogar Aprikosenlikör und alten Rotwein dabei. Als ich ihn fragte, wie er das alles nach Berlin schaffen konnte, hat er nur geantwortet, wenn man will, kann man alles möglich machen.

So war das damals. Man konnte tatsächlich die irrsten Sachen machen, auf die heute kein Mensch mehr kommen würde. Er hatte auch einen wunderschönen braunen Nadelstreifenanzug dabei, in dem sah er noch schicker aus als die Amis. Das war schon was.

JOHANNA WREDE · ERHOLUNG

Im Sommer 46 wurde von der Kirche eine Erholungsreise angeboten, nach Thüringen. Da war so ein Erholungsheim, in dem Plätze für Berliner frei waren. Kein Mensch hat sich getraut, dahin zu fahren, aber ich hab mir gesagt, das machst du.

Es war schon mit recht happigen Schwierigkeiten verbunden, überhaupt erst mal eine Fahrgenehmigung zu bekommen. Ich hab es aber geschafft und bin dann mit dem Zug neun Stunden von Berlin nach Halle gefahren. Der Zug war völlig überfüllt, und ich verstand langsam, warum keiner diese Reise machen wollte.

Von Halle bin ich nach Jena und von dort mit der Kleinbahn in das Erholungsheim. Na, da war es dann aber auch schön. Bloß, mehr zu essen bekamen wir da auch nicht.

HANNA LEHMANN · TRÜMMERGARTEN

Ab Frühjahr 47 ungefähr ging es uns etwas besser. Wir trafen uns oft mit den Freunden aus der Laienspielgruppe. Wenn wir dann sonntags zusammensaßen, machten wir Musik, und dazu gab es aus dem Trümmergarten bei uns am Haus manchmal ein paar Tomaten. Jede mögliche Anbaufläche wurde ja irgendwie ausgenutzt.

Aber wenn wir uns trafen, ging es nicht nur ums Essen. An einem Sonntagabend hat mein Mann uns die »Weise von Liebe und Tod« von Rilke vorgelesen, das war sehr schön.

JOCHEN LEHMANN · KINDERSPIELE

Ich weiß noch genau, wie wir miteinander gelacht haben, wenn es darum ging, wer das letzte Stück belegtes Brot oder gar ein aufgehobenes Stückchen Schokolade bekommen sollte. Das wurde feierlich und mit viel Papier und Schnur verpackt auf einem Teller mitten auf den Tisch gelegt. Daneben lagen Handschuhe, Hut, Schal, Messer und Gabel. Dann wurde gewürfelt, und wer eine Sechs hatte, mußte sich alles anziehen und versuchen, mit Messer und Gabel die Verpackung zu öffnen, bis der nächste eine Sechs hatte. Das waren ja eigentlich Kinderspiele, aber uns hat das viel Spaß gemacht, obwohl wir uns sonst sehr erwachsen vorkamen.

RUTH WERGAU · GEPRESSTER KOHL

Irgendwann haben wir von den Amis eine Sonderzuteilung Kohl erhalten, das muß so 47 gewesen sein. Da bekamen wir ohne Marken so ein Paket, in dem war zu Tafeln gepreßter Kohl. Da haben wir uns natürlich gefreut. Aber als wir den Kohl in den Topf taten, hörte er nicht mehr auf zu quellen. Das wurde auf einmal so viel Kohl, daß wir gar nicht mehr wußten, wohin damit. Wir haben vier oder fünf große Kochtöpfe voll mit Weißkohl gehabt. Den haben wir mit Wasser und einer Einbrenne aus Fett und Mehl zubereitet. Jedenfalls hatten wir die ganze Woche Weißkohl. Der hat uns auch prima geschmeckt. Hätte man uns doch vorher gesagt, wie viel das wird, dann hätten wir uns den bestimmt besser eingeteilt.

HANS KUNTER · SCHLÄUCHE

Nachdem ich 47 aus der Gefangenschaft entlassen war, habe ich in Hannover auf der Conti angefangen. Gelernt hatte ich ja Schlosser, aber ich wollte eigentlich gar nicht wieder als Schlosser anfangen, weil die Handwerker bei der Conti sehr wenig verdienten damals im Vergleich zu den Akkordarbeitern im Gummibetrieb. Die sagten mir aber, sie könnten im Gummibetrieb, im Akkord, keinen Schlosser einstellen, da würden sie Schwierigkeiten mit dem Arbeitsamt kriegen. Dann könnten sie mich gar nicht einstellen. Da hab ich gesagt, na gut, dann geh ich als Schlosser.

Nun hatte ich Arbeit, aber ich verdiente ganz schlecht, und es gab ja immer noch nichts. Wir mußten alle weiter sehen, wie wir über die Runden kamen, und das hieß, wir klauten weiter, auch auf der Conti. Nicht alle machten das, aber die meisten. Fahrradschläuche zum Beispiel. Die hingen über Nacht in einem Heizkessel, ein großes Vorhängeschloß davor. In der Nachtschicht haben wir Schlosser das ganze Vorderteil dieses Heizkessels abgeschraubt mitsamt Vorhängeschloß und haben die Schläuche da rausgeholt. Dann haben wir das Vorderteil wieder drangesetzt, und am nächsten Morgen haben sich die Leute gewundert, wo die Schläuche geblieben sind, die Schlösser waren ja unversehrt.

Dann mußten wir uns noch Ventile besorgen, die waren auch eingeschlossen. Da mußten wir uns dann auch noch was einfallen lassen, denn ohne Ventile nützen einem die Fahrradschläuche ja nichts. Wenn wir alles zusammengesetzt hatten, sind wir über Land gefahren zu den Bauern und haben die Schläuche verscheuert, gegen Wurst, Butter, Kartoffeln und so was.

Der größte Schlauch, den ich jemals geklaut habe, war der LKW-Schlauch 10/00/20. Den habe ich nach Arbeitsende, nach dem Duschen um die Schulter gelegt, dann um den Bauch rum und schließlich noch zwischen den Beinen durchgesteckt. Dann hab ich meine Klamotten drübergezogen und bin wie ein steifer Mann raus.

An den Werktoren standen Leute von der Werkfeuerwehr, die haben aufgepaßt wie die Luchse, daß niemand was klaut, und haben

Hans Kunter mit seiner Tocher

die Leute kontrolliert, die das Werk verließen. Da mußte man sich schon was einfallen lassen. Ich bin also mit meinem Schlauch um den Bauch gepfriemelt da raus. Unterwegs habe ich fürchterlich angefangen zu schwitzen und kaum noch Luft gekriegt mit dem Ding. Als ich dann durchs Tor war, bin ich sofort auf das erste Trümmergrundstück, hab meine Klamotten ausgezogen und mich erst mal wieder ausgepackt. Für diesen Schlauch habe ich nach der Währungsreform 150 DM gekriegt.

Teilweise wurden solche Sachen auch schon innerhalb der Firma verschoben, an Kollegen, die keine Gelegenheit hatten, in die entsprechende Abteilung zu kommen. Wenn jemand in eine Abteilung kam, in der er nicht arbeitete, dann war sofort die Aufsicht da, hat gefragt, was er da zu suchen hätte, und hat ihn gleich wieder abgeschoben. Überall haben die Leute ja geklaut wie die Raben, ob das nun in der Wärmflaschenabteilung war oder bei den Fahrradschläuchen oder den Autoschläuchen oder bei den Schuhsohlen.

KARL LÜHNING · WANNSEE
Während der Währungsreform lag ich im Krankenhaus mit einer Magengeschichte, und als ich wieder rauskam, war die Blockade.

Ich war noch lange krankgeschrieben und ging wieder angeln. Da hab ich bei Schwanenwerder die Sunderland-Flugboote gesehen, die Anthrazitkohle brachten. Da liegt noch heute sicherlich so manche Kohle unten im Wasser. Die Leute haben mit Käschern danach gefischt, weil beim Ausladen immer mal was reinfiel ins Wasser.

Daß sich ansonsten während der Blockade was an unserer Lebensmittelzuteilung geändert hat, wüßte ich nicht zu sagen. Das einzige, an das ich mich erinnere, ist eine Büchse mit gerösteten Erdnüssen. Über Wasser gehalten hat uns mein Angeln. Ich habe unentwegt geangelt, und das hat pro Woche gut und gerne drei Mahlzeiten ausgemacht.

Während der Blockade haben ein paar Freunde und ich das Angeln noch in größerem Stil aufzuziehen versucht. Wir haben die Fische quasi elektrisch gefangen. Mit einer Lichtmaschine aus einem italienischen Panzer, die wir mit einem Riesen-Akku antrieben, sind wir in einem Kahn auf den Wannsee gerudert, und zwar zu einer Stelle, wo heller Sand war und man die Fische gut sehen konnte. Dann haben wir zwei Kupferplatten angeschlossen und die als Plus- und Minuspol ins Wasser gehalten, und siehe da!, es hat geklappt. Die Fische legten sich platt auf den Boden, und wir konnten die richtiggehend vom Boden abkratzen.

Aber das war eine flache Stelle mit kleinen Fischen. An Stellen, wo es tiefer war und wo dann auch größere Fische waren, konnten wir das nicht anwenden, weil wir da nichts sahen. Wir hätten die Fische zwar abmurksen können, aber wir hätten sie nicht rausholen können aus dem Wasser, weil wir nicht sahen, wo sie lagen. Also war das so recht nichts.

JOHANNA WREDE · INTERESSANTE REISE

Ich hatte den Flitz, ich mußte unbedingt mal wieder verreisen. Meine Schwester hatte sich inzwischen nach Tübingen verlobt, und ich wollte sie nun mal besuchen. Dazu brauchte man einen Interzonenpaß, das war ein langer Antragweg. Ich mußte alles begründen, warum ich hinfahren wollte. Ich hab dann gesagt, ich muß meiner Schwester das Hochzeitsgut bringen, und so bin ich im April 48 nach Tübingen gekommen.

Die Reise war schon ganz interessant. In Marienborn mußten alle Fahrgäste aussteigen und durch eine Barriere gehen mit allem Gepäck. Die Kontrolle dauerte dann geschlagene sieben Stunden. Aber das wußte man ja vorher.

Ich wollte noch ein bißchen mehr sehen und bin auf der Hinfahrt zum Rhein, nach Köln gefahren. Unterwegs habe ich mich von Reisemarken ernährt, die ich vor Antritt der Fahrt besorgt hatte. Dafür mußte ich meine Lebensmittelkarten eintauschen. Im Restaurant mußte man dann eben soundsoviele Fettmarken oder so abgeben. Mein erstes markenfreies Essen war in Konstanz am Bodensee, das fand ich so phantastisch, daß ich es nie vergessen werde.

In Köln sah es zu dieser Zeit fürchterlich aus. Aber das kannte ich ja von Berlin und Potsdam her. Ich bin dann den Rhein entlang gefahren, über Karlsruhe bis Tübingen, von wo ich auch den Abstecher nach Konstanz machte. Ich wollte unbedingt mal die Schweizer Grenze sehen. Ich bin dann von der Insel Reichenau aus zum Schweizer Ufer geschwommen, obwohl das Wasser ziemlich kalt war. Das war mir die Sache aber wert, nun auf einmal nach all den Erlebnissen in Deutschland auf ausländischem Boden zu stehen.

Ich bin dann zurückgefahren und zwei, drei Tage später wieder nach Berlin gekommen, da kam dann die Währungsreform.

Auf der Reise wurde ich zwischen den verschiedenen Zonen immer kontrolliert. Überall waren da noch Kontrollen.

HANS KUNTER · DICKFELLIG

Wenn man das damals gesehen hat, was da gestohlen wurde auf der Conti, das ist enorm gewesen. Daß die überhaupt noch existieren konnten. Es wurden Kontrollen gemacht, aber wir waren ja so dickfellig damals. Fahrradschläuche haben wir uns um die Waden gebunden, drei-, viermal rum. Alles andere wurde um den Leib gebunden, Mantel drüber, da hast du dann nichts mehr gesehen. Sicher, es sind auch viele erwischt worden... Ich war acht Tage in der Firma, da mußte ich schon zum Direktor rauf. Ich hatte eine Fahrraddecke mitgenommen und bin erwischt worden. Wo ich die Decke her hätte? Ich hab gesagt, die hat da so rumgelegen. Damals war es so, daß es eine Ausgabe gab für die Mitarbeiter, aber man mußte erst soundsoviele Monate in der Firma sein, um ein Anrecht zu haben auf eine Fahrraddecke. Ich mußte damals aber auch sonntags arbeiten und mußte da mit dem Fahrrad fahren. Und da brauchte ich eben eine neue Decke. Was mach ich also? Ich nehm sie halt mit.

Erst haben sie mir ja nicht abgenommen, daß die da in der Gegend rumgelegen hat, dann haben sie gesagt, hören Sie zu, machen Sie das nicht wieder, das bringt nichts ein. Vor der Währungsreform haben die also schon mal ein Auge zugedrückt. Nach der Währungsreform wurde das dann strenger, da sind auch welche vors Gericht gekommen. Und die sind dann entlassen worden, auch wenn sie meinetwegen schon fünfundzwanzig Jahre bei der Conti gewesen waren. Teilweise wurden sie dann später wieder eingestellt, aber die Jahre waren erloschen, was zum Beispiel die Betriebsrente anging. Und da ist man dann vorsichtiger geworden.

KARL LÜHNING · KARNICKELFANG

Eine andere Sache, an der wir uns erfolglos versuchten, war der Karnickelfang. Damals gab es noch viele wilde Karnickel, heute sind die dezimiert.

Meine Frau hat ein Netz geknüpft, das haben wir über einen Bauausgang gestülpt, alle andern haben wir verstopft. Dann haben wir eine Pergamenttüte genommen, über die Hand gestülpt, in den Bau gehalten und damit geraschelt. Das ist angeblich für Kaninchen ein Wahnsinnsgeräusch, die sollen dann sofort aus ihrem Bau geflitzt kommen. Wir haben kein Kaninchen gesehen.

Dann haben wir eine Büchse genommen, einen roten Mund und grüne Augen drauf gemalt, innen eine Klingel befestigt, die wir elektrisch betätigen konnten, und das Ganze an einem Gullireiniger befestigt, mit dem wir das Ding um Ecken und Kanten schieben konnten. Das haben wir in den Bau geschoben und die Klingel einen Höllenlärm machen lassen – wir haben kein einziges Kaninchen gefangen. Zum Schluß haben wir es dann mit Ausräuchern probiert. Wir haben in eine Volksgasmaske eine kleine Schachtel mit Schwefel gelegt, haben den angezündet und die Maske auf das Karnikkelloch gestülpt. An die Maske haben wir vorn einen Schlauch angeschlossen mit einem Blasebalg, dann den Schwefelgestank in den Bau gepumpt – wir haben nie ein Karnickel auch nur gesehen.

JOCHEN LEHMANN · MANCHMAL MOHRRÜBEN

Zur Schule hat mir Mutter eine Mohrrübe und eine Scheibe geröstetes Brot mitgegeben, das mußte reichen. Sie hat bei einem Bauern in Marienfelde geholfen, deshalb hatten wir Mohrrüben.

Einwickelpapier gab es nicht, ich hatte meine Schulbrote in meiner mit Zivilknöpfen ausgerüsteten Militärjacke stecken. In der anderen Seitentasche steckten ein Block Papier und ein Bleistift. Das war meine ganze Schulausrüstung. Bücher gab es kaum.

THEA WALTER · DAS DÜNNERE

Es wurde dann eine Kinderspeisung eingeführt. Da konnten sich Kinder, meistens in irgendeiner Kneipe, bis zu einem gewissen Alter ein Essen geben lassen. Das wurde in Kübeln geliefert, vom Roten Kreuz. Ich hab da bei der Verteilung mitgeholfen.

Die Kinder kannten solches Essen gar nicht, Nudeln, Fleisch, und alles schön fett. Die haben das weggeworfen, es war nicht möglich, die Kinder zu füttern. Die warfen das auf die Erde. Uns wurde ganz anders. Aber wir konnten nichts dagegen tun, die Kinder aßen es nicht, die schmierten es auf die Tische und kippten es aus. Nachher haben wir den Kindern, die das nicht essen wollten, nur noch das Dünnere gegeben und den anderen das Dicke rausgeschöpft.

Wenn am Schluß noch was übrig war in den Kübeln, dann durfte man sich auch so ein kleines Töpfchen davon mitnehmen. Ich hab meiner Mutter gelegentlich einen Topf voll mitgebracht.

JOCHEN LEHMANN · DIE FEINEREN LEUTE

Wenn man damals in ein Lokal gehen wollte, um was zu essen, mußte man dafür auch Marken hergeben. Aber die brauchten wir ja zum Leben, und so sind wir in dieser Zeit eigentlich nie auf die Idee gekommen, mal ins Lokal zu gehen.

Da haben sich eben die feineren Leute getroffen, Kaufleute und Schwarzhändler. Eben die Leute, die noch was hatten zu der Zeit, die sind auch in Lokale gegangen. Aber für uns war das nichts.

KARL LÜHNING · FALSCHES KARNICKEL

Wir hatten einen Freund, der auf einem Bauernhof lebte. Der kam eines Tages an und sagte, Mensch, wir haben so viele Flüchtlinge aus Schlesien, die fressen uns alle Katzen auf. Das war 47, und wir hatten Hunger. Ich sagte: Wenn ich bloß eine hätte.

Und kurz vor Weihnachten kam der wieder an und sagte, ich hab euch ein Karnickel mitgebracht. Er legte es hin und ging wieder. Wir hatten beinahe Tränen in den Augen. Ja, und nun gucken wir uns das Vieh an, und ich sag zu meiner Frau: Du, das ist eine Katze. Ja, sagt sie, ein Karnickel hat einen anderen Körperbau. Na ja, was meint ihr, mit welchem Appetit wir zu Weihnachten diese Katze gegessen haben! Und geschmeckt hat es wirklich praktisch wie Karnickel, ganz gut.

JOCHEN LEHMANN · SPRÜCHE

Ich persönlich habe die Blockadezeit nicht als neue Hungerkur erlebt. Es wurde vieles eingeflogen, und von dem, was ich bekam, konnte ich mich schon ernähren. Irgendwie schmeckte zwar alles gleich, aber das machte mir wenig aus. Die Amis schickten viele Dinge in Pulverform rüber. Wir haben oft gesagt, es ist doch ganz gut, daß die kleinen Kinder jetzt Milchpulver bekommen, da braucht man die Windeln nicht mehr auszuwaschen, es reicht, wenn man einmal kräftig pustet. Das waren so Sprüche in dieser Zeit, mit denen man natürlich auch die Not überspielte.

Es entstand dann so was wie das Frontstadtbewußtsein der Westberliner. Der Unterschied zwischen den beiden Systemen Kapitalismus und Kommunismus wurde hier scheinbar hautnah erlebt, es war nicht so theoretisch. Entscheidend war, wo man satt wurde. Und drüben gab es ja nun wirklich nicht viel, obwohl etliche Westberliner in den Ostsektor rüber sind und dort Lebensmittel organisiert haben. Ich habe mir höchstens ab und zu ein paar Bücher dort gekauft.

Care-Pakete. Jochen Lehmann und seine Kommilitonen, 1947

JOHANNA WREDE · LUFTBRÜCKE

Das mit der Luftbrücke klappte für mein Empfinden gar nicht mal so schlecht. Erst mal wurde der Winter schön milde, so daß man mit den Eierbriketts durchhalten konnte. Jeder bekam einen Sack Eierbriketts, und unser Ofen schluckte ja sowieso alles. Und Holz hatten wir auch immer noch etwas. Außerdem hatten wir einen Teil unserer Möbel zerhackt, es ging also alles irgendwie. An Essen bekamen wir Kartoffelpulver und sehr viel Maismehl, das beruhte wohl auf einem Irrtum. Unsere Leute hatten den Amerikanern gesagt, wir brauchen Korn, und das bedeutet eben Mais auf Englisch. Die Amis müssen sich sehr gewundert haben, denn die verwendeten Mais hauptsächlich als Viehfutter.

Also so richtigen Hunger, so elementar, wo man rumrennt und Steine auffressen könnte, den hatte ich nun nicht mehr. Dann wurden so Sachen wie Kekse und ein bißchen Schmalz auf Karten verteilt, das waren eigentlich ganz gute Sachen.

Wir hatten Freunde im Ostsektor, die kamen dann und holten sich so ein paar gute Sachen ab und brachten uns dafür Kartoffeln oder auch mal einen Sack Kohlen. Das durften die natürlich nicht, aber gemacht haben sie es trotzdem. Die hatten auch gelernt, wie man die Kontrollen umgehen kann.

CHRISTEL SCHNEIDER · URIGE HOCHZEIT

Geheiratet wurde auch einmal in unserer »Wohngemeinschaft«. Irgendwann 48 zog die Mutter mit der Angestelltentochter aus. Dafür zog eine junge Frau ein mit einem Mann, der hatte ein ganz komisches Gesicht, wie ein Baby, und auch gar keine Haare mehr. Die beiden hatten schon zwei Kinder, und die Frau war schon wieder schwanger. Sie wollte wohl eigentlich gar nicht heiraten, aber der

Mann überredete sie dann doch dazu, und so fand eine Hochzeit statt bei uns in der Wohnung. Und die war urig. Meine Mutter half da mit, sie machte einen Schweinebraten, der roch ganz herrlich. Dann wurde eine Kapelle engagiert, Geige und Akkordeon. Es wurde getanzt in dem Zimmer. Wir waren auch eingeladen, ich durfte aber nicht allzu lange da bleiben. Die Leute wurden irgendwie zu freundlich und dann mußte ich raus. Meine Mutter sagte immer zu den beiden, es ist schön, daß Sie heiraten, es ist gut, daß die Kinder endlich ein richtiges Elternhaus kriegen.

Die Frau kam aber später öfter in die Küche und heulte sich dort aus über ihren Mann. Der sei doch nicht ganz richtig im Kopf, was der von ihr verlange, und so weiter. Es ging dabei wohl um irgendwelche sexuellen Dinge, die sie nicht verkraftete. Und meine Mutter versuchte immer zu schlichten und zu trösten.

MARLIES SCHADE · BEZIEHUNGEN

Im August 49 haben wir dann geheiratet, es wurde ganz groß gefeiert. Meine Tante besorgte Fleisch, die hatte entsprechende Beziehungen. Wir selbst hatten ein paar Hühner und Enten, die wurden geschlachtet, und der Schnaps wurde selbst gebrannt. Mein Mann lieh sich einen Cut und einen Zylinder, und meine Mutter tauschte ein Brautkleid für mich ein.

Gefeiert wurde im Saal einer Gastwirtschaft, wir waren ungefähr vierzig Mann. Das war eine schöne Feier. Die meisten waren hinterher sternhagelvoll.

IRMA SCHADE · IN DOSEN BILLIGER

Damals hatten noch alle einen Garten. Auch die Flüchtlinge, von denen die meisten ja hier hängengeblieben sind. Die Bauern mußten Land hergeben, und es wurde abgemessen, wieviel jeder haben sollte. Aber als es den Leuten wieder gut ging, haben sie einer nach dem andern ihre Gärten liegen gelassen, da wollten sie die alle nicht mehr.

Und so ist es ja auch heute noch. Wer hat denn heute noch einen Garten? Das kann man doch alles billiger kaufen, in Dosen.

◄ Heinrich, Marlies, Karl und Irma Schade, 1949

5
Neue Zeiten

Politik spielte im Alltagsdenken der meisten unserer Gesprächspartner keine große Rolle – zumindest nicht das eigene politische Agieren, denn die Politik (der anderen/von oben) langte natürlich ständig auch in die privaten Existenznischen.

Als der Berliner Fotograf Friedrich Seidenstücker 1947 die Aufnahme machte, mit der wir dieses letzte Kapitel unseres Buchs beginnen, war eigentlich schon alles gelaufen in der politischen Gestaltung Nachkriegs-Deutschlands. Die Erneuerungsversuche – als **Re-education** und **Entnazifizierung** usw. ohnehin meist als Siegeranmaßung begriffen – waren schon von der »Realpolitik« überholt, die Schlußfolgerungen aus den zwölf Jahren Vorgeschichte hingen noch an Mauern und Rednerlippen; aber das verstärkte bestenfalls ein wurschtiges Ohnmachtsgefühl: daß doch alles »ein riesiger Beschiß« sei, war nicht nur die Erkenntnis in den Tagen nach der **Währungsreform** ...

MARIA BRIESEN · EINMALIG ARBEITSAM

Die ganze Unruhe, die man ständig in sich trug während des Krieges, die hatte man jetzt nicht mehr. Nur, jetzt war es ein Kampf um Lebensmittel und ums Dasein. Die Russen haben uns eigentlich gar nicht mal so sehr gestört. Ich persönlich habe es als eine Erlösung empfunden, als die nach Dresden kamen. Wir hatten den Krieg überstanden.

Als das nun weiterging und die Wirtschaft wieder aufgebaut wurde, hat sich das ganze deutsche Volk ja selber viel geholfen. Der Deutsche ist ja nun mal einmalig arbeitsam und strebsam, und da mußte auch jeder ran. So langsam normalisierte sich alles wieder.

Ich konnte nicht arbeiten, weil ich ja ein kleines Kind versorgen mußte. Aber alle Frauen, bei denen das nicht so war, wurden von den Russen herangezogen und mußten schwer, schwer arbeiten. Da wurde nicht gefragt, ob du eine Frau bist oder ein Mann.

Für Politik habe ich mich in dieser Zeit überhaupt nicht interessiert. Man hatte so die Nase voll von Politik, daß man davon absolut nichts wissen wollte.

WOLFGANG SZEPANSKY · VIELE MÖGLICHKEITEN

Für mich war es eine Zeit des Umbruchs, eine revolutionäre Zeit. Ich habe viele Möglichkeiten gesehen. Für mich wurde die Arbeit zur Freude, das war vorher so nie der Fall gewesen. Wir haben das alles mit einer echten Begeisterung gemacht. Alles mußte ja wieder organisiert werden in so einer Millionenstadt, Gas, Wasser und Strom, und diese Arbeiten machten größtenteils Kommunisten. Die anderen waren entweder untergetaucht, abgehauen oder kümmerten sich nicht um diese Dinge.

Die Kommunisten in den Verwaltungen mögen auch nicht immer alles richtig gemacht haben, aber sie haben es doch ganz gut verstanden, die nötigen Lebensgrundlagen, die ja alle durch den Krieg zerstört worden waren, wiederherzustellen. Vieles wurde auch von der Sowjetunion zur Verfügung gestellt. Dabei darf man nicht vergessen, daß nun gerade dieses Land in besonderem Maße von den Nazis zerstört worden war, die hatten nach dem Krieg ja wirklich selbst kaum genug.

Es gab natürlich auch einige Leute, die hatten sehr schnell mitbekommen, wo jetzt der Stärkere saß und sind deshalb zu uns gekommen. Aber die meisten von denen sind nach den ersten Wahlen wieder weggeblieben, als sichtbar wurde, daß wir nun doch nicht die

Stärksten waren. Nach und nach kamen da auch all die Leute wieder zum Vorschein, die sich momentan nicht getraut hatten, uns anzugreifen. Die haben es dann ja auch geschafft, daß wir nichts mehr zu sagen hatten und nichts mehr sagen durften.

MICHA EVERS · ORDENTLICHE PAPIERE

Um arbeiten zu können, brauchte ich nun irgendwann wieder so was wie ordentliche Papiere. Um aber eine Zuzugsgenehmigung oder eine Reisegenehmigung zu bekommen, mußte ich Arbeit nachweisen.

Als erstes brauchte ich aber zumindest eine Legitimation darüber, wer ich überhaupt war. Das war eine komische Sache. Ich bin zum zuständigen Einwohnermeldeamt gegangen und habe auf Grund meiner Angaben einen behelfsmäßigen Ausweis erhalten. Das ging auf Treu und Glauben, da war ja auch nichts, was ich hätte vorweisen können. Ich hätte denen auch das Blaue vom Himmel runterquatschen können. Das haben damals bestimmt auch verschiedene Leute gemacht, die irgendwelchen Dreck am Stecken hatten.

CHRISTEL SCHNEIDER · AUSGEBOMBT

Eigentlich gab es damals kaum Unterschiede zwischen den Leuten, alle hatten wenig und man war mehr oder weniger solidarisch. Aber einen Unterschied gab es eben doch, und zwar den zwischen Ausgebombten und Nicht-Ausgebombten. Die Nicht-Ausgebombten hatten halt doch noch mehr, die hatten Sachen zum Verscherbeln und auch mehr zum Anziehen. Ich aber hatte absolut nichts.

ANNI MITTELSTAEDT · JEDEN MONTAG GEHEULT

Mein Tag fing früh an. Ich bin schon vor sechs aufgestanden und hab für meinen Sohn Frühstück gemacht. Dann bin ich mit der Straßenbahn nach Tempelhof gefahren. In einem heilen Keller hat man sich umgezogen, und dann ging es los. Als erstes holten wir uns eine Lore und legten dann los. Pause gab es vormittags eine viertel und nachmittags eine halbe Stunde. Abends ist man wie ein Zementsack ins Bett gefallen. Im Winter war es schon dunkel, wenn ich abends nach Hause kam. Damals war auch noch Lichtsperre, Kerzen gab es nicht, also ist man gleich ins Bett gegangen.

Für Politik hab ich mich überhaupt nicht interessiert in dieser

Zeit. Man hat ja gar keine Zeit, keinen Gedanken dafür gehabt, man war wie im Tran. Man mußte waschen, flicken, kochen, arbeiten. Ich habe fast jeden Montag geheult, weil ich wieder zur Arbeit mußte. Aber ich mußte ja. Die Pension von meinem Mann war noch nicht durch, und ich brauchte die Lebensmittelkarten. Abends mußte man sich dann noch anstellen, da hatte man die Lebensmittelkarten in der Tasche und guckte, wo es was gab. Wir sahen auch immer zu, daß wir was Frisches kriegten, von den Amis gab es ja nur dieses Trockenzeug, alles aus Pulver.

Streit gab es unter den Frauen kaum, im Gegenteil, wir haben uns sehr viel geholfen. Wir hatten welche unter uns, die hatten immer schon in der Monatsmitte kein Brot mehr. Ich erinnere mich da an eine, eine ganz kleine, die war achtundsechzig Jahre und hatte immer Hunger. Die hat uns leid getan, und so hat immer mal eine was abgegeben. Wir haben uns abgewechselt, damit die noch ein bißchen zusätzlich was zu essen kriegte.

Auch wenn ein Unfall passierte, haben wir uns immer geholfen. Da ist ja viel passiert. Eine Frau ist mal auf die Drehscheibe gefallen. Da war in der Mitte so ein Dorn drin, und den hat sie genau ins Kreuz gekriegt, in den Steiß, ich hör die heut noch schreien. Ein andermal sollten wir eine große Kuhle mit Sand und Geröll füllen und hatten so eiserne Schubkarren dazu. Und eine Frau will ihre Karre am Rand kippen, und die rutscht ab und reißt ihr die ganze Wade ab. Wir sind sofort zu ihr hin und haben sie ins Krankenhaus gebracht.

MICHA EVERS · HEIMLICHE PLÄNE

Als sich unsere Arbeitsgruppe vom Ministerium Speer auf der Flucht vor den Amerikanern in Friesack auflöste, hatten wir für die Zeit nach dem Krieg eine Anlaufstelle in Berlin verabredet. Das war in der Knesebeckstraße, ein Haus, in dem die deutsche Städteakademie ihren Sitz hatte. Einige meiner Kollegen hatten dort gearbeitet, bevor sie zum Ministerium Speer eingezogen wurden. Dort wollten wir uns treffen und versuchen, nach all dem Mist und der Zerstörung beim Aufbau mitzuarbeiten. Da ging ich also nun hin. Ich hatte die Hoffnung, das Haus würde noch stehen, wenigstens dort einen Zettel oder eine Nachricht zu finden. Berlin war damals voll von Zetteln, auf denen Leute Freunde oder Verwandte suchten. An jeder Mauer fand man solche Nachrichten. Es gab ja auch kaum eine andere Möglichkeit, jemanden ausfindig zu machen.

Dieses Haus stand noch, und ich traf tatsächlich ein paar Kollegen. Wir haben dann da vor allem erst einmal die Zeichnungen und Pläne gesichtet. Schon zu Kriegszeiten war ja heimlich an Plänen für den Wiederaufbau gearbeitet worden. Das waren alle keine Nazis, die da zurückgekommen waren. Ich habe als kleine Bauzeichnerin nicht so viel mitbekommen während des Krieges, welche politische Einstellung meine Kollegen hatten, aber mir war schon im Krieg klar, daß das Leute waren, zumindest zum großen Teil, die bei ihren Planungen für die Zeit nach dem Krieg nicht unbedingt davon ausgingen, daß die Nazis siegen würden.

Wenn das auch keine richtige Arbeit war, so bekamen wir doch die etwas bessere Lebensmittelkarte. Insofern waren wir froh, überhaupt etwas zu tun zu haben. Es war auch äußerst schwer, eine bezahlte Arbeit zu kriegen. Ich hatte zu der Zeit eigentlich nie Geld.

Ich bin dann aber wieder aus Berlin weggegangen. Wir sollten vom 1. September an für drei Monate in einem Architekturbüro in Magdeburg arbeiten. Daß wir in die sowjetisch besetzte Zone gingen, war mir egal, Hauptsache, ich hatte Arbeit und zu essen.

MICHA EVERS · 10 MARK PFAND

Wir waren sechzehn, die am 1. September nach Magdeburg fuhren. Unsere Arbeit bestand darin, mit alten Plänen Straße für Straße durch die Stadt zu ziehen und nach bestimmtem, vorher festgelegten System den Zerstörungsgrad jedes einzelnen Gebäudes festzuhalten. Danach wurden die Pläne zusammengeschmissen, und so hatte die neue Stadtverwaltung erst mal einen groben Überblick für die notwendigsten Aufbauarbeiten.

Wir waren ganz gut untergebracht. Jeder von uns hatte ein kleines, möbliertes Zimmer, und abgefüttert wurden wir im Bunker und im Theater, dort waren eine Kantine und so eine Art Volksküche. Für einen Aluminiumlöffel mußte man 10 Mark Pfand hinterlegen. Die wären sonst alle geklaut worden.

Wir hatten keine Schwierigkeiten dadurch, daß wir alle ehemalige Mitarbeiter im Ministerium Speer waren. Wir mußten natürlich Fragebogen ausfüllen und wurden überprüft. Mir war es wichtig, daß ich im alten Kollegenkreis weiterarbeiten konnte. Unser Zusammenleben war ausgesprochen solidarisch, damals hätte man wohl kameradschaftlich gesagt. Ich konnte dort noch eine Menge lernen, ich hatte aber vor allem das Gefühl, da sinnvoll mitarbeiten zu können. Irgendwie habe ich mich auch für all die Trümmer verantwortlich gefühlt, die wir penibel in unsere Pläne übertrugen.

GERDA SZEPANSKY · OHNEMICHEL

Was mich sehr beschäftigte damals war die Frage, wie ich denn nun persönlich zu diesem Ende stand. Viele Leute sagten: *Ohne mich*, der Begriff »Ohnemichel« kam auf.

Ich hatte dann ein Erlebnis, das entscheidend dazu beitrug, daß ich wußte, was ich zu tun hatte. Um weiter Lebensmittelmarken zu kriegen, mußte man den Film über das KZ Buchenwald gesehen haben, »Die Todesmühlen«. Wenn man aus dem Kino rauskam, kriegte man einen Stempel. Nur wenn man diesen Stempel hatte, wurde einem die Lebensmittelkarte ausgehändigt. Das war eine drastische Maßnahme, um jeden zu zwingen, einmal mit eigenen Augen zu sehen, was da passiert war, was wir im eigenen Land den eigenen Leuten angetan hatten. Das fand ich eigentlich sehr großherzig, die hätten uns ja auch zeigen können, wie die deutsche Wehrmacht in der Sowjetunion gehaust hatte.

Natürlich sind die Leute danach betroffen rausgegangen. Der Film lief in allen noch intakten Kinos, ich hab ihn im »Tivoli« in der Friedrich-Karl-Straße gesehen. Für mich war das ein ganz wichtiges Erlebnis, ich dachte, das darf nie wieder passieren, daß Menschen so gequält werden. Mein Onkel war auch im KZ, aber der hat nicht viel erzählt, als er zurückkam.

THEA WALTER · SOLCHE FILME

Ich habe damals einen russischen Film gesehen, bestimmt mit Untertiteln. Den Titel weiß ich nicht mehr, aber ich erinnere mich, daß der die Geschichte eines russischen Mädchens oder einer Familie zeigte, beim Einmarsch der Deutschen, und auch Bombenangriffe und so was. Der war wohl nur zu dem Zweck eingesetzt, uns zu zeigen, wie es den Russen ergangen war. Wir freuten uns, daß ein Film lief, und haben den gesehen. Gerade durch diesen Film ist mir erstmals deutlich geworden, daß die Russen das gleiche durchgemacht haben wie wir. Der hat schon was bewirkt bei mir, denn das war ja bisher ausgeklammert. Die Russen waren immer nur unsere Feinde gewesen. Daß die auch so was erlitten hatten, davon hatten wir vorher nichts gehört.

Dann kamen auch die deutschen Filme in die wenigen Kinos, die stehengeblieben waren. Aber gerade dieser russische Film ist mir in Erinnerung geblieben. Das muß einer der ersten gewesen sein, die ich nach dem Krieg gesehen hab, während so der letzte vor Kriegsende »Kolberg« war, dieser Durchhaltefilm.

RUTH WERGAU · ÜBERHAUPT NICHT BEEINDRUCKT

So im Juni 45 konnte ich das erste Mal wieder ins Kino gehen. In der Wiener Straße lief ein Film, der hieß »Kolja«. Wir mußten da ziemlich lange nach Karten anstehen, aber das machte nichts, man hatte ja Zeit. Als wir endlich drin waren, lief da dieser russische Film, von dem wir nur die Hälfte mitgekriegt haben. Das war ein so langweiliger Schinken, das kann man sich nicht vorstellen.

Aber das war uns erst mal egal, Hauptsache, das Leben wurde wieder normal, und Kino gehörte nun mal dazu. Mit den Öffnungszeiten war das auch nicht so wie heute. Es war ja Stromsperre, deshalb änderten die sich dauernd. Vor dem Kino hing ein Zettel mit den Anfangszeiten.

Mit »Kolja« wollten die Russen uns wohl zeigen, wie man bei ihnen lebt, aber das hat mich überhaupt nicht beeindruckt.

KARL SCHADE · UND SO ZEUG

Im Saal einer Gastwirtschaft in Lühnde wurden ab und zu Filme gezeigt, da kamen Vorführer, die mit ihren Geräten über Land fuhren, vielleicht ein- oder zweimal im Monat waren die da. Das Ganze wurde mit Plakaten angekündigt, und dann strömten die Leute herbei. So was war ja ein Ereignis im Dorf. Die meisten zeigten dann Marika Rökk, Heinz Rühmann und so Zeug. Ausländisches, Amerikanisches gab es nicht, nur deutsche Filme. Meine Frau durfte da noch nicht rein, die war noch zu jung, die haben wir immer zum Fenster reingehievt.

MARLIES SCHADE · HINTERSTE REIHE

Damals mußte man bei uns grundsätzlich achtzehn sein, um ins Kino zu dürfen. Mein Vater war da auch immer sehr streng. Der sagte, du kannst noch oft genug ins Kino, wenn du alt genug bist. Es wurde auch streng kontrolliert, vorn am Eingang stand ein Polizist. An der Längswand des Saales war aber ein Fenster, und wenn der Polizist gerade weggguckte, hat Karl mich reingehoben. Auf diese Weise sind alle Mädchen, die da Bekannte unter den Soldaten hatten, nach und nach in den Saal gekommen. Wir haben uns alle in die hinterste Reihe verdrückt, wo man uns nicht mehr sehen konnte.

Zwischendurch fiel dann auch öfter mal der Strom aus, und dann dauerte der Film statt eineinhalb zweieinhalb Stunden. Vorzeitig nach Hause ist aber niemand gegangen, weil alle den Schluß sehen wollten.

CHRISTEL SCHNEIDER · PROGRAMMWECHSEL

Kino war meine große Leidenschaft, das war irgendwie ein Ersatz. Ich weiß aber gar nicht recht, wofür eigentlich. Aber ich hab mich da richtig drum gerissen, ich hab keinen Film ausgelassen. Es gab dann die ersten amerikanischen und englischen Filme, die wurden in der Landesbildstelle gezeigt, das war das erste Kino in Tiergarten. Freitags war immer Programmwechsel, und wenn es was Neues gab, bin ich sofort hin. Es war billig, es kostete nur 50 oder 60 Pfennig. Meine große Liebe war Stewart Granger, den fand ich so schön. Es gab hier nach dem Krieg kein Kinder- und Jugendverbot, man konnte sich alles ansehen, was lief. Es saß auch alles querbeet im Kino: Kinder, Jugendliche, Erwachsene.

VOLKSEMPFÄNGER

Damals wurde bei uns immer gern und viel Radio gehört. Das war etwas, was immer die ganze Familie betraf. Wir haben dann zusammengesessen und Hörspiele gehört. Anschließend wurde noch heftig darüber debattiert. Das war ganz schön. [*Hanna Lehmann*]

Für mich war Radiohören immer mit Propaganda verbunden. Das hatten wir ja schon in der Hitler-Zeit erlebt. Ich war da ziemlich mißtrauisch, ich wollte mich nicht so berieseln lassen. Ich kann bis heute nur schwer den amerikanischen Sender bei uns hören. Das war so übergestülpt damals, die Bestrebungen, uns zu demokratisieren, wozu ja auch das Radio benutzt wurde. [*Jochen Lehmann*]

Zuerst gab es ja keine Radios nach dem Krieg. Später überredete ich meine Mutter dazu, eins zu kaufen, wir legten uns so einen kleinen Volksempfänger zu. Zu dieser Zeit kamen dann wieder so Schlager auf, Rudi Schuricke, Bulli Buhlan, Gerhard Wendland und so. Ich kannte die alle, ich mochte Tanzmusik sehr gerne und hätte auch sehr gern tanzen gelernt. Es gab auch eine Tanzschule in Moabit, da wollte ich hingehen, aber ich hatte nichts anzuziehen.
[*Christel Schneider*]

WOLFGANG SZEPANSKY · ANTIFASCHISTISCHER JUGENDAUSSCHUSS

Karl Veken ging schon im Mai zum hiesigen Antifa-Komitee und sagte danach: Wir müssen jetzt hier was machen, wir laden die Jugend zu einer Versammlung ein und erzählen denen, was wir erlebt haben, und wie wir uns die weitere Arbeit vorstellen. Innerhalb von gut vierzehn Tagen haben wir eine Versammlung vorbereitet. Sie fand am 18. Juni in der Aula der Eckner-Schule statt. Es kamen so circa fünfhundert Jugendliche, vierzehn, fünfzehn Jahre alt.

Karl Veken begann zu reden, und die klatschten alle schon vorher. Da sagte er: So was habt ihr nun lange genug gemacht. Jetzt hört erst mal zu, was ich euch zu sagen habe, dann könnt ihr immer noch klatschen, wenn es euch gefällt. Karl hat dann davon gesprochen, daß jetzt was Neues anfängt. Wir alle hätten jetzt die Möglichkeit, etwas aufzubauen, was für uns alle sehr wichtig sei. Er sprach vom Faschismus und von den Möglichkeiten der Demokratie, an der sich alle beteiligen müßten, wenn wir nicht bald einen neuen Krieg haben wollten.

Auf dieser Versammlung gründeten wir den antifaschistischen Jugendausschuß. Wir hatten vom Magistrat auch ein Jugendheim bekommen, das war eine Baracke, die zu einer Fabrik gehörte. Aber wir waren froh, überhaupt einen Raum zu haben, wo wir uns treffen konnten. Diese Baracke sind wir aber wieder losgeworden. Einen Tag nachdem die Amerikaner Tempelhof übernommen hatten, kamen wir zu unserem Jugendheim und fanden die Tür verriegelt vor. Da hingen nun große Schlösser, der Jugendausschuß hatte seine Räume erst mal verloren. Die bekam eine Firma, die sie als Lagerhalle benutzte. Aber erst mal nahmen wir nun die Arbeit dort auf.

GERDA SZEPANSKY · JETZT WAS MACHEN

Ich habe zu dieser Zeit in einer Gärtnerei gearbeitet. Ich meldete mich auf dem Rathaus, um meine Lebensmittelkarten zu kriegen. Da traf ich ein Mädchen, das mich zur Gründung des Jugendausschusses mitnahm. Sie hatte gesagt: Wir wollen jetzt was machen, willst du nicht mitkommen? So kam ich in diesen Kreis.

WOLFGANG SZEPANSKY · GLÜCKLICHE WELT

Die Musik spielte für uns eine große Rolle. Wir hatten ein Klavier, und Karl konnte darauf auch spielen, das war eine tolle Sache. Wir sind mit unserer Singegruppe auch in den Volkspark Mariendorf gegangen und haben dort viele Lieder gesungen, die in den Jahren zuvor verboten waren. Wir hatten auch ein eigenes Lied:

Wir gehen voran über Trümmer und Scherben
Es singt ein jeder, der mit uns zieht
Wir singen nicht mehr vom Töten und Sterben
Die deutsche Jugend singt heut ein anderes Lied
Das ist das Lied von dem Frieden auf Erden
Das ist das Lied von der glücklichen Welt
Das ist das Lied von der Freundschaft der Völker
Das Lied der Jugend, das uns zusammenhält

Dieses Lied könnte man heute auch noch ganz gut singen.

Die Spielgruppe unseres Jugendausschusses, Juli 1945

GERDA SZEPANSKY · SO GUT UND HARMONISCH

Ich hatte bei der Arbeit im Jugendausschuß inzwischen meinen Mann kennengelernt, und ich weiß noch, wie wir uns freuten, daß mit den Jugendlichen alles so gut und harmonisch lief. Neben der Arbeit in den verschiedenen Zirkeln haben wir oft auch einfach so zusammengesessen, das war wie in den heutigen Jugendclubs, nur alles ein wenig einfacher. Die Jugend wollte da ja nicht nur diskutieren und über Politik reden. Die wollten auch einfach so zusammensein, es entwickelten sich daraus auch viele Freundschaften. Und eine kleine Tanzkapelle entstand damals auch.

In diesen Jugendausschüssen haben Kommunisten ganz eng mit Sozialdemokraten zusammengearbeitet. Da hat auch der spätere Bundesarbeitsminister Heinz Westphal noch mitgemacht, der war bei uns im Tempelhofer Jugendausschuß einer der führenden Köpfe.

WOLFGANG SZEPANSKY · LITERARISCHE ABENDE, FLEXIBEL

Die Jugendlichen, so an die achtzig, die wir für die Arbeit gewonnen hatten, haben sich in verschiedene Zirkel eingeteilt. Eine Gruppe spielte Theater, Sprachkurse wurden angeboten, Englisch und Russisch, und wir veranstalteten literarische Abende, an denen vorgelesen und diskutiert wurde.

Ich besuchte damals auch Vorträge von Alexander Dymschitz, das war der Kulturreferent, der war sehr bekannt, über Berlin hinaus. Das war ein kleiner Mann, der da auf der Bühne stand, aber was er sagte, war immer eindrucksvoll. Er sprach viel über Literatur, insbesondere auch über sowjetische Bücher, die damals im SWA-Verlag erschienen. Er sprach auch über das Verhältnis der Russen zur deutschen Literatur und Kultur, und für mich war es sehr interessant zu hören, daß auch während des Krieges in der Sowjetunion deutsche Literatur gelesen wurde. Der hat das auch so spannend vorgetragen, daß wir da immer gern hingegangen sind. Er war sehr flexibel und völlig undogmatisch.

Materielle Vorteile hatten wir den Jugendlichen nicht zu bieten, wir hatten ja selber nur so viel, daß wir nicht verhungerten. Aber das ging trotzdem gut, denn für viele war es einfach wichtig, einen Ort zu haben, wo sie zusammensitzen und miteinander reden konnten.

RUTH WERGAU · ALLES SO FREMD

Ich habe kaum noch Erinnerungen an irgendwelche Versuche, uns umzuziehen. Das einzige, woran ich mich noch erinnere, waren die Plakate, die auch bei uns auf der Straße standen: *Die Hitler kommen und gehen, aber das deutsche Volk bleibt.*

Was ich so persönlich mit den Russen erlebte, war eigentlich eher positiv. Die waren immer freundlich und lustig. Trotzdem hatte ich vor denen Angst, ich weiß auch nicht warum. Das war mir alles so fremd.

JOCHEN LEHMANN · UMERZIEHUNG

Die Amerikaner haben schon sehr früh mit Umerziehungsversuchen angefangen. Es gab schon Ende 45 amerikanische Jugendclubs, in denen man versucht hat, die Jugendlichen vom nazistischen Gedankengut abzubringen. Aber ich bin da nie hingegangen, genausowenig wie ich zu den Kommunisten gegangen bin, die natürlich auch eine Menge unternommen haben, um uns umzuerziehen.

Mein Feld war die Gemeinde. Zusammen mit meinem Freund Helmut Krüger, aus dem später der berühmte Schauspieler Martin Benrath wurde, habe ich mich um die Jugendarbeit in unserer Gemeinde gekümmert. Wir haben eine Jugendgruppe aufgebaut, in der nicht nur Oberschüler waren. Wir waren der Meinung, daß hier Leute aus allen Schichten zusammenkommen sollten, Abiturienten sollten sich mit jungen Arbeitern treffen. Das gefiel unserem Pfarrer gar nicht, aber darum haben wir uns wenig gekümmert. Es war für mich wichtig, was es gerade in so einer Zeit bedeuten kann, eine christliche Haltung einzunehmen. Wir hatten so einen Vorspruch, das hört sich ganz fromm an:

Bruderschaft zu werden ist das Ziel unserer Gebete. Wir sind die Gemeinschaft derer, die sich von diesem Wort auf dem Weg leiten lassen wollen, den wir von uns aus nicht gehen können. Wir wollen in Verantwortung füreinander leben, beten, danken, dienen, lieben, glauben und hoffen.

Das zweite war, aus Erfahrungen heraus, die man selber gemacht hatte mit faschistischer Erziehung, Jugendlichen zu ermöglichen, jede Art von Propaganda zu durchschauen.

Diese Jugendarbeit war für uns also nicht nur religiös, sondern auch politisch gemeint. Das war so meine Auseinandersetzung mit dem, was ich im Faschismus erfahren hatte.

In dieser Zeit, 46, sind wir mit einem Laienspiel auf Fahrt gegangen. Wir waren zum Beispiel in Spandau, in Lichterfelde, in Sornow, in Lieske und Weltzow, das ist in der Nähe von Senftenberg, diese märkischen Dörfer, das kennt ihr ja alles gar nicht mehr. Wir sind ganz schön rumgekommen und haben immer in Kirchengemeinden gespielt. Wenn wir auf Fahrt waren, haben wir meistens bei Bauern übernachtet. Da haben wir dann natürlich auch für unsere Verpflegung sorgen können, und oft gaben uns die Bauern am Schluß noch was mit.

THEA WALTER · JETZT GEHT DAS SCHON WIEDER LOS

Ich hab mich nicht politisch organisiert. Eines Tages, gleich nach Kriegsende, wurden alle Jugendlichen aufgefordert, sich in einem Schulgebäude im Bezirk einzufinden. Auf dem Schulhof hat man dann eine Rede an uns gehalten. Man wollte uns wieder anwerben, so erschien uns das. Wir standen da und dachten, jetzt geht das schon wieder los, jetzt wollen uns die nächsten haben. Aus meinem Bekanntenkreis hat sich da niemand engagiert, die waren auch alle irgendwie mit der Kirche verbunden.

Einer aus unserer Jugendgruppe sagte eines Tages, er habe gewisse Dinge gehört, aber er kann nicht darüber sprechen. Danach erschien er nicht mehr. Stattdessen kam seine Schwester, ganz aufgeregt: er war von den Russen verhaftet worden. Des Rätsels Lösung war, daß es tatsächlich noch so übriggebliebene Nazis gab, Monate nach Kriegsende wollten die noch Krieg spielen. Die hatten versucht, Jugendliche anzuwerben, und unser Freund war einmal zu einem solchen Treffen hingegangen. Seiner Schwester hat er dann gesagt, die spinnen, die haben einen Panzer im Grunewald, die wollen noch den Krieg gewinnen, hinterher.

Ein paar Jahre haben wir nichts mehr von ihm gehört. Kein Mensch wußte, wo er geblieben war. Nach vier Jahren hat er dann das erste Mal geschrieben, er war zu fünfundzwanzig Jahren verurteilt worden. Nach sieben Jahren wurde er begnadigt.

Später erfuhren wir auch, daß die Russen unsere ganze Jugendgruppe in Verdacht gehabt hatten, irgendwelche nazistischen Umsturzpläne zu hegen. Wir standen da alle wohl kurz vor der Verhaftung. Solche Sachen gab es, solche Verhaftungen, plötzlich fehlte einer und tauchte nicht mehr auf. Das hat doch sehr vorsichtig gemacht, wir fühlten uns ganz unsicher.

Daß es da wirklich noch Leute gab, die dachten, sie könnten mit einem Panzer noch was ausrichten! Wir haben da manches gehört oder halb mitgekriegt. Bei uns in der Jugendgruppe war keiner, für den mit dem Kriegsende eine Welt zusammenbrach. Aber zum Beispiel für meinen Mann war das so, für den brach wirklich alles zusammen. Der war mit Begeisterung dabei gewesen und hatte alles geglaubt, bis zum bitteren Ende. Aber die Leute aus meinem Umkreis nicht. Ich meine, daß das ganz stark zusammenhing mit dem Einfluß unseres Pfarrers. Das macht unheimlich viel aus, wenn da eine Persönlichkeit ist, die so dagegen ist, daß sie selbst bereit ist, für ihre Überzeugung ins Gefängnis zu gehen.

CHRISTEL SCHNEIDER · FAST AUF DEN LEIM GEGANGEN

Die Politik spielte insofern eine Rolle, als davon unsere Existenz, unser Leben, unser Hunger abhängig war. Wir kriegten beispielsweise genau mit, wenn Reuter wieder einmal nach Westdeutschland ging, Gelder für Berlin erbetteln.

Meine Mutter war von jeher SPD-Anhängerin, und wählte natürlich auch SPD. Und wir gingen damals in Wahlveranstaltungen. Seither war ich nie wieder in einer. Ich kann mich auch noch genau an Dr. Friedensburg und an Dr. Suhr erinnern. Man beharkte sich damals schon genau so, wie das auch heute noch üblich ist.

Am direktesten wurden wir während der Blockade mit der Politik konfrontiert, es kam ja nichts mehr rein und nichts mehr raus. Der Osten hat zu der Zeit massiv geworben, gerade über Jugendverbände. Ich war mal in einer Veranstaltung im Friedrichstadtpalast, da konntest du denen fast auf den Leim gehen. Du konntest auch kaum herausfinden, ob das nun eine Veranstaltung der »Falken« war oder des kommunistischen Jugendverbandes. Das war aber eine FDJ-Sache.

Auch auf den Straßen fanden viele Versammlungen statt. Ich weiß noch, wie einmal vor dem Rathaus Tiergarten plötzlich alle die *Internationale* sangen, das war ein erhebendes Gefühl. Ich fand das schön, meine Mutter nicht so sehr. Dann die großen Massenaufmärsche der FDJ. Die haben irgendwas anklingen lassen, die erinnerten stark an die HJ-Märsche. Von denen ging wieder so eine Massensuggestion aus, man mußte aufpassen, sich da nicht wieder mitreißen zu lassen.

RUTH WERGAU · IMMER ÜBERZEUGTE DEMOKRATEN

Nazis gab es auf einmal keine mehr, angeblich. Alle sagten, daß sie schon immer gegen Hitler gewesen wären. Die hatten sich vielleicht vorher nicht getraut, was zu sagen. Jedenfalls waren auf einmal alle schon immer überzeugte Demokraten gewesen. Ich habe mich dafür nicht interessiert, ich war wohl noch zu jung. Ich hatte auch ganz andere Probleme, Politik war für mich was völlig Uninteressantes. Ich war nur froh, daß ich jetzt nicht mehr wie früher diese Angst zu haben brauchte. Ich hatte das Gefühl, frei zu sein, aber mir hat auch keiner gesagt, was ich nun mit dieser Freiheit anfangen konnte. Hauptsache, man überlebte, das war für mich das Wichtigste. Um die Politik sollten sich mal die Leute kümmern, die von dem Geschäft was verstanden.

ANNI MITTELSTAEDT · TRÜMMERFRAUEN

Den Namen »Trümmerfrauen« hat Louise Schroeder erfunden. Sie sagte immer: Na, ihr Trümmerweibsen? Einmal kam sie und sagte: Mittelstaedtchen, hör mal, euch gibt es doch nur einmal. Wie wäre es denn mit *Berliner Trümmerfrauen*? Ich sagte, Frau Bürgermeisterin, wenn Sie das wünschen.

Die kam zu mir, weil ich die Älteste war. Wenn sie grad mal mit dem Auto vorbeifuhr oder so, dann kam sie. Manchmal brachte sie auch etwas mit, einmal eine Kiste voll Porree. Dann sagte sie zu mir: Aber gerecht verteilen, Mittelstaedtchen!

Wir waren einmalig, so was gab es in anderen Städten nicht. Da mußten zwar auch die Frauen Steine putzen, aber die Männer holten sie aus den Trümmern. Hier in Berlin machten auch das die Frauen. Die Männer haben hier wieder aufgebaut, die kamen so langsam wieder zurück und haben gemauert und so.

Zuerst waren allerdings nicht viele da, die Russen hatten die meisten mitgenommen. Da mußten erst mal die Nazis ran. Wenn die entnazifiziert werden wollten, mußten die sechs Wochen Pflichtarbeit machen und sonnabends und sonntags die Mülltonnen leeren. Wir hatten ein paar hohe Tiere bei uns, die kamen zuerst immer mit ihrem Stehkragen zur Arbeit, der Chef sagte immer: die Stehkragen-Proletarier. Ach, die haben ihre Arbeit gemacht und waren auch ganz nett, die waren auch für alles dankbar. Ob das gerecht war oder nicht, darüber haben wir uns gar keine Gedanken gemacht, zum Denken hatte man ja gar keine Zeit damals.

Wir wurden auch oft schief angesehen, weil viele Leute dachten, die in den Trümmern arbeiten, das sind alle Nazis. Naziweiber haben die uns genannt. Aber das stimmt nicht, das waren nur ganz wenige. Unser Chef hatte sogar ein Schild aufgestellt, auf dem stand: *Hier arbeiten keine Nazis.*

KARL LÜHNING · KOMMISSIONSWEISE

Mein Chef hatte sein Geschäft in der Hermannstraße von einem Nazi übernommen, der es nach Kriegsende abgeben mußte. Der war irgendein hohes Tier gewesen, Bezirksgruppenleiter oder so was. Nachdem der seine Entnazifizierung durch hatte, mußte mein Chef den Laden wieder an ihn zurückgeben. Das hatte mein Chef allerdings von Anfang an gewußt. Er war ausgebombt gewesen, hatte den Laden kommissionsweise übernommen und wußte, wenn der Besitzer entnazifiziert würde, mußte er da wieder raus.

Und der wurde entnazifiziert! Und frech war der! Der sagte, ich war ein Nazi und ich bin ein Nazi, ich habe nie jemandem etwas getan, aber ich bin ein Nazi, das ist meine Überzeugung.

Mein Chef hat dann einen Laden in der Sonnenallee gekauft.

JOHANNA WREDE · ENTNAZIFIZIEREN

Das Thema Nazis war ja nun erledigt, Adolf waren wir los, und das war gut so. Die Entnazifizierung habe ich als ganz trübe Sache erlebt. Ich habe mir oft solche Sitzungen angehört. Die Kommissionen bestanden aus Leuten, die überhaupt keine Ahnung hatten, wie das so gegangen ist unter Hitler. Man sagte damals immer: PG = Pech gehabt, VG = Vorsichtig gewesen. Wir hatten doch dasselbe erlebt, wir gehörten einfach alle zusammen.

Eine Freundin, »Vierteljüdin«, hat uns erzählt, wie nun Nazis zu ihr kamen und sie baten, ihnen bei der Entnazifizierung zu helfen. Es gab Nazis, die dachten, nur weil sie mal mit einem Halbjuden freundlich gesprochen hatten, würden sie jetzt entlastet werden.

Mein Vater war nun so ein Mensch, der hatte schon 33 gesagt, jetzt kommt Hitler dran, der macht einen Krieg und den werden wir verlieren. Trotzdem war er Parteimitglied. Das war für uns gar kein Widerspruch. Er war Bürovorstand und dachte, soll ich denn nun den anderen das Feld überlassen? Er hatte in seiner Abteilung etliche damals obskure Leute untergebracht, die nur durch ihn zu halten waren. Der Druck auf ihn wurde dann immer größer, und so entschloß er sich, PG zu werden. Er war in einem Büro der Eignungstechnischen Versuchsanstalt der Reichsbahn und hatte dort eben die Möglichkeit, Leute unterzubringen, die sonst nirgends mehr Arbeit bekommen hätten. Auch ein Kommunist war dabei.

Nach dem Krieg wurde mein Vater erst mal noch weiterbeschäftigt, er hat auch mit den Russen verhandelt im Auftrag der Reichsbahn. Dann wurde er entlassen, und wir überlegten, ob er einen Antrag auf Entnazifizierung stellen sollte oder nicht. Er hat es dann mitgemacht, und die Verhandlung war sehr interessant. Mein Vater mußte seinen Lebenslauf erzählen, dann berichtete unsere vierteljüdische Freundin, wie mein Vater ihr geholfen hatte. Er hatte ihr Medikamente besorgt, hat auch immer Bescheid gegeben, wenn Luftangriffsvoralarm war, denn sie durften ja als Juden nicht in den Bunker. Er hat oft geholfen. Trotzdem wurde er nur als »bedingt entlastet« eingestuft. Wir konnten uns das nicht erklären, mein Vater war sehr deprimiert. Wir waren dann später bei einem Amerikaner, der alles noch mal nachprüfte und dann entschied, daß Vater nur als nominelles Parteimitglied eingestuft wurde.

Die Nürnberger Prozesse haben uns unheimlich interessiert. Wir fanden das alles sehr makaber. Wir haben immer gesagt: *vae victis*, wehe den Besiegten! Es gab ja überhaupt keine Rechtsgrundlage. Als ich dann hörte, daß Göring Selbstmord begangen hatte, habe ich mich gefreut. Das war das absolute Thema N° 1. Wenn jemand bei Licht einschlief, hieß es, der ist wohl in Nürnberg, denn die mußten da immer bei Licht schlafen. Wir hatten das Gefühl, daß das alles nicht richtig war. Irgendwie wirkte dieser Prozeß auf uns nicht besonders fein. Die eigentlichen Schufte, die wir so richtig gehaßt hatten, waren ja auch schon alle tot.

Aber das Denken war damals doch noch sehr unreflektiert und voller Emotionen. Ich kannte zum Beispiel einen jungen Mann, der hatte einen völlig kaputten Rücken und ein zerstörtes Gesicht vom Krieg her. Der lag im Krankenhaus und sagte: Wenn es noch mal gegen Rußland geht, gehe ich mit, ich habe da noch eine Rechnung zu begleichen.

THEA WALTER · AUF EINER WOLKE

Das Wort Freiheit war mit Sicherheit wichtig für mich, aber meine Erinnerung ist: wir haben uns in der Zeit des Dritten Reiches ständig vorsehen müssen mit dem, was wir laut äußerten, und wir haben uns hinterher genauso vorsehen müssen. Wir konnten auch nach Kriegsende nicht sagen, was wir dachten, haben auch immer noch eine gewisse Angst gehabt und wußten auch nun nicht mit aller Sicherheit von den Nachbarn, was die wirklich dachten. Ich habe wohl so ein bißchen auch auf einer Wolke gelebt und mich rausgehalten, geschlafen oder das nicht an mich rankommen lassen, was da um mich herum geschah. Ich hatte zuerst die Jugendgruppe und dann meine Ausbildung.

Zukunftsängste hatte ich nicht. Da war ja erst mal die Vorstellung, jetzt wird es allmählich normaler, oder jeder kann auch mal an sein eigenes Leben denken, nicht bloß an das einfache Überleben. Sich das Leben vielleicht auch mal ein bißchen schöner machen.

JOCHEN LEHMANN · DIE PARTEI

Das Wort Partei war für mich durch *die* Partei diskreditiert. Daß es jemals auch andere Parteien gegeben hatte, ist mir eigentlich erst später so richtig ins Bewußtsein gedrungen. Ich bin auf dem Dorf groß geworden, und da gab es nur *die* Partei.

Ich hatte dann später auch nichts übrig für einen stalinistischen Sozialismus, mir schwebte schon damals eine Art demokratischer Sozialismus vor.

KARL LÜHNING · SCHNAUZE VOLL

Ich hatte damals so die Schnauze voll von Politik, ich war so enttäuscht von der SPD, daß ich nicht mal wählen gegangen bin. Die KPD und dann die SED, die lagen mir nicht, ich hatte ja die russische Gefangenschaft kennengelernt und wußte, was da läuft. Ich hatte im Grunde meine politische Heimat verloren durch das Verhalten der SPD vor 33. Außerdem war sich nach dem Krieg jeder selbst der Nächste. Wäre ich noch mit meinen alten Kameraden zusammengewesen, vielleicht wäre es etwas anderes gewesen. Aber hier in Berlin kannte ich ja kaum jemanden.

HANNA LEHMANN · GLOBKE UND SO

Ich habe mich damals überhaupt nicht für Politik interessiert, dazu war ich zu jung. Aber ich spürte, daß irgendwas nicht stimmte in diesem neuen Staat. Die alten Nazis sind ja ziemlich schnell wieder an die Macht gekommen, Globke und so. Das war mir schon unheimlich.

Als ich nach dem Krieg wieder zur Schule gehen konnte, wunderte ich mich nur, daß so viele sagten, sie wären schon immer gegen die Nazis gewesen.

JOHANNA WREDE · KÜCHENTISCHPOLITIK

Wir haben schon immer in der Familie sehr viel Küchentischpolitik betrieben.

Mein Vater trat so früh wie Adenauer in die CDU ein. Mir hätte die SPD damals mehr gelegen, aber das war ja für mich alles so fremd. Ich habe mal Kurt Schumacher erlebt, den fand ich faszinierend.

MICHA EVERS · ALLES SEHR MÜHSAM

In Magdeburg habe ich auch meinen Mann wiedergetroffen. Es war auf einmal alles sehr mühsam, wieder so was wie eine Partnerschaft aufzubauen. Das Mühsame war, daß wir eigentlich kaum eine gemeinsame Geschichte und gar keine Voraussetzungen hatten, miteinander leben zu können. Wir wollten zwar wieder zusammenkommen, aber wir wußten überhaupt nicht wie.

Für meinen Mann war das ja auch alles viel schwerer. Ich hatte inzwischen wieder einen Kreis von Menschen, mit denen ich was Sinnvolles tat. Das hatte er ja nicht. Er kam aus der Gefangenschaft und stand mit leeren Händen da.

Aber trotzdem habe ich mich nie so als emanzipierte Frau gesehen, das war ja damals auch noch gar nicht üblich. Es ging darum, daß man überlebte, und da hab ich eben gemerkt, daß ich mein Leben auch selbst erhalten kann. Für mich war das eine Frage der Eigenständigkeit, und da spielte so was wie eine traditionelle Vorstellung von Ehe mit trautem Heim zunächst mal gar keine Rolle.

JOCHEN LEHMANN · KOHLEN FÜR HAMLET

Auf der einen Seite war Berlin für mich ein Trümmerhaufen. Ich erinnere mich, daß ich lange Zeit nur durch Trümmer gelaufen bin. Auf der anderen Seite war Berlin für mich aber auch nie eine tote Stadt, es lebten ja Menschen in diesem Trümmerhaufen. Das Wichtigste für uns war eigentlich, unsere Freunde wiederzutreffen. Und so nach und nach kamen ja auch einige wieder. Bald gab es auch wieder Kulturstätten.

Mit meinem Freund Helmut Krüger bin ich ins »Deutsche Theater« am S-Bahnhof Friedrichstraße gegangen. Wir haben uns »Hamlet« angesehen, »Nathan der Weise«, »Der Trojanische Krieg findet nicht statt«, »Die Fliegen«, und so weiter. Es gab ja Sachen, die hatten wir überhaupt noch nicht gelesen, geschweige denn gesehen. Ich kam in eine völlig neue Welt. Von der war ich bisher abgeschnitten. Den »Prinz von Homburg« zum Beispiel habe ich auch in der Nazi-Zeit mal gesehen, aber dies war jetzt alles ganz anders, offener, befreiender. Theater gehörte mit zur politischen Bewußtseinsbildung. Wir waren auch auf diesem Gebiet wie ausgehungert.

Um nun überhaupt ins Theater reinzukommen, mußte man stundenlang anstehen. Die Karten waren nicht so teuer, das Problem war, daß wir im Winter für jede Karte auch noch eine Kohle mitbringen mußten. Das war Bedingung, sonst wären wir nicht reingelassen worden.

Ich hatte von Bekannten einen schicken Mantel geschenkt bekommen. Ich weiß noch genau, wie stolz ich damit im Theater saß.

Micha Evers, Frühjahr 1948

Weil es kalt war, war es selbstverständlich, daß man den Mantel anbehielt. Irgendwann ergatterten wir mal einen Stehplatz, der direkt unter den Scheinwerfern lag. Die strahlten so viel Hitze ab, daß ich meinen Mantel ausziehen mußte.

MICHA EVERS · ERSTKLASSIGE LEUTE

Ich hab natürlich nicht nur gearbeitet in Magdeburg. Ich weiß noch, wie im Dom ein Konzert gegeben wurde, es wurden Tschaikowsky und Mendelssohn gespielt. Das war eine Musik, die konnten wir gar nicht kennen. Früher wurde Tschaikowsky nicht gespielt, weil er Russe war, und Mendelssohn war als Jude tabu.

Ob bei diesem Konzert nun erstklassige Leute auftraten, weiß ich nicht, jedenfalls spielte unter anderem ein russischer Solist. Ich saß da fröstelnd in dieser großen Kirche, neben mir viele Besatzungssoldaten, aber die Atmosphäre war so friedlich. Da saßen diese Soldaten, die aus der Sowjetunion nach Deutschland gekommen waren, deren Familien sicher fast alle große Opfer im Krieg gebracht hatten, und nun waren wir alle hier zusammen und hörten die Musik ihres großen Komponisten.

Diesen Tag werde ich nie vergessen. Ich fühlte, hier fängt etwas Neues an.

THEA WALTER · ABBRUCH

Für uns war vor allen Dingen die Frage der Ausbildung wichtig. Das war ganz schwierig für alle, die so alt waren wie ich. Ich hatte unbedingt studieren wollen, vielleicht Kunst. Und plötzlich war mit solchen Plänen absolut Schluß, weil ich einfach Geld verdienen mußte und mir auch jeder sagte, es ist vollkommen verrückt, in einer solchen Zeit studieren zu wollen.

Jeder versuchte, auf irgendeine Weise Geld zu verdienen. Kaum einer konnte daran denken, seine Berufsziele zu verwirklichen. Das konnten nur die, deren Väter da waren und womöglich auch noch eine gewisse Position hatten. Die konnten es sich eben leisten, ihre Kinder noch ein paar Jahre zur Schule gehen zu lassen, weil es nicht darauf ankam, daß die auch schon Geld verdienten.

Für mich war es ein großer Bruch, daß ich die Schule abbrechen mußte.

KARL SCHADE · VERLOCKUNG

Nach Hause, nach Bayreuth, wollte ich nicht zurück. Mein Betrieb war zerbombt, in meinem Beruf konnte ich da doch nicht mehr arbeiten. Ich habe mich dann in Hannover um Arbeit bemüht und schon vierzehn Tage später angefangen, bei den »Continental

Karl Schade: erster Arbeitstag auf der »Conti«

Gummiwerken«. Wir sind da einfach zu mehreren hingegangen und haben gefragt, und weil die dringend Arbeiter suchten, haben sie uns sofort genommen. Wir haben da verhältnismäßig gut verdient und konnten in der Warenausgabe bevorzugt Sachen kriegen, Haushaltsgegenstände und so was. Das war ganz wichtig, weil es solche Sachen normalerweise kaum gab. Aber wenn du einen Haushalt gründen und heiraten wolltest, dann brauchtest du ja was. Diese Warenausgabe hat viele darin bestärkt, auf der Conti zu arbeiten, das war schon eine Verlockung.

In der ersten Zeit mußten wir alles erst mal wieder aufbauen, da lag alles in Trümmern. Wir haben in Schichten gearbeitet, Früh-, Spät- und Nachtschicht, jeweils eine Woche lang. Akkord gab es damals auch schon, aber der war überhaupt nicht zu vergleichen mit dem heute, der war viel humaner. Wir hatten nachts auch noch Zeit, beispielsweise Fahrradschläuche zu wickeln, die wir dann verscheuerten gegen Schinken, Speck, Eier und andere Sachen, die wir brauchten.

Ich hätte dann irgendwann in Hannover in einer Postkartenfabrik anfangen können, aber der Verdienstunterschied war ganz beträchtlich. Von dem Geld, das ich da gekriegt hätte, hätten wir nicht leben können. Deshalb mußte ich eben auf meinen Beruf verzichten. Ansonsten gab es nämlich keine Tiefdruckanstalten hier in der Gegend, damals. Deshalb bin ich auf der Conti hängengeblieben.

Um zur Arbeit zu kommen, sind wir in der ersten Zeit immer auf einem LKW gefahren, mit Holzbänken, der nahm uns mit bis zur Straßenbahn. Mit der sind wir dann weitergefahren. Der LKW gehörte einem Privatunternehmer, der einen Vertrag mit der Conti abgeschlossen hatte. Manchmal im Winter standen wir in der Kälte und warteten. Später wurden dann Werkbusse eingesetzt, die ganz durchfuhren bis vors Werk. In den ersten Jahren mußte ich auch öfter sonntags arbeiten, da fuhr der Bus nicht. Ich mußte mit dem Fahrrad fahren, das waren hin und zurück fünfzig Kilometer.

MARIA BRIESEN · SCHLARAFFENLAND

Im Gegensatz zu Dresden war Lühnde wie ein Schlaraffenland, auf einmal gab es alles für mich. Ich habe mit bei dem Bauern gewohnt, bei dem mein Mann einquartiert war. Natürlich mußte ich viel arbeiten, um meinen Lebensunterhalt verdienen zu können. Ich hatte ja nichts, womit ich hätte bezahlen können. Ich hab bei allem, was so anfiel, mitgeholfen, auf dem Feld, im Haushalt, im Stall.

Genau am Tag der Währungsreform wurde dann unser Sohn geboren. Deshalb kriegten wir für ihn auch die *40 Mark*, die jeder bekam.

Ansonsten wunderten wir uns fürchterlich, daß mit einem Schlage die Läden wieder voll waren. Wo hatten die das gehortet? Das kann doch nicht auf einmal alles da gewesen sein. Die haben das so lange gehortet, bis das Geld wieder was wert war. Da ist uns auch klar geworden, daß solche Leute auch vorher keine Not gelitten hatten, die hatten ja ihr Zeug, mit dem sie jetzt wieder rausrückten. Richtige Not hatte im und nach dem Kriege nur der kleine Mann gelitten, und das besonders in den Großstädten. Wer keine Beziehungen hatte, konnte elend verhungern. Darum mußten wir ja auch zum Betteln aufs Land gehen. Die Bauern konnten das nie begreifen, in deren Augen waren die Städter immer nur faul.

MARLIES SCHADE · MIT EINEM SCHLAG

Uns sind die Augen übergegangen nach der Währungsreform. Wo hatten die das bloß alles gehortet, wo kam das viele Zeug auf einmal her? Mit einem Schlag waren alle Schaufenster und Läden wieder voll. Es muß damals genau solche Lager gegeben haben wie zu Kriegsende auch, von denen der normale Bürger überhaupt nichts gewußt hatte. Ich hab mir damals noch nicht viele Gedanken darüber gemacht, aber mir sind die Augen aus dem Kopf gefallen, als plötzlich alles wieder da war.

Zu Anfang konnten wir aber trotzdem fast nichts kaufen, weil ja jeder nur *40 Mark* gekriegt hatte. Ansonsten hat man ja auch gar nicht so viel verdient, dreißig oder vierzig Mark in der Woche. Das war nicht viel.

HANS KUNTER · GEWALTIG BESCHISSEN

Daß es plötzlich alles wieder gab, war ein Zeichen dafür, daß die Unternehmer alles gehortet hatten, und daß sie uns gewaltig beschissen hatten vorher. Es ist ja alles da gewesen, das haben sie alles nur festgehalten, bis das Geld wieder einen Wert hatte. In dieser Zeit waren die Menschen so abgestumpft. Und als es wieder was gab, waren sie erst einmal froh und glücklich darüber, da hat sich gar keiner großartig Gedanken darüber gemacht. Jahrelang hast du nichts Richtiges zu essen und nichts, und plötzlich kannst du dir für dein Geld wieder alles kaufen und dich an einen gedeckten Tisch setzen.

Das ist, wie wenn ein Kind unter einem Weihnachtsbaum voller Geschenke steht. Ich habe mir von meinen *ersten 40 Mark* was zu essen gekauft.

JOHANNA WREDE · NICHTS FETTES GEWÖHNT

Als die Blockade aufgehoben wurde, habe ich gleich mein erstes Geld zusammengekratzt und bin zum Tempelhofer Damm. Da stand ein Wagen voller Lebensmittel. Ich hab mir einen Bückling gekauft und den an Ort und Stelle verschlungen. Danach habe ich einige Tage nichts Gutes mehr essen können. Aber das ging auch anderen so. Man war ja überhaupt nichts Fettes mehr gewöhnt.

Während der ganzen Zeit habe ich nie daran gedacht, daß es mir in Westdeutschland besser gefallen könnte. Wir Berliner waren doch was Besseres. Es gingen ja immer nur die Ängstlichen weg.

RUTH WERGAU · WENIGSTENS OSTGELD

Einen ganzen Tag habe ich mal auf der Pferderennbahn in Hoppegarten verbracht, um Geld umzutauschen. Wir hatten noch altes

Geld, das wir im Westsektor nicht umgetauscht bekamen. Im Ostsektor konntest du aber eintauschen, also bin ich losgezogen und wollte wenigstens Ostgeld für unser altes Geld haben. Da war die Hölle los. Tausende von Menschen drängelten sich auf der Rennbahn. Ich habe Stunden angestanden, um ein paar Mark einzutauschen. Mir taten zum Schluß die Füße so weh, daß ich geheult hab.

Aber ansonsten war für mich diese Zeit der Währungsreform und Blockade gar nicht so schlimm. Wir haben oft in Ostberlin eingekauft, und dann hatte mein späterer Mann aus Frankreich ja die herrlichsten Sachen mitgebracht. Damit konnten wir erst mal eine Weile überleben, es war ja auch alles schon wieder normaler.

Micha Evers, Sommer 1949

JOCHEN LEHMANN · DUMME JUNGS
Manchmal hatten wir für den Schulunterricht Bücher, die noch aus der Zeit vor 33 stammten. Die waren irgendwo ausgebuddelt worden. Sonst hatten wir meist nur Tafel und Kreide.
So mancher Lehrer hat uns wie dumme Jungs behandelt. Da war es eine Freude, denen auch mal eins auszuwischen. Eines Tages bin ich mit einem Freund rauchend zur Schule gegangen, wir hatten gerade mal wieder ein paar Chesterfield organisiert. Hinter uns lief einer dieser Pauker, die uns immer schikanierten. Da haben wir ganz lässig die halbe Zigarette so weggeschnippt und sind stehengeblieben. Als wir uns umdrehen, piekst der tatsächlich mit seinem Stock unsere Kippen auf. Da fühlten wir uns ganz stark.
Bestimmten Lehrern gegenüber hatten wir besondere Ressentiments. Das waren Leute, die sich während der Nazi-Zeit immer so durchgeschmuggelt hatten, während wir so dußlig gewesen waren, uns freiwillig zu melden, um auf dem Feld der Ehre, wie es so schön hieß, zu kämpfen. Es ärgerte uns, daß solche Leute uns jetzt Vorschriften machen wollten. Der Krieg steckte ja noch in uns drin. Das legt man nicht so einfach ab wie einen alten Mantel. Wir waren damals noch so verblendet. Wir haben mal einen Exodus aus einer Schülerversammlung gemacht, als ein Lehrer uns was von der Wehrmacht erzählen wollte, ohne selbst dabei gewesen zu sein.

CHRISTEL SCHNEIDER · WIEDER SCHULE
Als wir 45 in die Elberfelder Straße zogen, fing dann auch die Schule wieder an. Es hieß plötzlich, es ist wieder Schule. Ich kannte dort niemanden, weder die Schüler noch die Lehrer. Ich hatte das Empfinden, daß dort Schülerinnen waren, die da eigentlich nicht hingehörten. Viele nützten es damals aus, keine Zeugnisse und Papiere mehr zu haben, und gingen unberechtigterweise aufs Gymnasium. Und manche meiner Mitschülerinnen hatten einen ganz unverschämten Ton am Leibe, waren frech und hörten nicht zu. Die blieben irgendwann dann auch weg.

JOCHEN LEHMANN · FEUERZANGENBOWLE
Im Oktober 45, nach den Ferien, sollte an einem Freitag die Schule wieder losgehen. Der Martin und ich hatten keine Lust, da haben wir seiner Schwester einen Aktenordnerdeckel gemopst und

draufgeschrieben: Wegen Bauarbeiten heute geschlossen! Damit sind wir zu unserer Schule und haben das Schild am Eingang angebracht.

Am nächsten Morgen sind wir brav zur Schule gegangen, sonst wäre man uns ja auf die Schliche gekommen. Unterwegs kam uns schon ein Lehrer entgegen und meinte: Es riecht nach Feuerzangenbowle. An diesem Tag fiel die Schule aus. Ich sehe noch unseren Direktor am Tor stehen und immer wieder sagen: Nicht einmal eine Unterschrift und ein Stempel sind auf diesem Wisch.

In der folgenden Woche wurde sogar eine Untersuchungskommission eingesetzt...

WOLFGANG SZEPANSKY · DIE BESTE UNIVERSITÄT

Als ich wieder in Berlin war, mußte ich ja nun auch arbeiten, um leben zu können. Eines Tages kam Karl Veken zu mir und fragte: Willst du nicht als Lehrer arbeiten? Ich sah ihn erstaunt an und meinte, mit meiner Schulbildung könne ich doch unmöglich Lehrer werden. Darauf er: *Du hast die beste Universität besucht, die es im Faschismus gab, du warst im KZ.* Du wirst Lehrer. Ich hab geantwortet, daß ich zur Not ja Zeichenlehrer werden könne.

Anfang Juli wurde ich also tatsächlich von einem Tag zum anderen Lehrer. Da öffneten auf Befehl der SMA die Schulen wieder ihre Pforten.

GERDA SZEPANSKY · WILLST DU NICHT LEHRER WERDEN?

Auf dem Gründungstreffen des Jugendausschusses lernte ich auch den Karl Veken kennen. Der sagte zu mir: Du hast doch Abitur, willst du nicht Lehrerin werden? Ich wollte eigentlich lieber schreiben, aber die Zeiten waren nicht so, und ich sah dann auch ein, daß ich in der Schule nützlicher sein würde.

Es war ja gut, daß die Schule wieder los ging. Viele Klassen waren in den letzten Kriegsjahren zwar aufs Land evakuiert worden, aber da waren bei weitem nicht alle Schüler mitgegangen. Viele hatten jahrelang keine Schule mehr von innen gesehen.

Wir sind also beide Lehrer geworden, in der Werner-Stephan-Schule in der Manteuffelstraße. Ich war neunzehn Jahre alt. Aber das Alter spielte keine Rolle. Wir hatten eine Kollegin, die war erst siebzehn. Am 1. Juli wurden wir vor die Klasse gestellt. Die Nazi-Lehrer waren alle suspendiert. Ein paar, die eine halbwegs reine Weste hatten, arbeiteten weiter. Zu Anfang waren aber die meisten da so Leute wie wir. Schulhelfer nannte man uns.

WOLFGANG SZEPANSKY · MUCKSMÄUSCHENSTILL
Ich war am ersten Schultag ziemlich nervös, so eine große Menge Kinder. Auf dem Gang sagte ich zu Karl Veken, Mann, was soll ich jetzt bloß machen? Er sagte, geh doch mit der Gerda zusammen. Als wir zusammen in die Klasse kamen, saßen die Kinder da und waren mucksmäuschenstill.

GERDA SZEPANSKY · DASS JETZT ALLES SCHÖNER WIRD
Wir hatten Kinder aus ganz verschiedenen Altersstufen. Eigentlich sollte es eine 8. Klasse sein, aber da saßen auch etliche Ältere und Jüngere. Wie die eingeteilt worden waren, weiß ich nicht mehr, vielleicht konnten sie auch selbst entscheiden, was sie sich zutrauten. Sie sahen uns nun mit erwartungsvollen Augen an. Wir fragten sie als erstes, was sie so erlebt hatten, so lernten wir uns kennen. Alle Kinder hatten viel durchgemacht, einige waren dabei, die nach Kriegsende Hunderte von Kilometern auf der Landstraße nach Berlin gelaufen waren. Dann haben wir gemeinsam beraten, was wir so machen könnten. Wir fragten sie auch direkt, was sie von der Schule und den Lehrern erwarteten. Ein Mädchen sagte: Ich erwarte, daß jetzt alles schöner wird, daß wir eine andere Schule als früher haben, eine, in der das Lernen Spaß macht.

Viele Kinder hatten überhaupt keine Schuhe, deshalb haben wir im Keller der Schule eine Schusterwerkstatt eingerichtet. Irgendwoher hatte Karl Veken Holz und Lederriemen besorgt, daraus machten wir jetzt Sandalen.

WOLFGANG SZEPANSKY · EINFACH MIT ANGEPACKT
Das waren Blasebalge aus einem Reichsbahnbetrieb. Die bestanden aus zwei Holzteilen und einem Lederstück dazwischen. Das Holz schnitten wir zu Sohlen zurecht und aus dem Leder machten wir Schuhriemen. Jetzt fehlten uns nur noch die Nägel, die brachte

uns dann eine Schülerin aus der Werkstatt ihres Vaters mit. Ein arbeitsloser Schuster hat zusammen mit einer Frau, die dafür ihre Nähmaschine zur Verfügung stellte, diese Sandalen hergestellt. Die beiden machten das freiwillig, die haben auch nichts dafür gekriegt.

Wir haben damals viele Menschen kennengelernt, die einfach mit angepackt haben, wenn es nötig war. Das kann man nicht mit heute vergleichen, die Leute waren froh, wenn sie was tun konnten. Das war dann doch auch so was wie Sinn in all dem Elend, das sie erlebt hatten.

Die Lehrerin Gerda Szepansky, 1948

GERDA SZEPANSKY · ETWAS LICHT

Als es dann etwas später Schulspeisung gab, haben viele Frauen in ihrer freien Zeit dabei geholfen, ohne sich von den Kindern was zu klauen. Später haben auch die verschiedenen Parteien ihre Mitglieder für solche Aktionen abgestellt.

Schulmaterial hatten wir zu Anfang natürlich kaum.

Und wir mußten erst mal die Fenster verpappen, die waren alle kaputt. Zum Teil haben wir aus den Bilderrahmen, die noch an den Wänden hingen, das Glas rausgenommen und in die Fensterrahmen gesetzt, um wenigstens etwas Licht im Klassenraum zu haben. Wir haben auch alle doppelten Scheiben aus dem Treppenhaus abmontiert. Das machten wir mit den großen Kindern zusammen, und das war auch Schule und Unterricht.

Die Lehrpläne wurden ziemlich schnell fertig. Aber da stand nur drin, *was* wir unterrichten sollten, um das *Wie* mußten wir uns selbst kümmern. Wir bekamen einen Mentor, der uns half. Unsere Kinder hatten ein völlig unterschiedliches Vorwissen, wir mußten zum Teil viel Stoff aufarbeiten.

Wir haben uns auch große Themen vorgenommen. Eine ganze Zeit habe ich über die Bodenreform unterrichtet, um uns herum wurden ja die großen Güter aufgelöst. Dann bekamen wir irgendwie Bücher und lasen das Stück »Der Arme Konrad« von Friedrich Wolf. Das haben wir dann auch mit den Kindern gespielt. Im Rechnen haben wir ausgerechnet, was die einzelnen Siedler an Land erhielten, wie das aufgeteilt würde. Den Kindern und uns hat der Unterricht Spaß gemacht. Ich mußte immer an dieses Mädchen denken, das zu Anfang gesagt hatte: Es soll jetzt schöner werden.

CHRISTEL SCHNEIDER · ALLES WELTFREMD

In der Schule wurde sehr wenig über Politik geredet. Es gab wenige Ausnahmen unter den Lehrerinnen. Meine Deutsch- und Englischlehrerin beispielsweise. Die hat uns Deckbetten geschenkt, als es uns noch ganz dreckig ging und wir noch nichts hatten. Die diskutierte viel mit uns über Politik, stand den Dingen auch kritisch gegenüber. Wir haben unter ihrer Anleitung auch einmal die »Iphigenie« aufgeführt. Aber die eckte mit ihrer Art ganz stark bei ihren Kollegen an, hatte große Schwierigkeiten und wurde schließlich von der Schule gegrault. Als ich Abitur machte, war sie schon nicht mehr da und mußte an einer Grundschule unterrichten. Mit dieser Frau hatte die Schule wirklich Spaß gemacht.

Der Geschichtsunterricht war Larifari. Wir paukten Daten, und mit keinem Wort wurde die Nazi-Zeit erwähnt.

Es wurde auch sehr stark reglementiert, kritisch durfte man nicht sein. So wurde ängstlich vermieden, irgendwie im Unterricht Amerika zu behandeln, uns Schülern brannte dieses Thema verständlicherweise aber auf den Nägeln. In irgendeiner Stunde hab ich mich dann mal gemeldet und gesagt, daß ich das alles weltfremd finde, was wir da lernten, und daß ich mal was über Dinge erfahren wollte, die uns direkt betrafen. Da wurde ich sofort zum Schulleiter zitiert. Der sagte, ich solle doch froh sein, daß ich überhaupt etwas lernen dürfe.

Klasse 10 der Hansa-Oberschule, Levetzowstraße, Berlin-Moabit. Zweite von rechts: Christel Schneider

JOHANNA WREDE · REIFEVERMERK, UNGÜLTIG

Mein Abschlußzeugnis enthielt einen Reifevermerk, der im Grunde nur besagte, daß ich in Klein-Machnow die Schule besucht hatte, so lange es eben ging. Wer wegen des Kriegs die Schule nicht hatte ordentlich beenden können, sollte damit die Möglichkeit bekommen, dennoch ein Studium anzufangen. Die Jungen durften so auch tatsächlich studieren, bei uns Mädchen aber war dieser Reifevermerk plötzlich ungültig. Die Jungen hätten ja durch den Kriegsdienst so viel Zeit verloren, bei denen wäre das was anderes.

Wie nun an das Abi kommen? Ich bin hier in Tempelhof zur Luise-Henriette-Schule gegangen und hab denen meine Situation erklärt. Ja, ja, aber ich müßte mindestens noch ein Jahr die Schule besuchen. Das war mir zu lang, ich wollte höchstens noch ein viertel Jahr machen, das, meinte der Rektor aber, könnte ich mir abschminken. Ich bin dann ins Rathaus gegangen, zu einem Schulrat. Das war ein alter Herr, der verstand mich gut. Er schickte mich nach Mariendorf, und dort fing ich Ostern 49 an. Ich bin dann noch mal so sechs bis acht Wochen zur Schule gegangen, und während der Blockade habe ich mein Abi gebaut.

Zu meinem Unglück war gerade das Goethe-Jahr, und so mußte ich Goethe ackern. Der hatte mich vorher nie beschäftigt, ich wollte Zahnärztin werden, aber 49 war der Hauptthema in Deutsch.

WOLFGANG SZEPANSKY · DIE WAHRHEIT

Selbstverständlich haben wir unseren Kindern auch von der NS-Zeit berichtet. Die haben genau zugehört, die fanden das natürlich auch alle sehr spannend, die Wahrheit über diese Zeit der Lügen zu erfahren. Ich habe dann 46 meine erste und 48 meine zweite Lehrerprüfung gemacht.

GERDA SZEPANSKY · KEINE ZEIT

Unsere Schule lag in der Nähe des Flughafens. Während der Blockade hörten wir andauernd die Rosinenbomber über uns hinwegdonnern. Viele unserer Bekannten haben zu der Zeit in Ostberlin eingekauft. Wir konnten das nicht, weil wir derart in der Schule eingespannt waren, daß wir dazu überhaupt keine Zeit hatten.

JOCHEN LEHMANN · HOW MY MIND HAS CHANGED

Noch vor Beginn des ersten Semesters hat Karl Barth eine Vorlesung über *Römer 13* gehalten: »Jedermann sei Untertan der Obrigkeit, die Gewalt über ihn hat.« Das Ganze stand unter dem Motto: *How my mind has changed* – wie sich meine Auffassung geändert hat. Der Raum war völlig überfüllt, ich saß auf der Treppe. Es war sehr beeindruckend, da habe ich endgültig beschlossen, Theologie zu studieren.

Im Herbst zogen wir dann um. In dem neuen Gebäude war während des Krieges eine SS-Einheit untergebracht gewesen. Ich habe da meine Aufräumungsarbeiten abgeleistet. Man mußte, um studieren zu können, nachweisen, daß man sich an den Aufräumungsarbeiten beteiligte, das war auch an der Humboldt-Uni noch so. Es gab genau festgelegte Stundenzahlen, die man zu absolvieren hatte, um ein Semester lang studieren zu können. Bei diesen Aufräumungsarbeiten habe ich die Wände auch von den SS-Sprüchen reinigen müssen, die uns noch an alte Zeiten erinnerten.

WOLFGANG SZEPANSKY · NICHT TRAGBAR

Außerdem gab es auch schon einen Druck auf uns, daß wir unsere Lebensmittelkarten im Westen anzumelden hätten. Den Lehrern wurde gesagt: Wenn du dir deine Lebensmittelkarten nicht hier holst, entziehst du dich indirekt der Blockade. Geh doch rüber, wenn du meinst, da lebt man besser.

Meine erste Schulleiterin, Frau Weste, war sehr aggressiv antisowjetisch eingestellt. Am Tag, als die Westmark eingeführt wurde, hatte ich gerade meine zweite Lehrerprüfung. Frau Weste kam auf uns zugestürmt und rief ganz freudig: Ein Glück, Berlin bleibt frei, die Einheit bleibt erhalten! Die meinte aber gar nicht ein einheitliches Berlin, das gab's ja noch, die war froh, daß die Westsektoren zu Westdeutschland gehören würden. Das war ja in Wirklichkeit keine Einheit, sondern die Spaltung, die da zementiert wurde.

Meine Prüfung war schon anders als die erste, die ich 46 gemacht hatte. Nun war man mir nicht mehr so wohlgesonnen, und auf einmal zählte auch nicht mehr, daß ich aus dem KZ kam und als Arbeiterkind Lehrer geworden war. Jetzt, 48, gab es eine abwartende Haltung mir gegenüber. Die Prüfungskommission war eher zurückhaltend. Die haben möglichst alle politischen Fragen ausgeklammert. Man wollte es sich ja auch nicht mit mir verderben, denn noch wußte keiner genau, woher der Wind nun wirklich wehen würde. Jedenfalls habe ich die Prüfung bestanden. Interessant war auch, daß die Vertreter vom Hauptschulamt noch vom Magistrat von Groß-Berlin eingesetzt waren, während sich in den Westbezirken schon eigene Schulverwaltungen gebildet hatten. Die haben nun eher gegeneinander gearbeitet, als gemeinsam die neue Schule aufzubauen.

Während ich bei meiner ersten Prüfung das Gefühl hatte, es geht hier um meine wirkliche Arbeit, kritisierte man nun so an mir herum: Das war wohl ein bißchen viel Anschauungsmaterial, was Sie da eingesetzt haben; übrigens sagt man nicht »was«, sondern »etwas«. Das waren jetzt so die Kriterien, nach denen wir beurteilt wurden, formal und ziemlich weither geholt. Bisher waren für uns

Gerda Szepansky, 1. Mai 1948

immer noch existentiellere Dinge wichtig gewesen. Aber langsam zeigte es sich, wieviel sich so inzwischen verändert hatte. Wir mußten jetzt auch zu jeder Stunde Unterrichts-Entwürfe vorlegen, und wir hatten – neben den Prüfungsvorbereitungen – an die siebenundzwanzig Stunden zu unterrichten.

Am Tag nach meiner Prüfung sollte ich beim Geldeinwechseln helfen. Das lehnte ich ab, denn das hieß, wie ich deutlich sah, beim Beginn der endgültigen Spaltung zu helfen. Im Kollegium standen wir mit dieser Ansicht aber schon allein.

Man verbot mir jetzt auch, am *Tag der Opfer des Faschismus* auf einer Schulveranstaltung zu reden, weil ich Mitglied in der VVN [der »Vereinigung der Verfolgten des Naziregimes«] war.

Man hat diesen Tag, den noch der Gesamtberliner Magistrat als Gedenktag am zweiten Sonntag im September proklamiert hatte, zwar noch feierlich gestaltet, aber da war doch schon ein anderer Zungenschlag. Ein Redner erklärte den versammelten Schülern: Einer meiner Söhne ist vor Stalingrad gefallen, der andere hat im Krieg ein Bein verloren. Das sind auch Opfer des Faschismus! Das war ja nicht falsch, aber wer, wie ich, jahrelang im KZ gesessen hatte, hörte so was schon mit einem gewissen Unbehagen. Zumal wenn solche Opfer des Faschismus jetzt den kalten Krieg gegen kommunistische Antifaschisten erklärten.

In den folgenden Monaten wurde meine Personalakte immer dikker. Ich hab daraus einiges abgeschrieben: Am 9. 10. 1950 heißt es noch, »über Herrn Szepansky konnten wir bisher kein Bild gewinnen.« Das ging dann aber sehr schnell. Am 15. 10. 50 berichtet der Schulleiter: »Das Zeichenthema Luftbrücke hat Herr S. abgelehnt.« Das stimmt überhaupt nicht, das war völlig aus der Luft gegriffen. Er hat sich nie um meinen Zeichenunterricht gekümmert, er mußte aber der Behörde was liefern.

»Nach Umfrage bei den Kollegen wurde bestätigt, daß er die Maibeiträge ohne Zustimmung der Kollegen an den FDGB abgeführt hat.« Ich war Gewerkschaftskassierer, inzwischen gab es hier die Unabhängige Gewerkschafts-Opposition, die UGO, also die vom FDGB abgespaltene antikommunistische West-Organisation. Ich habe natürlich die Beiträge an den FDGB weitergeleitet, allerdings immer mit Zustimmung der Kollegen. Man wollte mir als Unterschlagung auslegen, daß ich die Marken des FDGB nicht bei der UGO abgerechnet habe.

»Im übrigen will ich aber darauf hinweisen, daß er menschlich sowohl als auch als Lehrer von allen Kollegen geschätzt wird. Der Zwischenruf in der Betriebsversammlung entspricht nicht den sonstigen Gewohnheiten von Herrn S., er kam für alle unerwartet.« Da ging es darum, daß dort aufgefordert worden war, die Kollegen zu

Wolfgang Szepansky (oben rechts): Meine Klasse Anfang 1950 – 52 Kinder

melden, die während der Blockade im Ostsektor Lebensmittel einkauften oder die irgendwelche guten Beziehungen dorthin hatten. Da hatte ich gerufen: Das ist ja das reinste Denunziantentum!

27. 4. 51: »Bericht von Dr. Lange-Heinicke. An den Herrn Senator für Volksbildung, Hauptschulamt. Anliegend senden wir Ihnen die Personalakte und den Strafregisterauszug für den Lehrer Wolfgang Szepansky, bezüglich der Verurteilung in den Jahren 31/32 zu Ihrer Kenntnis und Entscheidung. Es ist zu beachten, daß die Vergehen sich seinerzeit gegen die damaligen Staatsautoritäten richteten.« Ich hatte damals Demonstrationsverbote überschritten und gegen die Brüningschen Notverordnungen Parolen gemalt. Ich wurde erwischt und für drei Tage eingesperrt. In diesem Bericht steht auch der Auszug aus meinem Strafregister: »...am 18. 9. 31 wegen Sachbeschädigung und Straßenverunreinigung drei Tage Gefängnis, Näheres nicht feststellbar.« Aus der Antwort des Senators für Volksbildung: »Eine weitere Verfolgung ist unzweckmäßig.«

Dieser Lange-Heinicke, der den Bericht über mich verfaßt hatte, war in der Nazi-Zeit Direktor der Händel-Schule. In dieser Eigenschaft schrieb er am 8. 12. 42 an eine Frau Blenkle: »Aufgrund der von Ihnen gegebenen Darstellung Ihrer Beziehung zu dem ehemaligen kommunistischen Reichstagsabgeordneten Blenkle, der vom Volksgerichtshof zum Tode verurteilt worden ist, sehe ich mich gezwungen, Ihre Tochter mit sofortiger Wirkung aus der Schule zu entlassen. Begründet wird mein Beschluß wie folgt: 1. Ich habe keine Gewähr, daß Ihre Tochter, nachdem sie die Beziehung zum Vater nach seiner Verhaftung und Verurteilung wieder aufgenommen hat, dem nationalsozialistischen Staate mit der Gesinnung gegenübersteht, die ich bei einer Schülerin einer höheren Schule voraussetze. 2. Die Wirkung des wahrscheinlichen Bekanntwerdens dieser Zusammenhänge auf die Mitschülerinnen Ihrer Tochter sind für die Mitschülerinnen nicht tragbar. Heil Hitler. Gez. Dr. Lange-Heinicke, Direktor.«

Und hier der Bescheid, mit dem man mich dann aus der Schule entfernte: »Da Sie sich durch Ihr Verhalten nicht nur der Achtung und des Vertrauens, das Ihr Dienstverhältnis erfordert, als unwürdig erwiesen, sondern auch die öffentlichen Einrichtungen Ihres Arbeitgebers und Ihrer Kollegen verächtlich gemacht sowie sich aktiv im Sinne der SED betätigt haben, sprechen wir gemäß § 8,2f. der Disziplinarordnung mit Zustimmung des Personalrates der Lehrer und Erzieher und des Hauptschulamtes die Strafe der Dienstentlassung nach fristloser Kündigung aus.« Das ist unterzeichnet vom Bezirksamt Tempelhof am 18. 9. 51, Geschäftszeichen Schul I.

JOCHEN LEHMANN · GEWAPPNET

Ab 48 war ich dann an der Humboldt-Universität. Die Fakultät in Ostberlin war im Dom untergebracht. Vom Bahnhof Friedrichstraße bin ich dahin zu Fuß gelaufen.

In der Dorotheenstraße war eine kleine Buchhandlung, da habe ich in dieser Zeit viele Bücher über den Marxismus gekauft. Seit 49 wollte ich ja Pfarrer in der DDR werden, dazu mußte ich mich auch mit dem Marxismus auseinandersetzen. Dadurch war ich nicht nur für meine Arbeit gewappnet, sondern auch gefeit gegen die Propagandageschichten auf der westlichen Seite. Ich bin auch nicht als Antisozialist in die DDR gegangen, sondern als Pazifist.

Pazifismus war mir in der Nazi-Zeit immer als was ganz Schlimmes dargestellt worden. Durch das Neue Testament und insbesondere durch die Beschäftigung mit Dietrich Bonhoeffer war ich aber schon damals zu einer Einstellung gekommen, wie sie heute mit der Losung *Frieden schaffen ohne Waffen* ausgedrückt wird.

KARL LÜHNING · SCHWARZARBEIT

Während der Blockade gab es eine kurze Zeit, in der auch in den Westzonen Ostgeld existierte. Alles wurde halb in West-, halb in Ostwährung bezahlt. Die Leute im Westen hatten also auch Ostgeld. Damit gingen sie nun in den Osten und ließen sich die Haare schneiden, viel billiger als hier. In dieser Zeit verlor mein Chef viele Kunden und mußte mich entlassen. Ich wurde also arbeitslos und ging stempeln.

Ich hab mich sofort in die Schwarzarbeit gestürzt, für einen Friseur ist das keine Schwierigkeit, hab mich damit über Wasser gehalten und konnte davon auch ganz gut leben. Ich hätte zwar gerne wieder eine Stellung angenommen, aber es war nichts zu machen, nichts.

In dieser Zeit habe ich für 50 Mark ein Laubengrundstück übernommen und hab nach und nach eine Laube drauf gebaut. Immer, wenn es Stempelgeld gab, hab ich 4 Mark abgezweigt, hab davon Kalk gekauft, Mörtel gemischt und gebaut. Wir wollten unbedingt was im Grünen haben, denn in der Adalbertstraße in Kreuzberg ist damit nichts. Von 50 bis 63 hatten wir diese Laube, dreizehn Jahre, und im Sommer haben wir immer da draußen gewohnt.

Meine Frau war damals auch arbeitslos, wir haben von meiner Schwarzarbeit gelebt. Später hat sie dann Heimarbeit gemacht. Ende 50 kriegte ich dann wieder Arbeit und fing mit 35 DM Wochenlohn an.

Karl Lühning vor seiner Laube

MARLIES SCHADE · HARTE ZEITEN

Eigentlich war es für meinen Mann und mich zuerst überhaupt nicht klar, nach Hannover zu ziehen. Wir hatten wenig Hoffnung, in Hannover eine Wohnung zu kriegen. Es ging nach Bedürftigkeit. Genau in dieser Zeit starb meine Oma, das heißt, auf dem Papier wurde bei uns noch ein Zimmer frei, und wir hatten überhaupt keinen Anspruch.

Aber dann wurde es für meinen Mann immer anstrengender, zur Arbeit zu kommen. Im Winter mußte er zur Nachtschicht oft mit dem Fahrrad fahren, das waren hin und zurück fünfzig Kilometer. Deshalb hat er irgendwann in Hannover auf eigene Faust eine Wohnung gesucht. Er hat alles abgeklappert, aber nichts gefunden. Um sich wieder etwas aufzumöbeln, ist er dann ins Kino gegangen, und auf dem Rückweg kam er zufällig an diesem Block hier vorbei, der war damals noch im Bau. Er fragte mal so bei den Bauarbeitern und wurde von denen zum Verwalter geschickt, und der, als er hörte, daß mein Mann auf der Conti arbeitete, sagte gleich zu.

Wir mußten damals noch einen verlorenen Baukostenzuschuß bezahlen. Den hat zwar die Conti vorgestreckt, der hat uns aber einen schwierigen finanziellen Start gebracht. Mein Mann verdiente ja nicht sehr viel, und nun wurden von seinem Lohn noch 100 Mark monatlich dafür abgezogen. Für mich bedeutete das, daß ich oft nur fünfzehn oder zwanzig Mark Haushaltsgeld in der Woche hatte. Das waren harte Zeiten für uns.

Ich selbst hatte 48 ausgelernt und war noch eine Weile als Gesellin in Bolzum geblieben. Weil ich aber auch die Herrenschneiderei noch ein bißchen kennenlernen wollte, habe ich bei einem Herrenschneider angefangen. Der eröffnete mir aber nach sechs Wochen, daß er seine Werkstatt aufgeben müßte. So mußte ich da wieder aufhören. Ich hab dann zu Hause für andere genäht.

JOCHEN LEHMANN · SPALTER

An der FU gibt es keine theologische Fakultät. Als zu Beginn des Kalten Kriegs in Westberlin mit amerikanischen Stiftungsgeldern die Freie Universität Berlin gegründet wurde, sind wir an der Humboldt-Universität geblieben. Wir dachten, wir müßten den Platz halten, wenn wir gingen, gäbe es in der SBZ keine Theologie mehr.

Es ist ja immer behauptet worden, die Spalter säßen drüben. Aber der Auszug aus der Humboldt-Universität hat in vielen Fällen gezeigt, daß die Spalter auch hier saßen, besonders aktiv waren da ja die Mediziner und die Juristen.

ANNI MITTELSTAEDT · GLEICHER LOHN FÜR GLEICHE ARBEIT

Als die Blockade zu Ende ging, haben wir Blumeshof enttrümmert. In der Nähe war eine Markthalle, da hielten die ersten Lastwagen. Einer der Fahrer hat uns mal zwei Kisten Bücklinge gegeben. Sofort kamen die Männer an und wollten auch was haben, aber wir haben nur gesagt: Gleicher Lohn für gleiche Arbeit. Darauf sind sie zum Bauleiter, und der kam an und sagte: Mensch, Mittelstaedt, Geiz ist doch das Schlimmste, was es gibt.

Ja, sagte ich, aber Sie wissen doch: gleicher Lohn für gleiche Arbeit. Damit haben die sich doch immer davor gedrückt, uns zu helfen. Und jetzt kriegen sie halt nichts ab. Und er wieder: Dann gebt mir doch wenigstens was. Nee, sagte ich, wenn die andern nichts kriegen, kriegen Sie auch nichts. Darauf hat er uns verboten, die Bücklinge auf der Baustelle zu essen, weil wir uns sonst am nächsten Tag vor Ratten nicht retten könnten.

Anni Mittelstaedt (Mitte): Das war, als wir Blumeshof enttrümmerten

Schließlich hat uns aber doch noch das Herz weh getan, jede von uns Frauen bekam eine ganze Dose Bücklinge, und den Rest haben die Männer gekriegt.

In diesen Zeiten, als wir enttrümmert haben, war der Gedanke immer da: wo wir enttrümmern, bauen sie wieder neu auf. Aber an die Trümmerfrauen haben die am wenigsten gedacht mit ihren Wohnungen. Es gibt welche, die haben vor zehn Jahren noch unterm Dach-Juchhe gewohnt.

Unser Sohn Marc, vor kurzem eingeschult, lernt lesen. Aufgeregt kommt er in mein Zimmer und schwenkt sein erstes Lesebuch in der Hand: Papa, hattest du früher auch so ein Buch? Gemeinsam kramen wir in einem alten Pappkarton, in dem sich meine Erinnerungen stapeln. Unter Heften mein erstes Lesebuch, die Fibel »Guck in die Welt«, 1948 in Berlin erschienen. Marc blättert. In welche Welt »guckte« **ich** damals?

Eine ganze Tafel Schokolade.

Sommersonntag. Mutter und ich tuckern in einem Ausflugsschiff über den Wannsee. Sie gibt mir ein Stückchen Cadbury-Vollmilch, das fängt in der Sonne gleich an zu schmelzen. Schling nicht so, Junge! Du verdirbst dir den ganzen Geschmack. Und mehr gibt's nicht. Vor mir sitzt ein Mann. Der zieht aus der Tasche eine Tafel Schokolade und beginnt genüßlich zu kauen. Stück für Stück schiebt er in den Mund, eine ganze Tafel Schokolade. Gebannt schaue ich zu, bis zum letzten Krümel. Das also ist Erwachsensein.

Unser Fußballplatz.

Rolf, aus dem Haus, kommt in unsere Küche gerannt: Onkel Mike hat mir einen echten Lederfußball mitgebracht, toll, was? Er läßt die Kugel auf die Fliesen tippen. Das ist schon was, ich schwanke zwischen Neid und Begeisterung. Unten wartet Paul. Mänsch, jetzt brauchen wir noch'n Bolzplatz.

Nebenan ist ein Trümmergrundstück. Die größten Brocken sind schon weggeräumt. Zusammen mit den anderen Kindern aus der Straße packen wir an, schleppen Steine weg, reißen Unkraut raus. An die Brandmauern der beiden Nebenhäuser zeichnen wir Tore. Fertig. Ich bin der Torwart, wie Bubi Steinbeck von Union 06.

Lassy La Rue.

Unten spielen meine Freunde Cowboy und Indianer. Ich kann nicht mitmachen, Mutter hat gesagt: Wehe, du faßt eine Pistole an, ich habe die Nase vom Schießen gestrichen voll. Aber ohne Pistole lassen die anderen mich nicht mitspielen.

Rolf hat einen neuen Helden entdeckt: Lassy La Rue, der Mann mit der Peitsche. Er zeigt mir das Heft: auf dem Titelblatt ein schwarzgekleideter Cowboy, der schwingt eine lange Peitsche. Das ist die Idee, jetzt kann ich mitspielen, ich bin Lassy La Rue. Mutter wird ja nicht meckern, wenn ich meinen Triesel und die Peitsche mit runter nehme.

Marc hat genug von meinem Buch. Es fliegt zurück in den Karton. Raus ist er. Ich bin wieder erwachsen. [D. M.]

Kinderspiel: Luftbrücke

Ich habe nur noch Überreste jener Zeit erlebt, um die es in diesem Buch geht, und zwar in Form von Trümmergrundstücken. Drei waren es, die ich direkt vor der Haustür hatte als Kind.

Eins, genau gegenüber unserem Wohnhaus, war ohne jeden Reiz für mich, denn es war überwuchert mit Brennesseln. Das Betreten lohnte sich nicht, man hätte sich nur verbrannt. Ende der Fünfziger jedenfalls fiel es mir höchstens noch dadurch auf, daß es wegen seiner Unbebautheit einen relativ weiten Blick aus unserem Wohnzimmerfenster ermöglichte. Seit knapp zwei Jahrzehnten allerdings trifft der Blick nach fünfzehn Metern nur noch auf eine mit Fenstern durchsetzte Mauer, an dieser Stelle steht nun ein Wohnhaus.

Das zweite Grundstück war noch uninteressanter. Auf ihm wuchsen nicht einmal Brennesseln, es lag nur da, flach und kahl, schräg rechts gegenüber von unserem Haus. Jeder konnte drüberlaufen, der den Weg zwischen zwei Straßen abkürzen wollte. Heute liegt es noch immer da, aber nun dient es als Parkplatz und ist deshalb mit Asphalt überzogen. Eingesäumt wird es von einem winzigen Mäuerchen, nur zwanzig Zentimeter hoch, und einer verschließbaren Schranke. Gegen eine geringe monatliche Gebühr kann jeder Anwohner einen Schlüssel für die Schranke erwerben und den Parkplatz benutzen. Alle anderen werden durch das Mäuerchen daran gehindert. Was macht es da, daß der Platz die meiste Zeit fast leer steht, während ringsum Autos die Bürgersteige blockieren?

Das dritte Trümmergrundstück war es, das die Kinder aus der Umgebung anzog, »die Steine«. So nannten wir dieses Areal, das angefüllt war mit großen Sandsteinquadern, kreuz und quer übereinandergetürmt, Überreste eines alten Stadttores nahe dem Beguinenturm. In diesem unübersichtlichen Gelände konnte man sich herrlich verstecken, Räuber und Gendarm und Cowboy und Indianer spielen. Hier pafften wir unsere ersten Zigaretten und spielten Doktor-Spiele, kein Erwachsener verirrte sich hierher. Aber auch dieses Grundstück entging seinem Schicksal nicht. Anfang der sechziger Jahre entstand hier das Historische Museum.

Uns Kindern blieben von nun an in der näheren Umgebung nur zwei Spielplätze, die genau so waren, wie man Spielplätze kennt, tristgraue Drahtkäfige, spärlich bestückt mit einem Sandkasten und einer Schaukel. Hier war nichts mehr, was unsere Phantasie hätte beflügeln können. Aber Ordnung muß sein, und kahle Flächen zwischen Häusern und wild durcheinander liegende Steinquadern erinnern an Zeiten, an die man sich nicht gern erinnern lassen will. Deshalb hatten sie zu verschwinden, Anfang der sechziger Jahre. [D. S.]

DER WAHRE WOHLSTAND

Im Grunde waren die Jahre vertan, weil die Ansätze, die es zur *Stunde Null* gab, nicht genutzt wurden. Erfahrungen, die man zwölf Jahre lang während der Barbarei gemacht hatte, wurden nicht mehr akzeptiert oder einfach verdrängt. Für mich ist aus dieser Zeit wichtig die Spontaneität, die Phantasie und die Kreativität, mit der man sich als Überlebenskünstler betätigte. Und die schlichte und einfache Art, in der man anfangs miteinander umging.

Und man tat eine Sache um der Sache willen. Wenn man damals ins Theater ging, dann deshalb, um das Geschehen auf der Bühne zu verfolgen, und nicht, um gesehen zu werden. *[Jochen Lehmann]*

Unser Sohn war dieses Jahr im Urlaub auf Sardinien und mußte zur Rückfahrt vier Tage auf die Fähre warten. Es war keine bedrohliche Situation, es war kein Krieg oder so, aber er hing da fest. Einige Deutsche, die meisten Italiener. Er war im nachhinein unheimlich beeindruckt von dieser Atmosphäre, daß vier Tage lang eine Anzahl Menschen direkt aufeinander angewiesen war, ganz dicht, ganz primitiv von der Hand in den Mund leben mußte. Wie man füreinander da war, den anderen gesehen hat, sich Sachen erzählt, füreinander gesorgt, Essen geteilt hat, das war plötzlich anders, selbstverständlicher.

Das haben wir in diesen Zeiten nach dem Krieg erlebt, und das kann man heute nur noch selten erfahren. *[Hanna Lehmann]*

Ich hab den Eindruck, daß heute in Teilen der jungen Generation, in der alternativen Bewegung, das wiederbelebt wird, was wir damals notgedrungen machen mußten. Daß also viel von dieser Spontaneität, Schlichtheit, Einfachheit im Umgang miteinander von damals wieder da ist. *[Jochen Lehmann]*

...wo nicht mehr alles so perfekt sein muß wie aus dem Möbelkatalog, sondern improvisiert wird, wie es gerade kommt. Man geht auf den Flohmarkt und nicht in den Laden, um sich Tassen zu kaufen, sechs womöglich noch, wieso auch ausgerechnet sechs Tassen, wenn ich vielleicht nur vier brauche. *[Hanna Lehmann]*

Für viele Menschen hat die Konsumwelle, wo sie alles kaufen konnten, eine riesige Rolle gespielt. Und Konsum ist für viele das einzige Kriterium für Freiheit. Freiheit heißt für die, ich kann aussu-

chen, ob ich so eine Waschmaschine will oder so eine, dieses Auto oder jenes. Und Unfreiheit ist, wenn ich nur einen Trabant fahren kann oder einen Wartburg. Aber Freiheit hat ja auch andere Kategorien, Freiheit des Geistes, Freiheit, seine Meinung sagen zu können, und Freiheit zu kritisieren, wo Kritik notwendig ist.
[*Jochen Lehmann*]

45, da war ich vierzehn Jahre alt, dachte ich, jetzt ist endlich alles vorbei. In der Schule konnte ich endlich frei sagen, wer ich bin, ich mußte mich nicht mehr verstecken, ich hatte das Gefühl, jetzt endlich dazuzugehören. Aber im Frühjahr 47 erzählte mir eine Freundin, ein Mädchen hätte sie angesprochen, was, du verkehrst mit der Hanna? Weißt du denn nicht, daß bei der was Jüdisches dabei ist? Und die kam nicht mal aus einem Elternhaus, wo alle hundertprozentige Nazis gewesen wären.

Ich war so erschrocken, ich merkte, daß die Menschen sich nicht vom einen auf den andern Tag ändern, sondern daß ich mit denselben Menschen zusammen war, die gestern noch eine Gefahr für uns gewesen sein konnten. [*Hanna Lehmann*]

Die sogenannte Umerziehung durch die Amerikaner hat dadurch versagt, daß man jetzt seine Vergangenheit als Nazi kompensieren konnte, indem man ein kräftiger Antikommunist wurde. Im Grunde genommen brauchte man sich nicht zu ändern, und die Leute änderten sich auch nicht. Von daher darf man sich auch nicht wundern, daß sich in der Einstellung zu bestimmten Minderheiten auch nichts geändert hat. Es gibt nur andere Minderheiten. Was früher die Juden waren, das sind heute die Türken.

Echte Demokratisierung hat nicht stattgefunden. Alles, was als Demokratisierungsversuch von unten kam, wurde sofort als vom Osten kommend und kommunistisch diffamiert. [*Jochen Lehmann*]

Die schwierige Situation nach dem Kriege hat die Leute irgendwie aktiv gemacht, die Älteren und auch die Jüngeren. Durch diesen Druck von außen, auch durch die schlechte materielle Lage. Das sehe ich aber heute wirklich nur als positiv an. Abgesehen davon, daß sich das immer ein bißchen verklärt, was man in der Jugendzeit gemacht hat: wir haben ständig was vorgehabt und unternommen. Und da war selbst das Frieren und das wenige Essen nicht so ausschlaggebend.
[*Thea Walter*]

Vor dem Krieg und im Krieg war sich jeder selbst der Nächste, da hat keiner nach dem andern gefragt. Aber nach dem Krieg hat man sich zusammengetan, hat zusammen wieder was aufgebaut, da war einer für den andern da. Heute herrscht ein ganz großer Egoismus, jeder will mehr haben als der andere. Ich finde, die Raffgierigkeit, die heute unter den Leuten regiert, ist mitunter bestialisch. Ich finde das ganz selten heute, daß noch irgendwo eine echte Freundschaft oder Nachbarschaft da ist. Ob das nun der wahre Wohlstand ist? Ich weiß es nicht. [*Maria Briesen*]

Hungern, das würde ich noch mal auf mich nehmen können, aber ich möchte nicht noch einmal mit Bomben beschmissen werden, das bitte nicht.

Was ich mir über die Zukunft vorgestellt habe damals, das war doppelbödig. Auf der einen Seite hat man immer gedacht, lieber Gott, ich möchte, daß mal zehn Jahre Frieden ist, und ich möchte mal so eine richtige Demokratie sehen und vielleicht mich sogar selber in einer Partei engagieren. Auf der anderen Seite hatte man aber auch das Gefühl, man wird ein ganz bürgerliches Leben führen, man wird heiraten. Und das stand eigentlich im Vordergrund, wir waren ja auch noch sehr jung. [*Johanna Wrede*]

Neue Zeiten in Lühnde

Als meine Kinder vor einigen Jahren anfingen, über geschichtliche und politische Zusammenhänge nachzudenken, haben sie mich gefragt, ob ich mich denn damals befreit gefühlt hätte, oder was ich überhaupt empfand, als ich im Frühsommer 45 zurück nach Berlin zog, vorbei an zerbombten Städten und so.

Es war und ist für mich furchtbar schwer, meine Gefühle von damals zu beschreiben, als nicht mehr geschossen wurde, als keine Bomben mehr fielen, als das alles aufgehört hatte. Da war schon so ein Gefühl von einem neuen, anderen Leben da. Aber ich habe mir überhaupt keine Gedanken darüber gemacht, wie das nun politisch weitergehen sollte, dafür hatte ich den Kopf gar nicht frei.

Als ich vor ein paar Tagen mit jungen Leuten aus unserer Friedensinitiative zusammensaß und wir Plakate malten und uns Gedanken machten, wie wir für ein Straßentheater so eine Atombunkersituation simulieren könnten, ist wieder einiges von dieser unmittelbaren Nachkriegszeit in mir hochgekommen. Ich hatte immer so ein Stück von Vertrauen in das Leben auf dieser Erde. Auch auf mein eigenes Leben habe ich als Kraft vertraut. Und im Gegensatz dazu sehe ich, daß den jungen Leuten heute dieses Vertrauen verdammt schwer gemacht wird angesichts all der Waffen, die auch hier bei uns stationiert werden. Da kann dann mit einem Schlag alles Leben ausgelöscht werden, da gibt es dann keine Frühlingswiese mehr, über die man, wenn auch zerlumpt, hungrig und barfuß, nach Hause wandern kann. Deshalb mache ich heute mit, anderen Menschen klarzumachen, daß wir das Leben auf dieser Erde nicht durch Rüstung und Kriegsplanung schützen können.

Ich hab in letzter Zeit oft mit Leuten geredet, aus meiner Generation. Was mich immer wieder erschreckte, war, daß viele mich überhaupt nicht verstehen wollten. Die haben nur unsere Friedensplakate gesehen und dachten, wir sind alle vom Osten gelenkte Marionetten. Da haben viele nichts dazugelernt, die doch auch die schreckliche Zeit des Faschismus und ihre Folgen am eigenen Leibe erlebt haben. Es gab aber auch andere, die vielleicht mit meinen jüngeren Freunden nicht gesprochen hätten, die aber mit mir geredet haben. Die haben dann auch bei uns unterschrieben, und das hat mir Mut gemacht. *[Micha Evers]*

In diesem Buch kamen elf Frauen und fünf Männer zu Wort; sie haben uns in vielen Gesprächen von schweren Zeiten berichtet.

Noch viele andere hätten davon erzählen wollen und können, doch schon diese sechzehn machten uns bewußt, in welchem Maß Geschichte einzelner exemplarisch, Geschichte vieler ist. Wir haben jedenfalls in diesen Gesprächen viel gelernt über die Nachkriegszeit und die Generation, die mit ihr fertig werden mußte. Und das wurde sehr schnell mehr als eine einseitige Befragung von Zeit»zeugen«, es wurde ein Stück **gemeinsamer,** kollektiver Erinnerungsarbeit.

Dennoch, obwohl wir die Attitüde des (Be- oder gar Ver-)Urteilens, des Zeit- oder Generationsprozesses der Jungen gegen die »Alten« sehr bald verloren, es blieben eine Menge Irritationen, die immer noch uns von der Generation unserer Gesprächspartner tiefer trennen als diese so unterschiedlichen Menschen untereinander.

Wir waren erstaunt, wieviel Mut, Tatkraft und Phantasie in ihnen war (und ist), neben wieviel Enge, ja Mickrigkeit, Egoismus. Vielleicht brauchten sie beides, um zu überleben. Auf vieles könnten sie stolz sein, aber wir haben bemerkt, daß sie eigentlich nur ungern von selbst anfangen, über diese Zeit zu reden. Wenn, dann tragen sie höchstens mal in Bierlaune die alten Mythen des »zu meiner Zeit« weiter: Ärmel hochkrempeln! Aufbauen! Ist es nur die Erinnerung an Hunger und Kälte, die sie ungern zurückblicken läßt? Fürchten sie, ohne es sich einzugestehen, etwas versäumt, Chancen verpaßt zu haben? Vielleicht, daß sie in jenen Jahren nicht auch noch den Atem hatten zum Entwurf des Neuen, nicht die Kraft zum radikalen Bruch mit dem Alten?

Für sie gings ums Überleben. War das genug? Haben sie nicht früh zu viel vergessen? Mußten sie die Politik wieder den anderen überlassen, die genau wußten, was sie zu tun hatten, um ihre alten Positionen wiederherzustellen oder auch nur ihre Pfründe zu sichern? Wie schnell waren die Beteuerungen verdrängt, nie wieder ein Gewehr in die Hand nehmen zu wollen. Wie schnell wurden Unbequeme, Kritiker wieder mundtot und/oder sozial fertig gemacht. Wie schnell war es in dem neuen Staat kein Makel mehr, ein alter Nazi gewesen zu sein.

Und als das Leben wieder gesichert war (für viele, nicht für alle), gingen sie nun daran zu leben? Die Bombenruinen wichen Betonburgen, dazwischen sproß spärlicher Rasen: Betreten verboten! Sie igelten sich ein in den Sozialwohnungen der neuen Häuser, die aus den Trümmern der alten errichtet wurden und manchmal schlimmer waren als diese. Sie hatten in erzwungener Enge und Intimität mit anderen hausen müssen, jetzt wollten sie wieder geordnete Verhältnisse. Und sie setzten sich Ziele: eine Wohnzimmergarnitur, einen Kühlschrank, den ersten

Fernseher, das erste Auto; warum nicht, aber taugt das zum Lebenszweck?

»Hungerjahre« nennt – scheinbar paradox – ein Filmtitel die fünfziger Jahre; warum wohl? »Keine Experimente« war der Slogan (und auch schon im wesentlichen das soziale Programm), mit dem die alten Männer zu einem überwältigenden Wahlerfolg kamen.

Und heute? Müßig, alle Faktoren der großen Misere zum wiederholten Mal aufzuzählen, die Details der Dauermassenarbeitslosigkeit, die »Türken raus«-Propaganda, den Ausbau dieses demokratischsten aller bisherigen deutschen Staaten zum Polizeistaat; große Teile der Generation der jetzt Zwölf- bis Fünfundzwanzigjährigen zu Outcasts gestempelt – sollen sie die versäumten Chancen der Nachkriegsgeneration noch einmal versäumen? Und am schlimmsten: die akute Kriegsbereitschaft, die unverhohlene (atomare) Aufrüstungspolitik, die zynische Bereitschaft zum absoluten »totalen Krieg«.

Denn nach diesem nächsten Krieg, nach dem Overkill durch Pershing II, Cruise missiles und SS-20, nützen Tugenden, wie sie nach dem letzten das Überleben ermöglichten, nichts mehr. Für uns gibt es dann keine Trümmergrundstücke mehr, auf denen wir Brennesseln pflücken, keine Felder, aus denen wir Kartoffeln buddeln könnten. Vor diesem Knall, mit dem eine verbrecherische, menschenverachtende Politik die Tür hinter sich zuzuschlagen bereit ist, haben wir Angst.

Kleine Schlußansprache:

Wie gesagt, es ist einfach, aus der Sicht der Nachgeborenen über eine Vergangenheit zu urteilen, die wir nicht zu verantworten haben, von der wir uns aber auch nicht absetzen können, durch die unsere jetzigen Umstände (wenn nicht gar wir selbst) in vieler Hinsicht wurden, wie sie sind.

Was fangen wir nun mit eurer und unserer Geschichte an? Wir wollen nicht zurück zu »eurer Zeit«. Aber wir halten fest, was ihr uns über Menschlichkeit, Mitleid und gegenseitige Hilfe berichtet habt. Wir versuchen, aus euren Erfahrungen lebensnotwendige Gemeinsamkeiten herauszuschlagen. Deshalb haben wir in diesem Buch Spuren eurer Geschichte gesammelt – nicht gegen euch, sondern um **mit** euch einer verhängnisvollen Wiederholung der Geschichte entgehen zu können.

INHALT

Seite

Vorbemerkung 5
Unsere Gesprächspartner 7

I
Ein Krieg geht zu Ende 9

Gerda Szepansky · Umzug ins Vorderhaus *11* / Walter · Besonders vorsichtig *13* / Hanna Lehmann · Vater Jude *14* / Wrede · Ein Stückchen Wohnung *16* / Walter · Jetzt trifft es uns *17* / Mittelstaedt · Die letzten Wochen *17* / Wergau · Drunter und drüber *18* / Walter · Ein Berg Leichen *19* / Evers · Hochzeit in Bombenstimmung *20* / Schneider · Karlsbad *22* / Walter · Radio im Kohlenkeller *22* / Hanna Lehmann · Befreit, auf der ganzen Linie *23* / Walter · Ein Stück aus dieser Zeit *24* / Gerda Szepansky · Vom Vorderhaus nach Treptow *25* / Walter · Jeder ist für sich gerannt *28* / Irma Schade · Das ging ja immerzu *32* / Karl Schade · Nicht in Vollpension *32* / Marlies Schade · Nichts weiter *33* / Irma Schade · Tiefflieger *35* / Marlies Schade · Ab in den Graben *35* / Karl Schade · Geizige Leute *36* / Irma Schade · Alles in Beschlag genommen *36* / Evers · Völlig egal *37* / Briesen · Dresden, 13. Februar *37* / Evers · Hiddensee *40* / Briesen · Verbrannt oder vergraben *42* / Lühning · Reichsstraße 31 *44* / Schneider · Sudetendeutsche, Tschechen, Amerikaner, Russen *46* / Evers · Lockere Gefangenschaft *48* / Wolfgang Szepansky · Sachsenhausen *49* / Jochen Lehmann · Vom Eid befreit *50* / Lühning · Alles völlig ungewiß *51* / Briesen · Nicht so barbarisch *52* / Evers · Deutsch und Französisch *52* / Wolfgang Szepansky · Im Wald von Below *54* / Hiroshima *57*

II
Unterwegs 59

Evers · Völlig neue Eindrücke *61* / Lühning · Job meines Lebens *62* / Schneider · Treck Richtung Berlin *64* / Evers · Hoffentlich in die Sowjetunion *65* / Schneider · Unerwünscht *68* / Evers · Zwei Schüsse *70* / Lühning · Friseur bei den Russen *73* / Wolfgang Szepansky · Aus allen Wolken *73* / Lühning · Durchfall *76* / Evers · Barfuß nach Berlin *76* / Schneider · Tote gab es genug *78* / Evers · Sommerluft *79* / Lühning · Nach Hause *80* / Wolfgang Szepansky · Mir war ganz komisch zumute *83* / Wrede · Schwarz über die grüne Grenze *83* / Briesen · Nach Westen *84* / Schneider · Lang auf den Boden *86*

III
Willkommen in Deutschland? Die neuen Herren 87

Wrede · Bündelweise Uhren *89* / Wergau · Die dicke Anita *89* / Mittelstaedt · Arm deutsch Kind *90* / Gerda Szepansky · Borschtsch in der Kanne *91* / Evers · Kein Unterschied *91* / Wrede · Aus nächster Nähe *91* / Wolfgang Szepansky · Feindbild *94* / Walter · Ganz normale Bürger *93* / Wergau · Nicht so nahrhaft *93* / Wrede · Wohlverpackt *94* / Briesen · Höllenangst *94* / Jochen Lehmann · Geinrich Geine *96* / Walter · Zu Hertie in die Keller *96* / Briesen · Alles duckte sich *97* / Wrede · Kein menschlicher Kontakt *97* / Jochen Lehmann · Da war die Sache gelaufen *98* / Walter ·

Schreckensmeldungen *98* / Evers · Kaiserdamm, hoch und runter *101* / Wrede · Herrlich gepflegt *101* / Wergau · Ziemlich gespannt *101* / Gerda Szepansky · Einfach zu machen *102* / Karl Schade · Alles erlaubt *103* / Wrede · Ein Dorn im Auge *103* / Schneider · Schon ganz anders *105* / Irma Schade · Von allem was *105* / Wrede · Unsere Freunde *106* / Marlies Schade · Das war es eigentlich schon *106* / Lühning · Nur vom Besten *107* / Karl Schade · Entlassen lassen *109*

IV
Was Menschen brauchen 111

Irma Schade · Holt euch was *113* / Marlies Schade · Die besten Sachen *114* / Irma Schade · Voll mit Klamotten *115* / Marlies Schade · Tauscherei *115* / Irma Schade · Eine einzige *116* / Walter · Alles verdorben *116* / Wergau · Empfindliche Sinne *117* / Mittelstaedt · Zwei Eimer Wasser *117* / Lühning · Kochtopfangeln *118* / Wrede · Schlimme Fälle *119* / Wergau · Festessen *119* / Walter · Glatt vor der Nase weg *120* / Jochen Lehmann · Eine Art Suppe *121* / Wrede · Auf gut Deutsch *121* / Walter · Erfindungsgeist *121* / Irma Schade · Die lachen mich an *122* / Jochen Lehmann · Anfechtung *123* / Wrede · In kleinen Stücken *121* / Mittelstaedt · Schlangestehen *123* / Gerda Szepansky · Tuchfühlung *124* / Walter · Würde *125* / Schneider · Etwas Besseres *125* / Briesen · Mundraub *126* / Schneider · Hamstern *128* / Walter · Tauschobjekt *128* / Irma Schade · Das Maul an den Haken gehängt *130* / Lühning · Kleine Fische *130* / Jochen Lehmann · Königskerzen *132* / Evers · Brennesseln *132* / Marlies Schade · Nichts als Sirup *132* / Irma Schade · Tropfen für Tropfen *133* / Wrede · Jeden Tag ein Spiegelei *133* / Karl Schade · So knickrig *133* / Marlies Schade · Liebe Nachbarn *134* / Kunter · Einmal auf dem Schwarzmarkt *134* / Karl Schade · Ein riesiger Betrug *135* / Irma Schade · Ganz stikum *135* / Wergau · Geburtstagsgeschenk *137* / Evers · Mit Gewinn *137* / Schneider · Gut für die Nase *137* / Gerda Szepansky · Experten *138* / Schneider · Kleiner Prozentsatz *138* / Jochen Lehmann · Nichts damit zu tun *138* / Karl Schade · Eine kleine Freude *139* / Jochen Lehmann · Zwölf Tabakpflanzen steuerfrei *139* / Karl Schade · Ein bißchen Geschmack *140* / Wrede · Gemeinsam eine Zigarette *140* / Evers · Zwischen Schutt und Asche *142* / Wrede · Mit Klettern und Hangeln *142* / Hanna Lehmann · Nach Argentinien *143* / Mittelstaedt · Noch Spitzen drumgenäht *143* / Wrede · Ein richtiger Sarg *143* / Walter · Verlöscht *144* / Wergau · Irgendwas Nahrhaftes *144* / Hanna Lehmann · Care-Pakete *145* / Konfirmationen, unheimlich schön *146* / Gerda Szepansky · Schnell vergessen *148* / Nachholbedarf · Feste feiern *148* / Evers · Schöne Schuhe *150* / Lühning · Nicht farbecht *151* / Walter · Die ersten Knöpfe *151* / Marlies Schade · Ich glaube, mit Geld *151* / Wrede · Jungmädchenträume *152* / Lühning · Wintermäntel, verschoben *152* / Walter · Dauernd am Stopfen *153* / Lühnder Mischung *154* / Lühning · Immer sonntags *156* / Walter · Wie im Paradies *156* / Wergau · Arbeit und Zwischenhandel *157* / Wrede · Zuzug *159* / Wergau · Noch gar nicht richtig tot *160* / Walter · Wohnungssuche *160* / Schneider · Wohngemeinschaft, zwangsweise *161* / Evers · Notlösung *162* / Mittelstaedt · Das große Los *162* / Schneider · Anständiges Mädchen *164* / Mittelstaedt · Loren *165* / Wrede · Beefsteaks *165* / Schneider · Immer samstags *166* / Wrede · Linsengericht *166* / Mittelstaedt · Fundsachen *167* / Wrede · Provisorisch *168* / Wergau · Apfelsinenkisten *168* / Mittelstaedt · Wäschewaschen, nachts *169* / Schneider · Storch-Aktion *169* / Marlies Schade · Schlimmer Winter *171* / Irma Schade · Keine Musike drin *172* / Karl Schade · Auch Schiß *172* / Irma Schade · Erst mal zum Friseur *173* / Wrede · Advent *174* / Irma Schade · Kohlen *175* / Wrede · Unser Baum aus Potsdam *176* / Irma Schade · Not am Mann *176* / Walter · Schlimmer Frost *177* / Kunter · Schleichwege *177* / Schneider · Man fror doppelt *178* / Walter · Auf einmal so hell *178* / Lühning · Hobby *180* / Jochen Lehmann · Stalins Hilfe *180* / Weihnachten *180* / Jochen Lehmann · Überhaupt Geschenke *181* / Wrede · Universal *182* / Lühning · Thema Nº 1 *182* / Wergau · Abgekratzt *182* / Walter · Kleiner Kürbis *183* / Jochen Lehmann · Ganz scharf drauf *183* / Karl Schade · Hinterm Stacheldraht *183* / Irma Schade · Osterfeuer *184* / Wrede · Hamsterfahrten *184* / Irma

Schade · Auf allen vieren *185* / Wergau · Schicker als die Amis *186* / Wrede · Erholung *186* / Hanna Lehmann · Trümmergarten *187* / Jochen Lehmann · Kinderspiele *187* / Wergau · Gepreßter Kohl *187* / Kunter · Schläuche *188* / Lühning · Wannsee *189* / Wrede · Interessante Reise *190* / Kunter · Dickfellig *191* / Lühning · Karnickelfang *192* / Jochen Lehmann · Manchmal Mohrrüben *192* / Walter · Das Dünnere *193* / Jochen Lehmann · Die feineren Leute *193* / Lühning · Falsches Karnickel *193* / Jochen Lehmann · Sprüche *194* / Wrede · Luftbrücke *195* / Schneider · Urige Hochzeit *195* / Marlies Schade · Beziehungen *196* / Irma Schade · In Dosen billiger *197*

V
Neue Zeiten 199

Briesen · Einmalig arbeitsam *201* / Wolfgang Szepansky · Viele Möglichkeiten *201* / Evers · Ordentliche Papiere *202* / Schneider · Ausgebombt *202* / Mittelstaedt · Jeden Montag geheult *202* / Evers · Heimliche Pläne *203* / Evers · 10 Mark Pfand *205* / Gerda Szepansky · Ohnemichel *206* / Walter · Solche Filme *206* / Wergau · Überhaupt nicht beeindruckt *207* / Karl Schade · Und so Zeug *207* / Marlies Schade · Hinterste Reihe *208* / Schneider · Programmwechsel *208* / Volksempfänger *208* / Wolfgang Szepansky · Antifaschistischer Jugendausschuß *209* / Gerda Szepansky · Jetzt was machen *210* / Wolfgang Szepansky · Glückliche Welt *210* / Gerda Szepansky · So gut und harmonisch *211* / Wolfgang Szepansky · Literarische Abende, flexibel *211* / Wergau · Alles so fremd *212* / Jochen Lehmann · Umerziehung *212* / Walter · Jetzt geht das schon wieder los *213* / Schneider · Fast auf den Leim gegangen *214* / Wergau · Immer überzeugte Demokraten *215* / Mittelstaedt · Trümmerfrauen *215* / Lühning · Kommissionsweise *216* / Wrede · Entnazifizieren *216* / Walter · Auf einer Wolke *217* / Jochen Lehmann · Die Partei *218* / Lühning · Schnauze voll *218* / Hanna Lehmann · Globke und so *218* / Wrede · Küchentischpolitik *219* / Evers · Alles sehr mühsam *219* / Jochen Lehmann · Kohlen für Hamlet *219* / Evers · Erstklassige Leute *220* / Walter · Abbruch *221* / Karl Schade · Verlockung *222* / Briesen · Schlaraffenland *223* / Marlies Schade · Mit einem Schlag *224* / Kunter · Gewaltig beschissen *224* / Wrede · Nichts Fettes gewöhnt *225* / Wergau · Wenigstens Ostgeld *225* / Jochen Lehmann · Dumme Jungs *227* / Schneider · Wieder Schule *227* / Jochen Lehmann · Feuerzangenbowle *227* / Wolfgang Szepansky · Die beste Universität *228* / Gerda Szepansky · Willst du nicht Lehrer werden? *228* / Wolfgang Szepansky · Mucksmäschenstill *229* / Gerda Szepansky · Daß jetzt alles schöner wird *229* / Wolfgang Szepansky · Einfach mit angepackt *229* / Gerda Szepansky · Etwas Licht *231* / Schneider · Alles weltfremd *231* / Wrede · Reifevermerk, ungültig *232* / Wolfgang Szepansky · Die Wahrheit *233* / Gerda Szepansky · Keine Zeit *233* / Jochen Lehmann · How my mind has changed *233* / Wolfgang Szepansky · Nicht tragbar *234* / Jochen Lehmann · Gewappnet *238* / Lühning · Schwarzarbeit *239* / Marlies Schade · Harte Zeiten *240* / Jochen Lehmann · Spalter *240* / Mittelstaedt · Gleicher Lohn für gleiche Arbeit *241* / Zwischenbemerkung: Kindererinnerungen *243* / Der wahre Wohlstand *246*

Nachbemerkung 251

ABBILDUNGSNACHWEIS

Erich Andres, *99, 204* / Maria Briesen *37, 43, 95, 127* / Micha Evers *21, 41, 220, 226* / Gerhard Gronefeld *104* / Hans Kunter *189* / Familie Lehmann *23, 145, 194* / Karl Lühning *(2), 118, 156, 239* / Anni Mittelstaedt *241* / Familie Schade *34, 154f., 196, 222, 248* / Otfried Schmidt *129* / Christel Schneider *47, 147, 232* / Familie Szepansky, *56, 74, 75, 210, 230, 235, 237* / Thea Walter *29* / Ruth Wergau *158* / Johanna Wrede, *195* / Friedrich Seidenstücker, Bildarchiv Preuß. Kulturbesitz *79, 136, 199* / Keystone Pressebild *141* / Landesbildstelle Berlin *15, 25, 59, 82, 87, 111, 124, 205, 225, 253* / Stadtarchiv Berlin *31, 71* / Süddeutscher Verlag *173* / Ullstein *113, 141* / USIS *245*